THE CATALYST
캐털리스트

THE CATALYST: How to Change Anyone's Mind
by Jonah Berger

Copyright © 2020 by Social Dynamics Group, LLC
All rights reserved.
This Korean edition was published by Munhakdongne Publishing Group in 2020 by arrangement
with the original publisher, Simon & Schuster, Inc. through KCC(Korea Copyright Center Inc.),
Seoul.

이 책은 (주)한국저작권센터(KCC)를 통한 저작권자와의 독점계약으로 문학동네에서 출간
되었습니다. 저작권법에 의해 한국 내에서 보호를 받는 저작물이므로 무단전재와 복제를 금
합니다.

이 도서의 국립중앙도서관 출판예정도서목록(CIP)은 서지정보유통지원시스템 홈페이지(http://seoji.nl.go.
kr)와 국가자료종합목록 구축시스템(http://kolis-net.nl.go.kr)에서 이용하실 수 있습니다.
(CIP제어번호: CIP2020046599)

THE CATALYST
캐털리스트

사람의 마음을
움직이는 기술

HOW TO CHANGE ANYONE'S MIND
JONAH BERGER

조나 버거 지음
김원호 옮김

아내 조던, 아들 재스퍼, 강아지 조,
그리고 내 삶을 더 나은 방향으로 이끌어주는 분들에게 이 책을 드립니다

차례

THE CATALYST

변화를
가로막는
다섯 가지
장벽

Reactance effect
Endowment effect
Distance
Uncertainty
Corroborating **E**vidence

FBI의 그레그 베치는 국제적인 마약 거래나 자금 세탁, 갈취 사건 등을 주로 담당했던 수사기획관이었다. 콜롬비아 메데인 마약카르텔에 헬리콥터를 판매하려는 자들, 콜롬비아에서 미국으로 마약을 운송하기 위해 낡은 러시아제 잠수함을 구매하려는 자들처럼 흉악한 자들을 주로 쫓았다.

그런 그가 러시아 갱단 소속의 한 용의자를 추적할 때의 일이다. 그레그 베치는 그를 잡기 위해서 3년간 도청을 하는 등 지난하게 정보를 수집하면서 체포 근거를 쌓아가 결국 체포 영장을 받아냈고 체포 작전을 위해 경찰특공대SWAT가 동원되었다. SWAT팀은 완전 중무장을 하고 용의자의 처소를 급습해 악당을 제압하고, 그의 범죄 혐의를 입증할 증거들을 수집할 터였다.

그레그 베치는 체포 작전에 동원된 SWAT팀에게 여러 가지 주의 사항들을 전달하면서 용의자가 무장했을 수도 있고 매우 위험한 사람이라고 강조했다. SWAT팀은 그러한 정보를 토대로 진입 작전 계획을 세웠다. 조금이라도 실수한다면 상황이 갑자기 폭력적으로 흐를 가능성이 컸다.

브리핑과 작전 수립이 끝난 후 모두 회의실을 빠져나갔지만 한 사람이 남아 있었다. 사실 그레그 베치는 처음부터 그 사람을 눈여겨보고 있었다. 다른 SWAT팀 사람들은 특수부대원처럼 생겼지만 그는 뚱뚱하고, 키가 작고, 대머리로 경찰특공대 이미지와는 거리가 멀어 보였다.

회의실에 남은 그는 그레그 베치에게 이렇게 물었다. "그 남자에 대해 좀더 말씀해주세요. 그에 대해 더 알고 싶습니다."

이에 그레그는 "무슨 말씀인지 잘 모르겠네요. 그 용의자에 대해서는 다 말씀드렸잖아요. 여기 파일을 보시면……" 하고 답했다.

"아뇨, 아뇨, 아뇨, 아뇨. 그 사람의 범죄 이력이나 그런 것 말고요, 그 사람을 계속 도청해오셨죠?"

"그렇습니다." 그레그가 대답했다.

"그는 어떤 사람이죠?" SWAT 대원이 물었다.

"무슨 말씀이죠? 어떤 사람이냐니요?"

"그 사람은 평소에 뭘 하나요? 취미는 뭐죠? 그의 가족에 대해서도 알려주세요. 반려동물은 키웁니까?"

'반려동물을 키우느냐고?' 그레그는 속으로 생각했다. '곧 그에게 군부대와 맞먹는 사람들을 보낼 텐데, 그자가 반려동물을 키우는지

가 궁금하다고? 뭐 이런 사람이 다 있지? SWAT팀의 작전을 제대로 수행하는 사람 맞아?'

그래도 그레그는 예의바르게 정보를 제공해주면서 회의실을 정리했다.

"마지막으로 하나만 더요." 그 사람이 말했다. "용의자가 지금 거기 있는 것은 확실하죠?"

"그렇습니다." 그레그가 대답했다.

"그럼 그 사람 전화번호 좀 알려주세요." 그는 용의자의 전화번호를 받아들고는 회의실을 나갔다.

체포 작전 당일, SWAT팀은 만반의 준비를 마쳤다. 그들은 용의자가 머무는 건물 문 앞에 늘어섰다. 언제든 건물로 진입할 수 있는 상태였다. 전원 검은색 유니폼을 입고 있었고, 장전한 총을 들고 방탄복을 착용하고 있었다. 이제 곧 SWAT팀이 "엎드려! 엎드려!" 하고 소리치며 건물 안으로 진입하여 용의자를 체포할 터였다.

그런데 SWAT팀은 꼼짝하지 않았다. 시간은 일 분 일 분 계속 흘렀다. 그들은 계속 대기만 할 뿐이었다.

그레그는 초조해졌다. 그는 그 용의자에 대해 누구보다 더 잘 알았다. 3년간 그가 친구들이나 다른 갱단 단원들과 나눈 대화를 빠짐없이 엿들었던 터였다. 그는 정말로 위험한 인물이었다. 거리낌없이 사람을 죽이고, 러시아 교도소에 수감된 적도 있고 싸움도 전혀 두려워하지 않는 그런 인물이었다.

이런 생각을 하던 차에 갑자기 건물 문이 열렸다.

그리고 용의자가 걸어나왔다. 두 손을 들고서 말이다.

그레그는 어안이 벙벙했다. 그는 오랫동안 법을 집행해온 사람이었다. 미 육군과 농무부에서 특수요원으로 몇 년간 복무했고, 미 전역에서 위장 근무도 해봤고 멕시코 국경에서 부패 방지에 관한 임무도 수행해봤다. 경험이 많은 수사요원인 그도 그 용의자 정도 되는 인물이 아무 저항 없이 순순히 체포되는 모습은 한 번도 본 적이 없었다.

그레그는 곧 그 키가 작은 대머리 대원이 그러한 일을 이루어냈다는 사실을 알게 되었다. 그 사람이 인질 협상가였다. 그 인질 협상가가 용의자를 설득하여 악명 높은 러시아 갱단원이 대낮에 아무런 저항 없이 경찰에 항복하는 누구도 예상치 못한 상황을 만들어냈다.

'와, 나도 저 친구처럼 되고 싶네.' 그레그는 이렇게 생각했다.

그 사건 이후 그레그는 인질 협상가가 되어 20년 이상 활약해오고 있다. 그는 국제적인 납치 사건들을 처리했고, 체포된 사담 후세인과 면담을 했으며, FBI가 자랑하는 행동과학 부서를 이끌기도 했다. 은행 강도들과의 협상부터 연쇄살인범들의 심문까지 많은 사건들을 담당하면서, 겉으로는 불가능해 보이는 상황에서 사람들의 마음을 바꾸는 일을 해내고 있다.

위기 대응 협상가라는 직업은 열한 명의 이스라엘 올림픽 참가자들을 테러리스트들이 인질로 잡아 살해한 1972년 뮌헨 올림픽 사건 이후 등장했다. 그때까지만 해도 경찰이나 정부는 "손들고 나오지 않으면 발포하겠다!"라는 식으로 무력을 통해 테러에 대응했다. 하지만 뮌헨 올림픽 테러를 비롯하여 다수의 테러 공격들이 큰 참사로 이어지면서 누군가를 굴복시키기 위해 그를 괴롭히는 게 비효과적이라는 사실이 분명해졌다. 그후 경찰을 비롯하여 안보를 담당하는 기관에서 일하는 사람들은 심리학으로 눈을 돌렸고, 행동과학의 지식을 기반으로 피해를 최소화하면서 위기상황을 해결할 만한 새로운 훈련 기법들을 개발하기 시작했다.[1]

지난 몇십 년 동안 그레그 베치 같은 협상가들은 기존과는 다른 방식으로 문제를 해결해왔다. 인질들을 풀어주라고 국제 테러리스트를 설득하는 일, 투신자살하려는 사람을 설득하는 일, 자기 가족을 살해한 사람에게 말을 거는 일, 인질들과 함께 은행에 갇힌 사람에게 말을 거는 일 등을 그레그 같은 사람들이 하고 있다. 그들은 그레그가 경찰 쪽 요원이라는 것도, 자신에게 어떤 일이 일어나게 될지도 다 알기에 이러한 시도는 열에 아홉은 실패로 끝난다.

하지만 자신을 필요로 하는 이들이 있기에 그는 협상가로서의 일을 한다.

관성의 힘

—

누구에게나 바꾸고 싶은 대상이 있다. 판매자들은 고객들의 마음을 바꾸고 싶고, 마케터들은 사람들의 구매 결정을 바꾸고 싶다. 직원들은 상사의 관점을 바꾸고 싶고, 리더들은 조직을 바꾸고 싶다. 부모들은 자녀의 행동을 바꾸고 싶다. 스타트업은 업계를 바꾸고 싶고, 비영리 단체들은 세상을 바꾸고 싶다.

그러나 변화란 매우 어려운 일이다.

변화를 위해 설득하고 구슬리고 압박하고 밀어붙이기도 하지만, 아무리 노력해도 아무 일도 일어나지 않을 때도 있다. 그리고 변화한다 하더라도 매우 느린 속도로 이뤄진다. 변화는 나무늘보의 움직임처럼 진행된다.

아이작 뉴턴은 움직이는 물체는 계속해서 움직이려 하고, 정지해 있는 물체는 계속해서 정지해 있으려 한다는 사실을 정리한바 있다. 그는 행성이나 진자 같은 물체에 초점을 맞춰 이러한 법칙을 제시했지만, 우리가 사는 사회에도 같은 법칙이 그대로 적용된다. 달이나 혜성과 마찬가지로 사람과 조직 역시 기존의 운동상태를 계속 유지하려고 한다. 항상 해오던 대로 하는 관성의 법칙을 따른다.

유권자들은 투표를 할 때 어떤 후보가 자신의 가치관을 대변해줄까를 고려하기보다는, 항상 지지해오던 정당을 보고 투표를 한다. 기업들은 어떤 프로젝트가 주목할 만한지를 살피기보다는, 전년도 예산을 생각의 출발점으로 삼는다. 투자자들은 투자 포트폴리오를 재조정하기보다는 자신의 기존 투자방식을 참고해 언제나 해오던 대로 투자를 한다.

관성에 따라 대부분의 가족들은 매년 비슷한 곳으로 휴가를 떠나며, 단체들은 기존의 활동을 접고 새로운 일을 시도하기를 꺼린다.

사람들의 마음을 바꾸고 이러한 관성을 깨려고 할 때 우리는 흔히 밀어붙인다. 고객이 구매하지 않는다고? 그럼 더 많은 근거 자료들과 구매할 이유를 알려줘. 상사가 아이디어를 수용하지 않는다고? 그럼 더 많은 사례와 더 자세한 자료들을 제시해봐.

기업 문화를 바꾸고자 할 때 혹은 자녀에게 채소를 먹이고자 할 때, 우리는 더 강하게 밀어붙일수록 성공할 가능성이 더 높다고 생각한다. 더 많은 정보와 더 많은 근거만 제시하면, 더 많이 설득하고 더 강하게 압박하면 사람들이 변할 것이라 믿는다.

이러한 접근법은 전적으로 설득의 대상인 사람들이 장기판의 말처럼 우리가 모는 방향으로 움직여줄 거라는 믿음을 전제로 한다.

하지만 불행히도 이와 같은 접근법은 강한 반발에 부딪히는 경우가 많다. 우리가 밀어대면 사람들은 장기짝처럼 우리가 원하는 방향으로 움직이는 대신 반발을 한다. 강하게 밀어붙이면 고객들은 구매를 하는 게 아니라 더이상 전화를 받지 않는다. 어떤 계획을 강하게 주장하면 상사는 나중에 생각해보겠다고 말하겠지만, 그건 사실 "알겠네. 하지만 절대 안 돼"라는 의미다. 강하게 몰아붙이면 용의자는 손을 들고 나오는 게 아니라 경찰들에게 총을 쏴댈 것이다.

강하게 밀어붙이는 방식이 비효과적이라면, 어떻게 해야 할까?

사람들의 마음을 바꾸는 더 나은 방법
—

이 물음에 대한 답을 찾기 위해 언뜻 이 책의 주제와는 전혀 상관 없어 보이는 분야를 살펴봤다. 바로 화학이다.

자연상태에서 화학 변화는 매우 느리게 진행된다. 해조류와 플랑 크톤이 석유로 변하는 일, 탄소가 서서히 압축돼 다이아몬드로 변하 는 일에 시간이 얼마나 걸리는지는 가늠하기도 어렵다. 기존의 분자 결합이 깨지고 새로운 분자 결합이 이루어지는 화학 변화는 수백만 년은 아니더라도 수천 년이 걸리는 매우 느리고 수고로운 과정이다.

화학 변화를 촉진하기 위해 화학자들은 종종 특별한 물질들을 사 용한다. 우리가 쉽게 자동차 배기가스를 정화하고, 콘택트렌즈의 이 물질을 닦아내는 것도 이 이름 없는 영웅들 덕분이다. 공기를 비료 로, 석유를 바이크 헬멧으로 바꿀 수 있는 것도 이들 덕이다. 이 특 별한 물질들은 자연상태에서라면 몇 년이 걸리는 화학 변화를 몇 초 만에 이루어낸다.

나는 무엇보다도 이러한 물질들이 변화를 촉진하는 방식에 주목 했다.

일반적으로 화학반응은 일정량의 에너지를 필요로 한다. 예를 들어, 공기 중의 질소를 비료로 바꾸려면 섭씨 1000도 이상으로 가열해야 한다. 화학반응을 일으키려면 열이나 압력으로 에너지를 가해주어야 한다.

화학반응을 촉진하는 특별한 물질은 열이나 압력을 더하는 식으로 작용하지 않는다. 에너지는 더 적게 들이면서도 화학반응을 일으킬 수 있는 대안을 제시하는 식으로 화학반응의 속도를 높인다.

이와 같은 사실을 처음 알게 되었을 때, 그런 일이 어떻게 가능한 건지 믿기지 않았다. 마치 마법 같았다. 더 적은 에너지로 더 빠른 변화가 일어날 수 있다고? '열역학 법칙에 위배되는 거 아냐' 하는 생각마저 들었다.

그러나 특별한 물질은 다른 접근법을 취한다. 밀어붙이는 게 아니라 변화를 가로막는 벽을 낮춘다.

우리는 이 특별한 물질들을 촉매라고 부른다.★

촉매는 화학 분야에서 일대 혁신을 일으켰다. 촉매가 발견된 덕에 여러 사람이 노벨상을 수상했고, 수십억 명이 굶주림에서 벗어났으며, 지난 몇 세기 동안 이루어진 가장 위대한 발명 가운데 일부도 가

★ 화학반응은 분자들이 서로 충돌할 때 일어난다. 하지만 에너지를 가해 충돌의 빈도를 증가시키는 것이 아니라 촉매는 화학반응을 일으키는 충돌의 성공 확률을 높이는 식으로 작용한다. 무작정 운동을 많이 일으켜 충돌을 기대하는 게 아니라, 화학반응을 일으키는 분자들끼리 서로 더 잘 만나도록 그들의 중매자가 되어준다.

능했다.

촉매가 작용하는 방식은 우리 사회에서도 시사하는 바가 크다. 어떻게 해야 변화를 더 적절히 이끌 수 있을지를 알려주기 때문이다. 상대를 더 강하게 압박하거나 온갖 논리와 증거를 통해 설득하는 게 아니다. 물론 이런 방식이 효과적일 때도 있지만 상대를 압박하면 그가 오히려 방어적으로 대응하는 경우가 훨씬 더 많다.

누군가의 변화를 이끌어내고 싶다면 촉매처럼 행동하라. 변화를 가로막는 벽을 낮추고 장애물을 치우는 식으로 행동해야 한다.

인질 협상가들은 바로 이런 방식으로 일한다. 러시아 갱단원이든, 세 명의 인질을 붙잡고 있는 은행 강도든, 누구든 간에 SWAT팀에게 포위되었다면 압박감에 시달릴 수밖에 없다. 이런 상황에서 그들을 강하게 몰아붙인다면 그들은 더욱 거세게 저항할 테고, 경찰이 뭐라 하든 듣지 않을 것이다.

유능한 인질 협상가들은 다르게 접근한다. 그들은 우선 상대방의 이야기를 들어주고 그들과 신뢰를 쌓는다. 용의자들의 두려움이나 범행 동기, 그리고 집에 누가 기다리고 있는지 등에 관하여 대화를 나눈다. 필요하다고 판단된다면 긴장된 교착상황에서 용의자와 반려동물에 대한 이야기까지 한다.

왜냐하면 문을 부수고 들어가는 게 아니라 압력을 낮추는 게 인질 협상가들의 목표이기 때문이다. 인질 협상가는 용의자의 공포감, 불안감, 적개심 등을 낮추고, 용의자가 자신이 처한 상황을 객관적으로 인식하게끔 유도한다. 그래야 용의자가 현상황에서는 손을 들고 문밖으로 나가는 게 최선의 판단이라고 깨달을 가능성이 조금이라도 더 커진다.

최고의 인질 협상가들은 절대로 상대방을 몰아붙이지 않는다. 이미 긴장감이 최고조인 상황에서 압력을 가해봐야 좋은 결과로 이어지지 않는다는 점을 잘 알기 때문이다. 대신 그들은 용의자의 변화를 가로막는 장벽이 무엇인지를 파악하고, 그 장벽의 높이를 조금이라도 더 낮추려고 애쓴다. 열이나 압력을 가하는 게 아니라, 더 적은 에너지를 사용해 변화를 이끌어내려고 한다.

화학 변화에서의 촉매처럼 말이다.

촉매가 이끌어내는 변화
—

촉매 작용에 흥미가 생기자 그에 대한 연구에 착수했다.

한 『포춘』 500대 기업에서 혁명적인 새 제품을 개발해 출시를 했지만 전통적인 시장 접근법이 통하지 않는다며 도움을 요청해왔다. 그들은 광고도 해보고, 다양한 방식으로 메시지도 내보내고, 온갖 방식으로 마케팅을 진행했지만, 별로 효과가 없다고 했다.

그래서 우선 문헌부터 뒤져봤다.

펜실베이니아대 와튼스쿨의 교수로서 20년 이상 사회적 영향력이나 입소문 효과에 대해 연구를 해온 나는 왜 제품들이 시장에서 인기를 얻게 되는지 그 이유를 찾아내려고 했다. 왜 사람들이 특정 제품을 선택하고 구매 결정을 하게 되는지를 파악하고자 뛰어난 동료들과 함께 수많은 실험들을 행해왔다. 그동안 수만 명의 학생들과 기업경영자들을 대상으로 강의를 진행했고, 애플, 구글, 나이키, GE 같은 기업들의 혁신에도 도움을 주었다. 페이스북에서 새로운 하드웨어를 출시할 때도, 빌 앤드 멀린다 게이츠 재단의 새로운 메시지를 다듬을 때도, 그 외 작은 스타트업들과 비영리 단체들과 정치 단체들이 자기네 제품이나 서비스, 아이디어를 알릴 때도 도와주었다.

과거의 논문과 사례를 읽으면 읽을수록 대부분이 똑같이 전통적인 접근법을 취한다는 걸 알게 됐다. 대부분 고객들을 달래고, 설득하고, 고무시켰다. 몰아붙이고, 몰아붙이고 또 몰아붙였다. 먹혀들지 않으면 새로운 방식으로 그랬다. 서둘러서 더 강하게 말이다.

그럼에도 별로 효과가 없었다.

더 나은 방법이 없을까 고심하기 시작했다. 그리고 스타트업 창업자들에게 새로운 제품이나 서비스를 시장에 처음 진입시킬 때 어떻게 하느냐고 물어보았다. 기업의 경영자들이나 관리자들과 대화를 나누며 뛰어난 리더들이 조직을 어떻게 변화시키는지를 알아내려고 했다. 영업 분야의 슈퍼스타들을 만나 그들이 가장 까다로운 고객들을 어떤 식으로 설득하는지를 알아내려고 했다. 그리고 국가의 의료 정책을 책임지는 사람들에게 의료 분야의 중요한 혁신들에 대한 사회적 수용을 어떤 식으로 이끌어내는지 물어보았다.

이러한 과정을 거치자 그전과는 다른 방법이 서서히 드러났다. 사람들의 마음을 바꾸는 더 나은 접근법이 떠올랐다.

미완성이지만 이 방법론을 앞서 말한 『포춘』 500대 기업에 도입해보았고, 어느 정도 성과를 거뒀다. 이를 더욱 정교하게 다듬자 이번에는 더 큰 성과를 냈다. 이러한 초기 성과에 자신감을 얻은 우리는 이 방법론을 다른 기업에 적용해보았고, 역시 만족스러운 성과로 이어졌다. 그다음부터 내가 진행하는 모든 컨설팅 프로젝트에 이 기법을 적용해갔다. 신제품을 출시할 때, 사람들의 행동을 변화시킬 때, 조직 문화를 바꿀 때 이 기법을 적용했다.

그러던 어느 날, 한 잠재 고객이 우리의 새로운 방법론을 정리해 공유해달라고 요청했다. 우리의 전략과 접근법을 문서화해달라고 말이다.

그에게 전달해주기 위해 자료를 취합해보니 생각보다 자료가 부족했다. 일목요연하게 정리된 자료가 필요했다.

이 책이 바로 그 기록이다.

주차 브레이크를 확인하라

—

이 책은 변화를 위한 새로운 접근법에 대해 이야기한다.

유감스럽게도 변화를 일으켜야 할 때 어떻게 장벽을 낮추는지 이야기하는 사람은 거의 없다. 누군가의 생각을 어떻게 바꿔야 하느냐고 물으면 99퍼센트는 밀어붙이는 방식을 이야기한다. "사실과 증거를 제시하라" "논리에 따라 설명하라" "상대를 납득시켜라"라는 반응이 흔하게 돌아온다.

설득하는 입장에서는 변화로 인한 결과를 확신하기 때문에 자신의 생각대로 사람들을 밀어붙이지만, 그 과정에서 상대방의 입장은 전혀 고려되지 않아 결국 상대방의 거부감을 유발한다.

이 책을 통해 '무엇이 누군가를 압박하고 변화시키는가'가 아니라, '상대방이 왜 아직 변화하지 않았는가?'라는 근본적인 질문부터 던져보려 한다. 무엇이 변화를 가로막는지부터 생각해보고자 한다.

이 책은 어떻게 더 설득을 하고, 더 강하게 몰아붙이느냐가 아니라 촉매 작용과 같은 방식을 통해 어떻게 사람들의 관성을 깨고, 사람들의 생각과 행동을 변화시키느냐를 다룰 것이다. 변화를 가로막는 장애물을 치워주는 일의 힘에 대해서 말이다.

운전을 할 때면 우리는 안전벨트를 매고, 시동을 걸고, 천천히 가속 페달을 밟는다. 경사면에서는 가속 페달을 조금 더 밟아야 하지만 일반적으로는 가속 페달을 더 밟으면 더 많이 움직인다.

그런데 아무리 가속 페달을 밟아도 차가 꼼짝하지 않을 때가 있다. 그런 때는 어떻게 해야 할까?

변화가 일어나지 않으면 우리는 더 강한 힘이 필요하다고 생각한다. 직원들이 새로운 전략을 수용하지 않는가? 그렇다면 새로운 전략을 수용해야 하는 근거를 정리해 이메일을 추가로 발송한다. 고객들이 우리 제품을 구매하지 않는가? 그럼 광고비 지출을 더 늘리고, 전화 영업을 더 강화한다.

하지만 이렇듯 더 많은 압력을 가하는 일에만 관심을 가질 뿐, 변화를 이끌어내는 더 쉽고 더 효과적인 방법이 있다는 사실을 간과하기 일쑤다. 무엇이 변화를 가로막는지를 파악하고 그러한 장애물을 없애는 일은 신경쓰지 않는다.

자동차의 속도를 높이기 위해서 언제나 더 강력한 마력이 필요한 것은 아니다. 때로는 주차 브레이크만 풀어주면 된다.

이 책에서 짚고자 하는 것이 바로 주차 브레이크를 확인하는 법이다. 변화를 가로막는 숨겨진 장벽을 찾아서, 혹은 행동을 주저하게 만드는 근본적인 원인을 찾아서 어떻게 하면 이러한 문제들을 완화시킬 수 있는지 살필 것이다.

각 장에서 사람들의 변화를 가로막는 핵심 방어벽이 뭔지 알아보고, 이를 어떻게 다룰지 논할 것이다.

1장. 리액턴스 효과 Reactance effect

사람들을 밀어붙이면 사람들은 이를 되받아친다. 날아들어오는 외부의 발사체에 대응하는 미사일 방어 시스템처럼 사람들은 외부로부터의 설득에 저항하는 시스템을 타고난다. 누군가가 자신을 설득하려 한다고 느끼면 이 내부 저항 시스템이 자동적으로 가동되는데, 이러한 저항을 낮추기 위해서 사람들이 스스로를 설득하도록 만드는 촉매를 쓸 수 있다. 1장에서는 리액턴스 효과에 대해 알아보고, 경고를 어떻게 권고로 바꿀 수 있는지와 공감의 힘 등에 대해 다룰 것이다. 또한 그저 요청만으로 공중보건관리자들이 어떻게 청소년들을 금연하게 이끄는지, 인질 협상가들이 흉악범들을 어떻게 항복하게 이끄는지도 살필 것이다.

2장. 소유 효과 Endowment effect

"확실하게 고장나지 않았다면 고치려 하지 말아라"라는 옛말이 있다. 사람들은 그전부터 해오던 방식을 고수하려고 한다. 심각한 문제가 연이어 발생하지 않는다면 애써 새로운 방식으로 바꾸지 않는다. 이와 같은 천성을 극복하고 현상황에 대한 믿음을 변화시키려면 기존 방식을 고수하는 것이 사실상 얼마나 큰 손실을 유발하는지를 촉매를 통해 보여줘야 한다. 2장에서는 왜 판매자가 구매자보다 제품의 가치를 더 높게 평가하는지, 왜 사람들을 행동에 옮기게 하려면 손실보다 이익을 2.6배 더 크게 인식시켜야 하는지, 왜 손가락이 부러질 때보다 접질릴 때 더 고통스러워할 수 있는지 등에 대해 이야기할 것이다. 그리고 재정자문가가 고객들의 투자를 어떤 식으로 이끌어내는지, IT 전문가들이 직원들에게 어떤 식으로 새로운 기술을 채택시키는지도 살필 것이다.

3장. 거리감Distance

외부에서 설득을 하면 사람들은 본능적으로 거부감을 느낀다. 심지어는 정보만 제공해도 종종 역효과가 발생한다. 왜 그럴까? 거리감이 또다른 장벽으로 작용하기 때문이다. 새로운 정보가 사람들의 정보 수용 범위 안에 들어간다면 사람들은 기꺼이 이 정보를 받아들인다. 그러나 새로운 정보가 수용 범위에서 너무 멀리 떨어져 있다면 거부 영역에 속해 모든 것이 뒤집힌다. 수용 영역 바깥에 놓인 정보에 관해서는 의사소통이 이뤄지지 않고, 심지어 반발을 불러일으킨다. 3장에서는 어떻게 유권자들의 표심을 바꿀 수 있는지, 어떻게 매우 보수적인 사람들을 설득하여 트랜스젠더의 권리 보장 같은 진보적인 정책을 지지하도록 이끌어낼 수 있는지를 살필 것이다. 그리고 중대한 변화를 이끌어내기 위해서는 왜 적극적으로 밀어붙이기보다는 더 소소한 것을 요청해야 하는지에 대해서도 이야기할 것이다. 또한 얼핏 까다로워 보이는 문제에 대한 생각을 바꿀 약한 연결고리를 어떻게 촉매가 찾아내는지 볼 것이다.

4장. 불확실성Uncertainty

많은 경우 변화는 불확실성을 수반한다. 새로 출시된 제품, 서비스, 아이디어는 기존의 것과 비교했을 때 어떨까? 이에 대한 답은 누구도 알 수 없다. 그렇기에 사람들은 이러한 불확실성을 접하면 멈춤 버튼을 눌러 행동을 중지한다. 이러한 장벽을 낮추려면 촉매를 통해 쉽게 시도해보게 이끌 수 있다. 슈퍼마켓에서 나눠주는 신제품 무료 샘플이나 자동차의 시승 행사 등은 소비자들의 불안감을 크게 낮추어준다. 4장에서는 대여 제품 반납에 대해 관대한 정책을 펴면 왜 더 큰 이익이 이어지는지, 왜 농부들이 유용한 혁신 기술을 적용하는 데 실패하는지, 전직 마이너리그 야구 티켓 판매원이 무료 배송 정책을 통해 어떻게 엄청난 사업상 성공을 이루어냈는지 등을 소개할 것이다. 그리고 이와 같은 사례들에서 배울 수 있는 원리들을 제품이나 서비스를 제공하는 대규모 사업장뿐 아니라 동물보호소나 회계 사무소의 경영, 조직의 변화, 채식주의 운동 등에 어떻게 적용할 수 있는지도 다룰 것이다.

5장. 보강 증거Corroborating Evidence

아무리 아는 게 많고 자신감 넘치는 사람이라 하더라도 때로는 한 사람의 의견만으로는 타인에게 확신을 주기 어렵다. 어떤 일들은 그저 더 많은 증거로 뒷받침되어야 한다. 변화를 이끌고 삶을 바꾸려면 더 많은 증거가 있어야 한다. 물론 한 사람이 무언가를 보증할 수는 있지만 그게 '내가 그걸 좋아할까?'를 보장해주지는 않는다. 이와 같은 장벽과 마주할 때 촉매로 증거를 강화해줄 수 있다. 보강 증거로 말이다. 5장에서는 카운슬러들이 어떤 식으로 중독자들의 치료를 돕는지, 그리고 어떤 자료가 가장 효과적인지 그리고 제한된 재원을 분산하는 것보다 집중시키는 게 언제 그리고 왜 더 좋은지 알아볼 것이다.

리액턴스 효과, 소유 효과, 거리감, 불확실성, 보강 증거 등은 개인과 조직의 변화를 가로막는 관성의 다섯 기사_{騎士}라 할 수 있다.

각 장에서 이들 장벽에 대해 알아보고, 어떻게 하면 이를 낮추거나 허물 수 있는지 논의하고자 한다. 각각의 장벽이 어떤 식으로 작동하는지, 그리고 개인과 조직이 어떻게 이를 완화할 수 있는지에 관해 연구 및 사례들을 기반으로 살필 것이다.

이 다섯 가지 방식의 촉매를 머리글자로 요약할 수 있다. 리액턴스 효과Reactance effect를 줄이고, 소유 효과Endowment effect를 약화시키고, 거리감Distance을 좁히고 불확실성Uncertainty을 낮추고 보강 증거Corroborating Evidence를 찾는 것이 바로 촉매다. 이를 앞 글자만 조합하면 REDUCE로 정리된다. 이것이 바로 좋은 촉매가 작용하는 방식이다.

좋은 촉매는 장벽을 줄인다. 촉매는 변화를 가로막는 장벽을 낮춰 마음을 움직이고 행동을 변화시킨다.

해당 장에서 다룬 논리가 상사의 생각 바꾸기, 브렉시트에 관해 국민 설득하기, 소비자들의 행동 변화를 이끌어내기, 인종차별의 철폐를 위한 활동처럼 다양한 분야에 어떻게 적용되는지를 짧은 사례 연구로 각 장 말미에 정리한다.

모든 상황에서 이 다섯 가지 장벽이 모두 작용하지는 않는다. 때로는 리액턴스 효과가 핵심이다. 어떨 때는 불확실성의 역할이 가장 크다. 두 가지 혹은 세 가지 장벽이 작용하기도 한다. 어쨌든 다섯 가지 요소를 모두 이해함으로 어떤 상황에서 어떤 장벽이 작용하는지를 파악할 수 있다.

이 책의 목표는 간단하다. 보편적인 문제에 대한 여러분의 생각의 틀을 바꾸고자 한다. 여러분은 어떤 이유로 사람들과 조직들이 변화하는지, 그리고 그 변화과정을 촉진하려면 어떻게 해야 하는지를 알게 될 것이다.

이 책에서 개인의 변화, 조직의 변화, 사회의 변화 등을 가로막는 장벽을 치우는 법을 제시할 것이다. 그리고 다양한 상황에서 촉매를 어떻게 적용할 수 있는지 알려줄 것이다. 조직 문화를 바꾸는 리더들, 사회 운동을 이끄는 활동가들, 까다로운 거래를 성사시키는 영업사원들, 새로운 아이디어에 대해 경영진의 지원을 이끌어내는 직장인들, 약물 중독자에게 그들의 문제를 인식시키려는 카운슬러들,

유권자들의 가슴 깊이 뿌리박힌 정치적 신념을 변화시키려는 정치인들, 이런 이들이 어떻게 촉매를 사용하는지 이야기할 것이다.

생각이 변해야 행동이 변한다고들 한다. 하나가 바뀌면 다른 하나가 바뀔 수도 있지만 행동이 바뀌기 위해서 생각이 바뀔 필요는 없다. 사람들이 변화의 필요성을 이미 감지한 경우도 있다. 그럴 땐 장벽만 치워줘도 변화를 쉽게 이끌어낼 수 있다.

이 책은 변화를 촉진하고자 하는 모두를 위한 책이다. 앞으로 소개할 매우 효과적인 사고법과 다양한 기법들은 모두에게 기대 이상의 결과를 안겨줄 것이다.

누군가를 변화시키고자 한다면, 조직을 변화시키고자 한다면, 전체 업계가 움직이는 방식을 변화시키고자 한다면, 이 책이 촉매가 되는 법을 알려줄 것이다.[2]

THE CATALYST

1장

리액턴스
효과

사람들은
타인의 설득에
저항한다

Reactance effect

척 울프는 불가능해 보이는 임무 하나에 직면했다. 플로리다 주지사가 새로운 주정부 프로그램을 맡아달라고 부탁해온 것이다. 사실 처음 겪는 상황은 아니었다. 그는 근 10년 동안 플로리다 주지사 사무실에서 다양한 임무를 수행해왔다. 선거를 총괄하기도 했고, 공보와 재정을 책임지기도 했다. 1992년 허리케인 앤드루가 플로리다를 강타했을 때는 피해 복구 프로그램을 진행했고, 마이애미 시정부가 재정 위기 상황에 처하자 발 벗고 나서기도 했다.

하지만 이번 임무는 지금까지 맡아온 그 어떤 임무보다도 더 까다로웠다. 척은 전 세계 십억 명 이상의 사람들에게 연간 1조 개 이상의 제품을 판매하는 한 업계와 싸워야 했다. 게다가 그 업계는 마케팅비로만 연간 거의 100억 달러를 지출하는, 코카콜라, 마이크로소프트, 맥도날드 같은 기업 이상으로 많은 이익을 거두는 기업들이 이끌고 있었다.

그 업계는 다름 아닌 담배업계였다.

척 울프가 맡은 임무가 대체 뭐였느냐고? 지난 수십 년 동안 수많은 기관들이 도전했으나 번번이 실패했던 바로 그것, 청소년 금연 프로젝트였다.

1990년대 말, 흡연 문제는 미국에서 가장 심각한 공중보건 문제로 꼽혔다. 담배는 예방가능한 질병과 사망의 중대한 요인으로, 전 세계에서 수천만 명에 이르는 사람들이 담배 때문에 죽었다. 미국에서만 다섯 명 중 한 명이 담배 때문에 사망하며, 흡연으로 인한 경제적 손실이 연간 1500억 달러에 달한다고 집계되었다.[1]

특히 청소년 흡연 문제는 도저히 간과할 수 없는 상황이었다. 담배 회사들은 장기적인 매출을 위해서는 청소년 시장이 중요하다고 인식했다. 표면적으로는 청소년들과 어린이들의 흡연을 막아야 한다는 입장을 취했지만, 내부적으로는 생각이 전혀 달랐다. "오늘의 청소년은 내일의 잠재적인 정기 구매자다. 실제로 흡연자들 중 압도적 다수가 십대 시절부터 흡연을 한다"라는 담배 회사 필립모리스의 내부 문건이 남아 있다. 청소년들에게 담배를 팔지 못한다는 말은 곧 담배 회사들의 미래가 불투명해진다는 의미였다.

이에 담배 회사들은 젊은층에게 긍정적인 이미지를 심어주고자 다양한 장치들을 활용했다. 담배 회사 윈스턴은 1960년에 시작된 인기 만화 〈플린트스톤〉의 제작비를 댔고, 만화 속 주요 캐릭터들이 담배를 피우는 장면을 담배 광고에 쓰기도 했다. 1970년대 초, 텔레비전과 라디오에서 담배 광고가 금지되자 미국의 담배 회사들은 조 캐멀처럼 친근한 만화 캐릭터를 만들어 담배가 재미있어 보이게 포장했다. 젊은층의 입맛에는 시판중인 담배의 풍미가 그리 매력적이지 않다는 평이 퍼지자 담배 회사들은 다양한 풍미의 담배들을 개발했고, 포장지도 사탕처럼 알록달록하게 바꾸었다.

이러한 시도들은 먹혀들었다.

십대 흡연율을 낮춰야만 했다. 이에 미국 정부는 담배 구매 가능 연령을 18세 이상으로 높여 대부분의 경우 고등학교 3학년이 지날 때까지는 담배를 구입할 수 없었다. 심지어 일부 지방 정부에서는 담배 구매 가능 연령을 그보다 더 높게 설정하기도 했다.

그렇지만 1990년대 말에 이르자 상황은 절망스러울 정도였다. 미국 내 고등학생의 흡연율은 거의 70퍼센트를 넘어섰다.[2] 게다가 고등학교 3학년 학생 네 명 가운데 한 명은 매일 담배를 피웠다. 십대 흡연율은 19년 만에 최고치였고, 계속해서 높아졌다.

누군가는 십대들이 금연할 수 있게끔 조치해야만 했다. 그것도 당장.

하지만 십대 흡연율을 낮추기란 결코 쉽지 않았다. 수십 년 동안 많은 기관들이 시도했지만, 번번이 실패했다. 전 세계 많은 나라에서 담배 광고가 금지됐다. 담뱃갑에는 경고 문구를 넣었다. 그리고 젊은이들을 위한 금연 캠페인에 막대한 돈을 쏟아부었다.

하지만 이 모든 노력에도 불구하고 청소년 흡연율은 계속해서 증가했다.[3]

모든 시도가 이렇게 수포가 된 일을 과연 척 울프는 어떻게 해낼까?

경고를 제안으로 받아들이는 사람들
—

이 질문에 답하려면 먼저 나서서 경고하는 정도로 해서는 왜 불충분한 건지부터 이해해야 한다. 이에 더해 애초에 할 필요조차 없었던 경고를 하는 것보다 더 나은 방법은 없는지부터 살펴보자.

2018년 초, 피앤드지P&G는 홍보 때문에 소소한 문제를 하나 겪었다.

피앤드지는 50년 전부터 살보라는 고체 태블릿형 세탁세제를 판매중이었다. 하지만 살보의 판매량이 시원찮았기에 수십 년간 연구를 진행해 새로운 형태로 된, 좀더 효과 좋은 캡슐형 세탁세제를 출시하기로 했다. 세제 투입량을 고민해서 계량할 필요 없이 캡슐 하나만 세탁기에 넣으면 끝이었다. 세제 분말이 세탁물에 달라붙지도 않아서 편했고 소비자들은 상자에서 작은 거품들로 채워진 캡슐형

세제를 꺼내 세탁기에 넣기만 하면 됐다. 물에서만 녹는 플라스틱으로 포장돼 세탁하다보면 적절히 세제가 풀어졌다. 간편한 제품이었고, 문제될 것은 없어 보였다.

피앤드지는 이 새로운 제품을 타이드팟이라는 브랜드로 출시하면서 세탁의 편리성에 마케팅 포인트를 맞췄다. 피앤드지는 65억 달러에 달하는 미국 내 세탁세제 시장에서 타이드팟이 궁극적으로는 30퍼센트 정도 시장점유율을 차지할 것으로 예상했다. 그랬기에 제품 출시에 맞추어 1억 5천만 달러 이상의 마케팅비를 투입했다.

여기서 딱 한 가지 문제가 발생했다. 사람들이 타이드팟을 먹기 시작했다.

일명 타이드팟 챌린지는 농담에서 비롯됐다. 누군가 주황색과 파랑색 액체가 소용돌이치는 모양으로 디자인된 타이드팟을 보고서 먹을 것처럼 생겼다고 말했다. 그러다 『디 어니언』이라는 잡지에 「도와주세요 하느님, 저 알록달록한 세탁세제를 먹어버릴지도 몰라요」라는 기사로까지 소개가 됐다. 타이드팟 챌린지는 여러 소셜미디어를 통해 점점 퍼져나갔다.

이제 사람들은 다른 사람에게 세제를 먹어보라고 부추겼다. 십대들은 타이드팟 제품을 입에 넣거나 토하는 영상을 찍어 유튜브에 올렸다. 그러면서 다른 사람에게도 똑같이 해보라고 했다. 심지어 요리 영감을 발휘해 타이드팟으로 요리를 하는 사람까지 나타났다.[4]

타이드팟 챌린지는 이내 〈폭스뉴스〉나 워싱턴포스트 같은 언론을 장식했다. 물론 언론에서는 의사들의 경고와 함께 부모들이 억지로 뺏는다는 소식을 전했다. 뉴스를 접한 대부분의 사람들은 왜 저런 장난을 치는지 이해할 수 없다는 반응을 보였다.

이쯤 되자 피앤드지도 가만히 있을 수 없었다. 결국 피앤드지는 이런 상황에서 많은 기업들이 할 법한 대응에 나섰다. 이 챌린지를 하지 말라고 경고한 것이다.

2018년 1월 12일, 타이드의 공식 트위터에는 이런 글이 올라왔다. "타이드팟이 어디 쓰는 거죠? 세탁입니다. 다른 용도는 없어요. 타이드팟을 먹는다는 것은 잘못된 생각입니다…"

이 메시지를 더욱 분명히 알리고자 타이드는 미식축구 스타 롭 그론코우스키를 앞세웠다. 타이드는 그론코우스키에게 "타이드팟을 먹는 게 좋은 생각일까요?"라고 질문하는 짧은 영상을 공개했다. 그론코우스키는 간단히 답했다. "아니오, 아니오, 아니오, 아니오, 아니오, 아니오." 그론코우스키는 카메라 앞에서 손가락을 가로저으며 계속 "아니오"라고 답했다. "장난으로 먹는 척하는 건요?"라는 질문에도 그는 "아니오, 아니오, 아니오, 아니오, 아니오, 아니오"라고 답했다. "세탁 외의 용도로 타이드팟을 사용해도 될까요?"라는 질문에도 "아니오"라고 답을 했다.

이 홍보 영상은 "타이드팟은 고농축세제이니 세탁용으로만 사용하세요"라는 경고문으로 끝이 났다. 그러고는 이 정도로도 부족하다고 여겼는지 그론코우스키가 다시 등장해 "먹지 마세요"라며 끝났다.

심지어 몇 시간 후 그론코우스키는 자신의 소셜미디어에 이런 내용의 글을 올렸다. "@타이드와 손잡고 알려드립니다. 타이드팟은 세탁용 제품입니다. 다른 용도는 없다고요!"

그리고 이 시점부터 타이드팟 챌린지는 고삐 풀린 듯 퍼져나갔다.

우리 사회는 건강을 해칠 만한 행동에 대해서 수십 년간 일상적으로 경고해왔다. 지방을 적게 섭취해라, 음주운전을 하지 말아라, 안전벨트를 매라 등등 지난 50년 동안 온갖 영역에서 건강에 관한 메시지를 전했다(건강에 좋으니 이렇게 하세요, 건강에 나쁘니 하지 마세요, 이런 식으로 말이다).

이러한 흐름 속에서 피앤드지 역시 자신들이 해야 하는 식으로 대응했을 뿐이었다. 피앤드지 타이드 사업부 경영진들은 '이런 경고까지 해야 하나' 싶었을지도 모른다. 도대체 누가 알코올에톡시황산염과 플로필렌글리콜이 든 고농축 세탁세제를 재미로 먹는단 말인가? 어쨌든 웹사이트에는 "어린이의 손이 닿는 곳에 두지 마세요"라는 경고문까지 올려뒀고 여기에 스포츠 스타 그론코우스키까지 타이드팟을 먹지 말라는 영상을 찍었으니 타이드팟 챌린지의 유행은 끝날 터였다.

하지만 일은 그렇게 흘러가지 않았다.

타이드팟을 먹지 말라는 그론코우스키의 동영상이 올라오자마자 구글에서 타이드팟 검색량이 폭발적으로 증가했다. 동영상이 올라오고 나흘이 지나자 타이드팟 검색량이 두 배 이상 증가했다. 한 주도 지나지 않아 검색량은 거의 700퍼센트 증가했다.

구글 검색량의 증가는 자녀들을 걱정하는 부모들이 왜 타이드가 트위터를 통해 사람들에게 경고했는지 찾아봐서가 아니었다. 안타깝게도 독극물을 섭취해 치료센터를 찾는 환자 역시 크게 증가했다.

2016년 한 해 동안 십대 청소년이 세탁세제를 섭취한 사건은 서른아홉 건 발생했었지만 그론코우스키의 동영상이 공개되고 십수일 동안 거의 두 배 이상 사건이 접수되었다. 그리고 이 숫자가 2016년과 2017년 동안 발생한 사고 건수의 두 배가 되기까지 몇 개월도 걸리지 않았다.

타이드의 경고가 오히려 심각한 역효과를 불러일으켰다.

타이드팟 챌린지만 유난스러웠던 게 아닌가 할 수도 있다. 하지만 수많은 유사 사례들이 있다.[5] 재판의 배심원들에게 채택 불가한 증언을 무시하라고 지시하면 오히려 그 증언을 더 깊이 기억한다. 음주 금지라는 메시지를 받은 대학생들은 술을 더 많이 마시기도 한다. 흡연은 건강에 나쁘다고 온갖 이유로 설득해봤자 오히려 훗날 흡연에 더 관심을 갖게 된다.

이런 식으로 경고가 도리어 제안처럼 작용하는 사례들은 쉽게 찾을 수 있다. 십대 자녀에게 이러저러한 데이트 상대는 피해야 한다고 알려주면 오히려 그런 상대에게 호기심을 갖는다. 사람들에게 무엇을 하지 말라고 이야기하면 더 그렇게 하고 싶어지는 역효과가 생긴다.

자유와 선택권의 필요성
—

왜 경고가 역효과를 일으키는지 이해를 돕기 위해 1970년대 말 하버드대와 예일대 연구진이 공동으로 진행한 연구를 살펴보자.

아든 하우스라는 양로원에서 진행된 간단한 실험이었다.[6] 연구자들은 아든 하우스의 한 층 거주자들에게 상당한 자유와 선택권을 부여했다. 이 층 거주자들은 자기 방을 직접 고를 수 있었고, 가구 배치도 스스로 결정해 직원들에게 요청할 수 있었다. 이들은 자유 시간도 보낼 수 있었고 언제든 다른 거주자들을 방문하거나 하고 싶은 일을 하며 지낼 수 있었다. 또한 불만 사항을 전달하면 양로원에서 피드백을 해줘 개선되기도 했다.

자율성을 더욱 분명하게 인식하도록 이들에게 추가적인 선택지도 주어졌다. 이 층 거주자들에게 화분이 든 상자를 돌려서 원한다면 화분을 키울 수도 있었고, 자기가 원하는 화분을 직접 고를 수도 있었다. 한 주에 두 번 영화 관람도 가능했는데, 언제 영화를 볼지 직접 선택해 가고 싶을 때 갈 수 있었다.

한편 다른 층 거주자들은 자유와 선택권을 상당히 제한했다. 우선 거주자들에게 가장 좋은 방향으로 결정했다면서 양로원측에서 일방적으로 방을 배정했다. 그리고 모든 거주자에게 화분을 나눠주면서 화분 관리를 직원들이 대신하겠다고 했다. 영화 관람도 요일과 시간을 정해뒀다.

아든 하우스 거주자들은 이러한 규정에 따라 생활했고, 연구자들은 상당 기간 동안 거주자들을 관찰했다.

결과는 놀라웠다. 더 많은 자유와 선택권을 가진 거주자들이 훨씬 더 즐겁고 활력 있게 생활했다.

관찰 기간이 길어질수록 거주자들의 모습은 더욱 극명하게 나뉘었다. 18개월 후 연구자들은 두 집단 간의 사망률을 살폈다. 많은 자유와 선택권이 주어진 층의 거주자들이 그렇지 않은 층에 사는 사람들보다 사망률이 절반 정도 낮았다. 더 많은 자율성을 가진 사람이 더 오래 산 것이다.

인간에게는 자유와 선택권이 필요하다. 우리는 자신의 삶과 행동을 스스로 통제한다고 인식한다. 무작위적으로 외부의 영향을 받거나 다른 누군가의 의지 때문이 아니라 본인이 직접 무언가를 선택한다고 인식한다.

그렇기에 사람들은 타인에게 자신에 관한 선택을 맡기는 일을 꺼린다. 사실 우리 인간은 선택권을 매우 중시하기 때문에 설사 나쁜 결과로 이어진대도 직접 선택하고 싶어한다. 심지어 자신을 불행하게 만드는 일이라 해도 그렇다.

연구자들은 사람들에게 줄리라는 아이의 부모가 되었다고 생각해보라고 했다.[7] 갓 태어난 줄리는 뇌출혈로 신생아집중치료실에 들어가 있다. 줄리는 산소 호흡기에 의존하여 생명을 유지하고 있으나 삼 주 이상 치료했음에도 상태가 호전되지 않는다. 이에 의사가 줄리의 부모를 불러 상황을 설명해준다.

줄리의 부모는 둘 중 하나를 선택해야 했다. 즉시 치료를 중단하는 경우 줄리는 사망한다. 치료를 계속할 수도 있으나 결국 줄리는 사망할 가능성이 높다. 생존하더라도 심각한 신경장애를 겪게 된다. 어떤 선택을 하더라도 부모의 바람과는 거리가 먼 상황이다.

실험 참가자들은 두 그룹으로 나뉘었다. 한 그룹에게는 선택권이 주어졌다. 치료를 계속할지, 중단할지 부모가 스스로 결정했다.

다른 한 그룹에게는 의사가 부모 대신 결정한다고 했다. 의사는 치료 중단을 결정했고 그것이 줄리를 위한 최선이라고 그들에게 설명해줬다.

사실 이러한 상황을 그 어떤 부모도 바라지 않는다. 직접 결정한 사람이건 의사가 대신 결정한 사람이건 모든 실험 참가자들은 불안, 당혹, 슬픔, 그리고 죄책감을 느꼈다.

그런데 선택권을 가진 참가자들 쪽이 부정적인 감정을 더 강하게 느꼈다. 부모의 입장에서 생명 유지 장치를 뗄지 말지 직접 결정했기 때문에 이 일을 더 끔찍하게 받아들였다.

그럼에도 직접 결정한 사람들은 자신의 선택권을 포기하고 싶지 않다고 응답했다. 자녀의 생명에 관한 결정을 의사에게 맡기기보다는 부모로서 직접 결정하는 편이 더 바람직하다고 반응했다. 더 슬프고 더 죄책감을 느꼈음에도 계속해서 스스로 선택할 수 있기를 바랐다.

설득에 대한 방어 시스템
—

가상의 아기의 생사를 결정하는 문제, 그리고 양로원에서의 실험 등은 타이드팟을 먹으려는 사람들의 심리를 설명해준다. 우리 인간은 자신의 선택과 행동을 스스로 통제할 수 있다고 믿고 싶어한다. 또한 자유롭게 행동할 수 있음을 매우 중시한다.

누군가에게 자유를 위협당하거나 제한당하면 사람들은 불쾌해한다. 무엇을 할 수 없다 내지 해서는 안 된다고 말하면 자율성을 개입한다고 여긴다. 이러한 이야기를 들으면 사람들은 자기 마음대로 행동할 수 있다고 보여주기 위해 되받아친다. 당신이 뭔데 나한테 운전하면서 문자메시지를 보내지 말라고 하는 거지? 당신이 뭔데 우리 강아지를 저 풀밭에 데리고 들어가면 안 된다고 하는 거지? 난 내가 원하는 일은 뭐든 할 수 있다고!

자신의 선택권이 위협받거나, 실제로 제약되는 경우 자신이 여전히 자주적으로 행동한다는 것을 증명하기 위해 사람들은 금지된 행동을 한다. 운전중에 문자메시지를 보내고, 강아지를 풀밭에 풀어두고, 고농축세제인 타이드팟을 이로 깨물기까지 한다. 금지된 일을 행동에 옮기는 것은 여전히 자신이 운전대를 잡고 있음을 보여주는 가장 쉬운 방법이다.[8]

원래는 운전중에 문자메시지를 보내지 않던 사람도 그런 행동을 금지한다는 경고를 들으면 그렇게 하고 싶어질 수도 있다. 금단의 열매가 더 달콤한 법이다. 그리고 그 금단의 열매를 먹는 건 자율성을 되찾기 위함이기에 더 달콤하다.

자유에 대한 제약은 일명 리액턴스 효과라는 심리 반응을 유발한다. 자신의 자유가 상실되었거나 위협받는다고 느낄 때처럼 불유쾌한 상황에서 이러한 저항이 나타난다.

리액턴스 효과는 무언가를 하지 말라고 할 때보다 무언가를 하라고 할 때 더 강하게 나타난다. 누가 하이브리드 자동차를 사라고 하거나, 은퇴에 대비하여 저축을 하라고 해도 이를 자유에 대한 제약으로 받아들일 수 있다. 어떤 의도에서 그렇게 말했는지 관계없이 자신의 선택권에 대한 도전으로 인식할 수 있다.

누군가가 자신을 설득하지 않는다면 사람들은 자기 의지에 따라 행동한다고 믿는다. 자신의 사고와 선호에 따라 행동한다고 인식한다. 환경을 보호하고 싶어서 혹은 자동차의 외관이 마음에 들어서 하이브리드 자동차를 선택했다고 생각하는 식이다.

누군가를 설득하려고 해봐야 상황만 더욱 복잡해질 뿐이다. 만약 지금 어떤 사람이 하이브리드 자동차를 사려고 고심하는 상황이라면 그를 설득하려고 들면 그에게 또다른 이유를 제시해주는 셈이 되기 때문이다. 그가 원래 가졌던 관심 외에 새로운 이유가 추가돼 두 번째 가능성도 생겨버려 그는 하이브리드 자동차를 스스로 선택하는 게 아니라 누군가가 얘기해서 구매한다고 생각할 수 있다. 그리고 이렇게 대안을 제시받으면 자신의 자유가 위협받는다고 인식하게 된다. 누군가의 설명을 듣고 하이브리드 자동차를 산다면 그건 진짜 자기 선택이 아니다. 운전석에 앉은 건 진짜 자신이 아니라 다른 누군가가 되는 셈이다.

그렇기에 종종 사람들은 자신의 선택권이 도전받았다고 인식하면 타이드팟 챌린지처럼 외부의 설득과 반대로 행동한다.* 하이브리드 자동차를 샀으면 좋겠다고? 아니, 나는 기름 많이 먹는 자동차를 살 거야. 은퇴에 대비하여 저축을 해야 한다고? 아니, 내가 사고 싶은 건 뭐든 살 거야.[9] 상대방에게 무언가를 하라고 설득하거나, 상

★ 사람들이 외부로부터의 설득에 대해 항상 반대로 행동하는 것은 아니지만, 어쨌든 그러한 행동은 남의 영향을 받지 않는다는 걸 보여주는 가장 확실한 방법이다. "X브랜드의 하이브리드 자동차를 사세요"라는 광고를 보고는 그 대신 Y브랜드의 하이브리드 자동차를 살 수도 있다. 하지만 내가 본 광고 때문에 그렇게 결정한 것은 아닐까 하는 인식은 남는다. 하지만 아무것도 안 사거나 픽업트럭과 같이 완전히 다른 성격의 자동차를 사면 이러한 인식에서 자유로워질 수 있다. 광고에는 픽업트럭에 관한 이야기가 전혀 나오지 않았기 때문에 픽업트럭 구매는 온전하게 나의 선택에 의한 행동처럼 인식된다. 외부로부터의 설득과 다르게 행동하기는 자신에게 자유가 있음을 인식시켜주지만 그와 완전히 반대로 행동하면 더 효과적이다.

대를 밀어붙이거나, 심지어 강요를 한다면 원하는 행동 변화를 이끌어낼 가능성은 크게 낮아진다.

원래 자신이 원하는 바와 동일한 얘기를 외부에서 들어도 리액턴스 효과는 생길 수 있다. 회의 시간에 참석자는 반드시 발언해야 한다는 새로운 업무 지침이 만들어졌다고 가정해보자. 원래 회의 시간에 발언하고자 했던 사람들은 이러한 지침을 쉽게 받아들일 것이다. 원래 자신은 회의 시간에 발언하기를 좋아하고, 회사에서도 그렇게 하라고 하니 모두가 좋은 일이다.

그러나 이와 같은 지침이 본인의 의사에서 우러나온 일이라거나 자유로운 일로 인식되지 않는 경우 역효과가 생긴다. 회의 시간에 발언을 해야겠다고 생각했대도 다른 의견이 더해지는 것이다. 그렇기에 이런 이들은 자신이 원해서가 아니라 지침이 정해져 하라고 하기 때문이라고 인식해 그렇게 행동하지 않는다. 이러한 간섭 때문에 사람들은 자기 뜻대로 결정했다고 인식하지 못한다. 이들은 그저 지시에 따른다고 느끼기 싫어서 결국 입을 다무는 편을 선택할지도 모른다.

외부에서 영토로 날아드는 발사체를 자동으로 차단하는 미사일 방어 시스템과 마찬가지로 우리 인간은 설득에 대한 방어 시스템을 갖추고 있다. 이 타고난 반영향력 시스템은 외부로부터의 설득에 이리저리 흔들리는 일을 막는다. 자신에게 영향력을 행사하려는 주변의 시도를 계속해서 탐색하고, 그러한 시도가 탐지되면 이에 대항한다.[10] 외부로부터의 설득을 거부하는 식으로 말이다.

외부로부터의 설득을 거부하는 가장 간단한 대항법은 자신에게 들어오는 메시지를 무시하거나 회피하기다. 상품 광고를 하는 공간에서 그냥 빠져나오거나, 홍보 전화를 받으면 그냥 끊거나, 팝업창이 뜨면 보자마자 닫는 식으로 대응한다. 쇼핑객들은 매장에서는 판매원을 피하고, 온라인 쇼핑몰에서는 배너 광고를 닫아버린다. 텔레비전에서 시청자들을 설득하려는 광고가 더 많이 나올수록 사람들이 채널을 돌릴 가능성은 커진다. 이처럼 외부에서 들어오는 메시지에 덜 노출되면 그로 인한 영향을 덜 받을 수 있다.

무시나 회피보다 더 적극적인(그리고 더 수고로운) 대응으로 반론하기가 있다. 적극적으로 반박하거나 맞서싸우는 것이다.

포드의 F-150 픽업트럭은 다음과 같은 메시지를 제시한다. "동급 최강. 포드 F-150은 바닥에 놓인 짐을 운반할 때나 트레일러를 연결할 때의 견인력이 다른 픽업트럭들을 압도합니다. 다른 경쟁 차들이 따라올 수 없는 힘을 발휘합니다."

사람들은 이런 광고 메시지를 액면 그대로 받아들이지 않는다. 오히려 그 내용과 출처를 조목조목 반박한다. 포드 F-150이 동급 최강이라고? 그거야 차를 팔려고 으레 그렇게 말하는 거겠지. 아마 쉐보레도 자기들 차가 최강이라고 할걸? 그래도 "모든 자동차 가운데 최강입니다"라고는 못 하네. "동급"에서 "견인력이 다른 픽업트럭들을 압도"한다고 제한을 두기는 했어. 그런데 정말로 다른 픽업트럭들보다 항상 그렇다는 건가? 아니면 특정한 상황에서만 그런 건가? "동급 최강"이라는 표현은 정확히 뭘 의미하는 거지?

이러한 상황을 접하면 사람들은 논쟁에 의욕을 불태우는 고등학생 토론팀처럼 메시지의 모든 내용에 대해 반박할 근거를 찾는다. 그리고 그 메시지가 흔들려 무너질 때까지 이리 찌르고 저리 찌르며 이의를 제기한다.

대리자를 허용하게 이끌어라

리액턴스 효과가 생기거나 방어 시스템이 가동되는 걸 막으려면 촉매를 통해 대리자를 허용하게끔 이끌어야 한다. 상대방을 설득하는 게 아니라, 그가 자기 자신을 설득하게 만들어야 한다.

플로리다 주지사가 요청한 청소년 금연 프로그램을 맡기로 한 척 울프는 일단 자신의 팀부터 구성했다.

그들은 기존에 해오던 것처럼 금연 운동을 해봐야 별 효과가 없을 거라고 의견을 모았다. 십대 정도 되면 누군가 자신을 설득하려 하면 이를 충분히 알아채기 때문이다.

흡연이 건강을 해친다고 정보를 제공해줘봐야 역시 효과가 없을 터였다. 청소년들이 건강에 나쁘다는 걸 모르고 흡연을 하는 게 아니기 때문이다. 청소년들은 건강을 해친다는 걸 알면서도 흡연을 한다.

그렇다면 어떤 방법이 있을까?

다양한 접근법에 대해 의견을 나눈 끝에 울프의 팀은 기존에 한 번도 시도된 적은 없지만 대단히 간단한 방법을 적용해보기로 했다.

아이들에게 이래라저래라 하지 않기로 했다.

지난 수십 년 동안 어른들은 아이들에게 흡연을 하면 안 된다고 이야기해왔다. 흡연은 나쁘다, 담배는 너희를 죽일 것이다, 담배를 멀리 해라, 이런 이야기를 거듭해온 것이다.

그동안 많은 기관들과 조직들의 청소년 금연 캠페인은 이와 비슷하게 진행됐다.

물론 조금씩 변형을 주긴 했다. 어떤 캠페인은 건강을 강조했고("담배를 피우지 마세요: 담배는 당신을 죽음에 이르게 할 것입니다"), 어떤 캠페인은 외모에 초점을 맞췄다("담배를 피우지 마세요: 담배는 당신의 치아를 누렇게 만들 것입니다"). 어떤 캠페인은 운동 능력에 주목했고("담배를 피우지 마세요: 비흡연자가 운동을 더 잘합니다"), 어떤 캠페인은 교우관계에 중점을 뒀다("담배를 피우지 마세요: 담배를 피울수록 친구들과 사이가 멀어집니다").

하지만 무엇에 소구하든 간에 금연 캠페인은 청소년들에게 결국 똑같은 메시지를 전했다. 노골적이든 아니든, 요청이나 요구, 제안을 하든 아니든 똑같았다. "너희에게 무엇이 가장 좋은지는 우리가 잘 아니까, 우리 말대로 담배를 끊어라."

그리고 이런 방식은 효과가 없었다.

이에 척 울프의 팀은 청소년들에게 정답을 제시해주는 게 아니라 청소년들 스스로 답을 찾도록 이끌어줘보기로 했다. 1998년 3월, 많은 학생들이 '틴 타바코 서밋Teen Tobacco Summit'이라는 회의에 참여하여 청소년 흡연 문제에 대해 의견을 나누었다.

울프를 비롯한 주최측에서는 담배가 나쁘다는 식의 의견을 전혀 제시하지 않았다. 그저 참석한 청소년들에게 담배에 관한 일련의 사실만 제시해주어 청소년들이 주도적으로 회의를 진행하게 했다. 담배 회사들이 담배를 팔기 위해 얼마나 교묘하게 영향력을 행사하는지, 담배 회사들이 더 많은 사람들에게 담배를 팔기 위해 정치 시스템에 어떻게 영향력을 행사하는지, 담배 피우는 모습을 매력적으로 보이게 만들기 위해 스포츠, 텔레비전, 영화 등의 수단을 어떻게 활용하는지를 알려주었다. 담배 회사들이 이렇게까지 한다고 알려주면서 청소년 여러분이 어떻게 생각하는지 궁금하다고 했다.

틴 타바코 서밋을 계기로 여러 가지 조치들이 취해졌다. '담배에 대항하는 청소년 행동Students Working Against Tobacco' 일명 SWAT이라는 조직이 결성되었고, 담배 산업의 현실을 담은 책자가 학교로 배포되었다(여기에는 '담배 한 보루를 팔았을 때 2달러가 이익이라면 열네 보루를 팔면 담배 회사 임원들은 얼마나 많은 돈을 벌게 될까' 같은 정보가 담겨 있었다). 그리고 새로운 방식의 미디어 홍보가 기획되었다.

척 울프의 팀은 곧 '진실' 광고의 첫 편을 제작한다. 이 광고에는 평범한 가정의 거실에 앉아 있는 두 명의 평범한 청소년들이 등장한다. 이들은 잡지사 대표에게 전화를 걸어 "청소년들도 읽는 잡지에 왜 담배 광고를 실으시죠?"라고 묻는다.

이에 잡지사 대표는 자기네 잡지에는 금연 광고도 실린다고 답한다. 그중 한 청소년이 잡지를 공익을 위해 운영할 수 있으시냐고 묻자 잡지사 대표는 그렇게는 하지 않는다고 답한다. 왜냐는 질문에 잡지사 대표는 "수익을 내야 하니까요"라고 답한다. 이번에는 다른 청소년이 "사람이 중요합니까, 아니면 돈이 중요합니까?"라고 묻는다. 이에 잡지사 대표는 머뭇거리면서 이렇게 답한다. "잡지는 돈을 벌기 위해 파는 겁니다." 그러고는 서둘러 전화를 끊는다.

광고는 이렇게 끝난다.

이 광고는 청소년들에게 이래라저래라 하지 않는다. 담배를 피우지 말아라, 무엇을 해라, 이렇게 해야 좋은 것이다, 이런 메시지를 끝까지 던지지 않는다. 담배 회사들이 청소년들에게 영향을 미치려 하고 미디어는 돈을 벌기 위해 담배를 홍보한다는 사실만 전한다. 청소년들에게 어떻게 하라고 설득하기보다는 담배 산업에 관한 진실만 알려주고 스스로 선택하게 해준다.

그리고 청소년들은 제힘으로 선택을 했다.

'진실 캠페인'이 시작되고 몇 달 지나지 않아 플로리다에서는 삼만 명 이상의 청소년들이 담배를 끊었다.[11] 그리고 2년이 채 되지 않아 청소년 흡연율이 절반으로 떨어졌다. 그때까지 시도되었던 대규모 청소년 금연 캠페인 가운데 가장 돋보이는 성과였다.

이 시범적인 프로그램은 곧 청소년 금연 캠페인의 모델로 전 세계에 퍼져나갔다. 미국에서 전국 규모의 청소년 금연 재단을 만들면서 플로리다의 방식을 채택했고, '진실 캠페인'을 미국 전역으로 확대하여 진행하기로 결정했다. 그리고 척 울프를 이 재단의 부이사장으로 임명했다.

'진실 캠페인'이 미국 전역에 퍼지자 미국 내 청소년 흡연율은 75퍼센트나 줄어들었다. 담배에 입문하는 청소년들도 크게 줄었고, 이미 담배를 피우던 청소년들이 끊는 비중도 크게 늘어났다. '진실 캠페인'이 전국적으로 확산되고 처음 4년 동안 사십오만 명 이상의 미국 청소년들에게 예방 효과가 있었고, 수백억 달러에 이르는 건강 관리비 지출을 막은 것으로 추산되었다.

진실 캠페인은 청소년들의 생각을 바꾸는 데 너무나 효과적이었다. 2002년, 그들의 접근법이 얼마나 성공적이었는지를 무엇보다 잘 보여주는 강력한 증거가 나타났다. 담배 회사가 캠페인을 멈춰달라고 소송을 제기한 것이다.

'진실 캠페인'은 담배를 끊어야 한다고 청소년들을 설득하지 않았기에 성공할 수 있었다. 울프는 스스로 결정할 정도로 청소년들도 충분히 똑똑하다고 생각했다. 그렇기 때문에 그들에게 금연하라고 말해주는 게 아니라 그들에게 무엇을 해야 할지만 알려준다면 결국 자신에게 최선의 결정을 내릴 것이라고 믿었다.

울프는 청소년들이 직접 자기 길을 결정할 수 있게 해주었다. 금연 문제에 있어서 청소년들을 수동적인 방관자가 아니라 적극적인 참여자로 만들어주며 본인들이 상황을 통제한다고 느끼게 해주었다. 그들의 방어 시스템 레이더를 낮추자 금연 참여율이 높아졌다.[12]

리액턴스 효과를 줄이려면 촉매를 통해 행위자 스스로 판단하고 행동하게 해야 한다. 사람들에게 무엇을 하라고 지시하거나 완전히 손을 떼는 게 아니라 중간지대를 찾아야 한다. 자신의 길을 찾도록 말이다.

이때 지시하는 대신 네 가지 방법으로 길을 이끌어줄 수 있다. (1) 메뉴를 제시하라 (2) 무엇을 하라고 말해주는 대신 물어보라 (3) 생각과 행동의 차이를 알게 하라 (4) 상호이해의 분위기를 형성하라. 이제 이 네 가지 방법에 대해 논하려고 한다.

메뉴를 제시하라
—

상대방의 행동 변화를 이끌어내는 가장 효과적인 방법은 직접 자기 길을 선택하도록 만드는 것이다. 상대방이 어떤 길로 가면 좋겠다고 생각하는가? 그렇다면 그 길로 어떻게 갈지는 그에게 맡겨라.

육아를 해본 부모라면 다들 이런 경험을 해봤을 것이다. 유아기인 아이에게 특정 음식을 먹이려고 시도해봐야 대부분 실패로 돌아간다. 브로콜리나 닭고기에 별 흥미가 없는데 강제로 먹이려고 하면 이런 음식에 대한 저항감만 더 쌓일 뿐이다.

그렇기에 현명한 부모들은 아이에게 강제로 먹이지 않는다. 대신 아이가 선택하게 한다. "뭘 먼저 먹을래? 브로콜리 아니면 닭고기?"

아이에게 선택권을 주면 아이는 자기 마음대로 한다고 인식하게 된다. '엄마 아빠가 나한테 이래라저래라 하지 않네. 내가 먹고 싶은 걸 골라야지.'

아이에게 선택지가 주어졌지만 이는 엄마와 아빠의 판단에 따른 것이다. 하지만 아이는 아이대로 자신이 선택한 순서에 따라 음식을 먹는다.

아이를 병원에 데리고 가서 주사를 맞힐 때는 "오른팔에 맞을래, 아니면 왼팔에 맞을래?"라고 선택권을 주고, 잠자리에 들기 전에는 "샤워부터 할래, 아니면 양치질부터 할래?"라고 선택권을 준다. 선택지를 제시하고, 아이가 자유와 통제권을 유지하게 하면 부모가 바라는 결과를 효과적으로 이끌어낼 수 있다.[13]

똑똑한 경영자라면 직원을 채용할 때도 이 방식을 활용할 수 있다. 입사 예정자들은 연봉 협상 자리에서 회사가 어느 정도를 제안하든 그보다 더 좋은 조건을 받아내야 한다고 생각하기 마련이다.

이 경우 입사 예정자에게 거래 조건을 내걸 수도 있다. 입사 예정자가 통상의 경우보다 휴가를 일주일 더 사용한다고 하면 연봉을

5천 달러 더 낮춘다. 휴가를 일주일 덜 사용하면 연봉을 1만 달러 높여준다. 이런 식으로 대응하는 게 공평하게 여겨진다.

입사 조건에 관한 선택권을 부여함으로써 입사 예정자는 협상과정에 더욱 적극적으로 참여한다고 느낄 수 있고, 더 나아가 협상 결과에 더욱 만족할 수도 있다.[14] 게다가 채용자 입장에서도 입사 예정자에게 제시하는 선택지가 나쁠 게 없기 때문에 지원자가 어떤 선택을 하더라도 만족하게 된다.

여기서 메뉴를 제시한다는 것은 말 그대로 제한된 범위에서 선택 대상을 제시하는 것이다.

이탈리아 음식점에 가는 경우를 떠올려보라. 고객들은 메뉴판을 보고 미트볼 스파게티, 라구 소스가 곁들여진 양고기, 볼로네제 파스타, 마카다미아 오일 파스타 등 원하는 음식들을 고를 수 있다.

손님들이 원하는 음식은 뭐든 먹을 수 있을까? 아니다. 초밥, 에그롤, 양고기 수블라키처럼 이탈리아 음식점에서 제공하지 않는 메뉴는 선택할 수 없다.

메뉴판에 적힌 제한된 범위의 선택 대상 중에서만 고를 수 있다. 사람들에게 선택권이 주어지지만, 이는 일정한 범위 안에서 행사된다. 레스토랑은 메뉴를 정하고 고객은 그 안에서 선택한다.

광고사들도 고객사에 프레젠테이션을 할 때 이와 비슷한 방식으로 진행한다. 만약에 광고사가 시안을 딱 하나 제시한다면 고객사는 프레젠테이션이 끝나자마자 그 시안의 온갖 허점을 속속 집어낼 것이다.

그래서 똑똑한 광고사들은 한 번에 몇 가지 시안을 제시한다. 열몇 개씩이 아니라 두세 개의 시안을 제시해 그중 고객사가 가장 마음에 드는 걸 고르게 한다. 이렇게 하면 고객사는 자신들이 선택한 시안을 좀더 긍정적으로 받아들이게 된다.

어떤 일을 하라고 사람들을 설득해봐야 반박하는 데 시간을 쓸 뿐이다. 사람들은 왜 그게 안 좋은 선택지인지 온갖 근거를 들어 따지고 더 나은 다른 선택지들을 찾는다. 이때 왜 그들이 그 제안을 받아들이기 싫은지는 고려하지 않는다.

하지만 사람들에게 몇 가지 선택지를 제시하면 그때부터 갑자기 모든 것이 달라진다.

이때 사람들은 그 선택지의 문제점보다 그중에서 뭐가 최선인지를 따지게 된다. 자신에게 주어진 선택지들이 가진 문제점들을 찾는 데 집중하기보다는 그중에서 무엇이 자신에게 최적인지 고려한다. 그리고 그렇게 선택하는 경우 사람들은 자신의 선택에 많이 관여하게 돼 결국 그 선택을 더 지지하게 된다.

자기 아내가 자신에게 의견을 물어봐놓고는 이를 묵살해버린다며 한 친구가 투덜거렸다. 예를 들자면 친구의 아내는 친구에게 "오늘 저녁은 어디서 먹고 싶어?" "이번 주말에는 뭐하고 싶어?" 하고 묻는단다. 이에 "멕시코 음식점이 좋겠어" "일요일에 축제가 열리던데 거기 가자" 하고 답하면 늘 "그건 별로야"라는 대답이 돌아온단다. "멕시코 음식은 지난주에 먹었잖아" "하루종일 밖에 있기에는 일요일은 너무 더울 것 같아"라면서 말이다.

이런 일이 반복되자 친구는 너무 짜증이 난다며 불평했다. "나한테 뭘 원하느냐고 대체 왜 묻는 걸까? 싫다고 할 거면서 대체 왜 그러지? 혹시 싫다고 말하려고 일부러 그러는 걸까?"

그러다 그 친구는 아내의 질문에 조금 다르게 대응해보기로 했다. 아내가 의견을 물어보면 한 가지만 답하는 게 아니라 두 가지 안을 제시하는 식으로 대응했다. 멕시코 음식만 얘기하는 게 아니라 멕시코 음식이나 일본 음식이 어떠냐고 하거나 축제에 가자고 답하기보다는 축제에 가거나 집에서 좋아하는 텔레비전 프로그램을 보자는 식으로 대꾸했다. 하나의 의견만 제시하는 게 아니라 메뉴를 제시해준 것이다.

그러자 더이상 논쟁을 하지 않았다. 친구가 제시한 선택지를 듣고 아내가 불만을 제기하는 경우도 있긴 했지만, 어쨌든 그중 하나를 골랐다.

왜냐하면 이제는 친구가 제안하는 답에 따르는 게 아니라 아내에게 선택권이 부여됐기 때문이다. 선택자는 친구가 아닌 아내였다. 결국 그녀는 그중에서 골랐다.[15]

무엇을 하라고 말해주는 대신 물어보라

—

외부로부터의 작용을 받아들이게 하는 또다른 방법은 무엇을 하라고 말하는 대신 물어보는 것이다.

나피즈 아민은 워싱턴에서 셰르파 프레프라는 시험 준비 및 입학 컨설팅 학원을 경영하고 있다. GMAT와 GRE 대비 코스를 운영중인 이 학원에서는 10년 이상 수많은 학생들을 미국 최고의 대학원에 진학시켰다.

하지만 셰르파 프레프를 시작한 지 얼마 안 됐을 때 나피즈 아민은 학생들에게 한 가지 문제가 반복적으로 나타난다는 걸 알게 됐다. 학생들의 공부 시간이 턱없이 부족했다.

나피즈 아민은 학원을 경영하면서 직접 강사로서 수업을 진행하기도 한다. 수강생 가운데 대부분은 몇 년 동안 수학 시험을 치른 적이 없는데, GMAT의 경우 시험 시간에 전자계산기 사용이 허용되지 않기에 강의 초반에는 기초적인 산수 수업부터 진행한다. 여기에 더해 학생들에게 간단히 학습 계획을 세우게 하고 그 내용을 다른 수강생들 앞에서 발표시켜 학생들이 자기 학습 계획에 책임의식을 갖도록 만든다.

하지만 발표를 듣다보니 좋은 경영대학원에 입학하기 위해 필요한 GMAT 점수와 학생들이 짜는 학습 계획 사이에는 커다란 간극이 존재했다. 많은 학생들이 높은 목표를 이루려면 어느 정도나 공부해야 하는지를 잘 몰랐다. 모든 학생들이 상위 열 개 경영대학원에 입학하기를 희망했는데 그러면서 그저 약간만 노력하면 될 것이라고 믿었다. 하지만 상위권 경영대학원에 입학하려면 특출난 다른 응시자들과 함께 시험을 봐서 상위 5퍼센트의 GMAT 점수를 받아야 한다.

셰르파 프레프에 온 학생들은 학부 입학할 때 SAT 점수가 괜찮았다며 자신감을 보인다. 하지만 GMAT 응시자들은 전혀 다른 차원의 학생들이다. 고등학생들이 응시하는 SAT와 달리 GMAT 응시생들은 대부분 대졸자들로 학부 성적도 꽤 좋았던 이들이다. 더 똑똑한 집단과 겨뤄야 하는 상황이다. 과거 SAT 성적을 생각하는 걸로는 충분치 않았다.

나피즈 아민이 학원 수업 외에 어느 정도나 공부할 계획이냐고 물으면 학생들은 충격적으로 짧은 목표 학습 시간을 이야기한다. 대부분의 학생들은 일주일에 다섯 시간 정도를 잡고, 많아봐야 열 시간 정도를 예정한다. 계획대로라면 대부분의 학생들은 오십 시간 정도 공부하고 시험을 치른다. GMAT 성적이 상위 5퍼센트 안에 들려면 보통 이삼백 시간 정도를 공부해야 하는데 말이다.

하지만 이러한 현실을 학생들에게 말해줘봐야 학생들은 멀뚱댈 뿐이었다. 학생들은 그의 말을 믿지 않거나 그 말에 눌려 그만둬버렸다. 강의 첫날에 꺼내기엔 너무 혹독한 이야기였다. 학생들은 '저 사람은 도대체 누구길래 공부를 더 해야 한다고 말하는 거지' 하고 받아들였다.

나피즈 아민은 학생들을 기죽이려고 그런 말을 했던 것이 아니었다. 학생들이 현실을 직시하기를 바랐을 뿐이었다. 그는 학생들이 학원 밖에서도 생각보다 훨씬 더 많은 시간을 공부 시간으로 할애해야 한다는 사실을 깨달았으면 했다. 그들의 예상보다 더 힘들 것이라고 말이다. 원하는 대학원에 입학하려면 체계적으로 오랫동안 준비해야 한다는 사실을 깨닫기를 바랐다.

하지만 학생들에게 뭘 해야 한다고 말해줘봐야 별로 효과가 없자 학생들에게 무엇을 원하느냐고 질문하는 식으로 방식을 바꾸었다. 다음 수업을 진행하며 그는 학생들에게 이렇게 물었다. "여러분은 왜 여기 오셨죠? 여러분의 목표는 무엇입니까? 왜 GMAT 시험을 준비하시나요?"

"최상위권 경영대학원에 입학하고 싶어서요." 한 학생이 이렇게 대답했다.

"좋아요. 그렇다면 그런 곳에 가려면 점수를 어느 정도나 받아야 하는지 아시나요?" 나피즈 아민이 다시 물었다.

"GMAT 점수가 720점은 되어야 한다고 알고 있습니다." 한 학생이 이렇게 대답했다. "750점은 받아야죠"라고 대답하는 학생도 있었다.

"그 정도 점수를 받으려면 어떻게 해야 하죠?" 나피즈 아민이 질문을 이어갔다.

그러자 여기저기서 학생들이 자기 생각을 이야기했다. 매년 이십오만 명의 학생들이 GMAT에 응시한다. 경영대학원 상위 스무 곳의 입학 정원은 만 명 정도다. 즉 적은 자리를 놓고 정말 많은 사람이 경쟁하는 상황이다. 그때부터 학생들은 원하는 경영대학원에 입학하는 일이 생각보다 훨씬 더 어렵다는 걸 인식하게 된다.

학생들 사이에서 이런 이야기가 오가는 모습을 지켜보면서 아민은 공부를 많이 해야 한다는 자신의 의도대로 학생들의 대화가 이어지도록 이끌었다. 그는 학생들에게 이렇게 물었다. "그렇다면 여러분이 원하는 대학원에 입학할 정도로 점수를 받으려면 주당 몇 시간 정도 공부해야 한다고 생각하십니까?"

되는대로 숫자를 대답해보면서 학생들은 이에 대한 답을 모른다는 걸 자각했다. 학생들은 그에게 되물었다. "선생님은 많은 학생들을 가르쳐오셨죠? 최상위권 경영대학원에 입학하려면 저 같은 사람이 보통 몇 시간 정도 공부해야 하죠?"

기다리던 순간이 드디어 찾아왔다.

삼백 시간 정도 공부해야 한다는 그의 말을 학생들은 집중해서 들었다. 학생들은 계산을 시작하며 현실을 인지했다. 10주 과정의 수업을 들으면서 그와는 별도로 삼백 시간 공부를 해야 한다는 걸 받아들였다. 학생들은 학습 계획을 조정해 주당 삼십 시간 정도는 공부해야 한다고 결론을 내렸다.

질문을 활용하는 방식은 커다란 변화로 이어졌다. 학생들은 강의에 더 열심히 참여했고, 더 많은 시간 동안 공부했고, 우수한 성적을 거뒀다. 이는 학생들에게 더 많이 공부하라고 직접적으로 말을 해줘서가 아니었다. 그저 학생들이 인식하게끔 이끌어줬기 때문이었다.

질문의 효과는 두 가지다. 첫째, 메뉴를 제시하는 것과 마찬가지로 질문하기는 상대방의 역할을 바꾸어놓는다. 누군가가 의견이나 요구를 제시했다면 이를 반박할 온갖 반대 논리를 찾았겠지만, 질문을 받으면 질문에 대한 답을 찾기 시작한다. 그리고 이렇듯 질문에 대한 답을 찾는 일을 대부분의 사람들은 흥미로워한다.

둘째, 질문은 상대방의 관여도를 높인다. 질문의 효과 가운데 이 두번째 것이 더 중요하다. 사람들은 타인이 제시한 답을 따르기는 주저해도 자기 자신이 찾은 답은 쉽게 따른다. 그리고 질문에 대한 답은 누군가의 답이 아닌 자기 자신의 답이다. 개인적인 생각, 믿음, 선호도 등을 반영해 내린 자신만의 답이기에 이를 그대로 행동에 옮길 가능성이 매우 크다.

건강이나 안전에 관한 캠페인은 "정크푸드는 비만을 초래합니다" "음주운전은 살인입니다"처럼 단정적인 선언문 형식으로 전개되는 경우가 꽤 많다. 물론 이러한 문장들이 명백한 사실이긴 하다.

정보를 직접적으로 전달해주기는 하지만, 이러한 접근은 리액턴스 효과를 유발하고 이는 방어 시스템의 가동으로 이어진다. '정크푸드 자체가 비만을 유발하지는 않아. 내가 아는 많은 사람들이 맥도날드를 즐겨 먹지만, 그 가운데 뚱뚱한 사람은 없는걸'이라거나 '저 광고는 너무 과장됐네. 내 친구는 지난주에 음주운전을 했지만,

아무도 안 죽었는걸' 하고 여긴다. 사람들이 관심을 많이 가지는 문제에 관한 캠페인일수록 지나치게 단정적인 메시지를 전달하면 오히려 위협적으로 받아들여 반발할 수 있다.

똑같이 정크푸드와 관련된 메시지를 전달하더라도 다음과 같은 방식으로 질문한다면 리액턴스 효과를 줄일 수 있다. "정크푸드가 당신의 몸에 좋은 음식이라고 생각하십니까?"

이 질문에 사람들이 "아니오"라고 답을 한다면 여기서부터 이야기가 어려워진다. 왜냐하면 사람들에게 의견을 분명히 밝혀달라고 요청하면 사람들의 마음에 강하게 새겨지기 때문이다. 그러니까 의식적으로 정크푸드가 몸에 좋지 않다고 답을 하면 그때부터는 정크푸드 섭취를 점점 기피하게 된다.

어떤 질문에 대한 답은 그 답을 말한 사람에게 일종의 **결론**이 된다. 그렇기 때문에 자신의 답과 맥락을 같이하는 행동에는 거부감을 갖지 않는다.

나피즈 아민은 학생들에게 아무렇게나 질문을 던진 게 아니었다. 자신이 바라는 대답을 학생들이 직접 말하도록 정교하게 질문을 골랐다.[16]

고참 영업사원들이 신입 영업사원들에게 멘토링을 잘 해주지 않는 문제 때문에 고심중인 의료기기 제조사 임원이 있었다. 신입 영업사원들에 대한 멘토링이 중요하다고 생각했던 그는 고참 영업사원들에게 이를 독려하는 이메일도 여러 차례 보냈고, 관련 회의도 수차례 주관했다.

그러나 별다른 변화는 일어나지 않았다. 영업사원들은 매출액에 따라 보상을 받았기 때문에 영업사원들은 거래선을 관리하는 데만 관심을 쏟았다.

이 상황을 계속해서 지켜보던 그 임원은 마지막으로 고참 영업사원 한 명에게 질문을 던져보기로 했다. "자네는 어떻게 훌륭한 영업사원이 될 수 있었나? 지금 알고 있는 것들을 어떻게 알게 됐지?"

그러자 그는 이렇게 대답했다. "제 상사였던 팀이 다 가르쳐주셨어요. 예전에 여기서 일하셨던 분이었어요."

이 대답에 그 임원은 다시 한번 질문했다. "그렇다면 자네가 후배들을 가르쳐주지 않으면 어떻게 자네 영업팀이 뛰어난 팀이 될 수 있겠나?"

이 일 이후 그 고참 영업사원은 그 회사에서 최고의 멘토로 손꼽히게 되었다.

회사의 조직 문화를 바꾸거나, 대부분의 사람들이 원하지 않는 조직 개편을 추진해보았는가? 이럴 때 미리 정해진 계획을 제시한 뒤 다른 이들에게 따르라고 말해봐야 강한 저항만 돌아올 뿐이다. 반면 촉매의 힘을 따르는 사람들은 다르게 행동한다. 그들은 질문을 던진다. 변화에 영향을 받을 사람들과 미리 접촉하여 그들의 생각을 묻고, 계획 수립 단계에 그들을 참여시킨다.

이러한 접근법에는 두 가지 장점이 있다. 우선, 현안에 관해 다양한 관점에서 정보를 수집할 수 있다. 경영진 차원에서 수집하는 설문 조사나 추상적인 개념만이 아니라 현장 실무자들의 견해와 정보도 모을 수 있다. 이러한 정보는 현안을 해결하는 데 더욱 효과적인 수단이 된다.

두번째 장점이 더 중요한데, 변화에 영향받는 사람들을 계획 수립 과정에 참여시키면 계획 추진에 대한 저항이 상당 부분 사라진다. 일방적으로 제시되는 계획을 따르라고 주문받는 상황과, 자신이 직접 참여한 계획을 따르는 상황은 전혀 다른 차원의 문제다. 과정에 직접 참여하면 그 계획 자체를 자기 것으로 받아들이고, 그 계획을 자연스럽게 따르게 되니 변화의 속도는 빨라진다.

무엇을 하라고 일방적으로 말하기보다는 물어보라.★

생각과 행동의 차이를 알게 하라
—

메뉴를 제시하는 방식과 말해주기보다는 물어보는 방식 모두 선택권을 상대방에게 준다. 이번에 논하려는 방식 역시 스스로 자신을 설득하도록 상대를 이끈다. 여기서 다룰 상대방에게 생각과 행동의

★ 이 문장을 이렇게 바꿀 수도 있겠다: 상대방에게 묻는 방식, 일방적으로 요청하는 방식, 여러분은 둘 중 어떤 방식이 상대방의 생각을 더 잘 변화시킬 것 같으십니까?

차이를 알려준다는 것은 상대방의 평소 생각과 실제 행동에 어떤 차이나 모순이 있는지 알려주는 것을 의미한다.

"불 좀 빌릴 수 있을까요?"

어쩌다 한 번 담배를 피운다 해도 흡연자라면 누구나 수백 번까지는 아니어도 최소 한 번은 이런 요청을 받아봤을 것이다. 담뱃불 좀 빌려달라는 요청은 엘리베이터를 좀 잡아달라는 요청처럼 가벼운 부탁이다. 대부분의 흡연자들은 기꺼이 담뱃불을 빌려준다.

그런데 담뱃불을 빌려달라는 요청에 태국 흡연자들은 사뭇 다르게 반응했다. "너에게는 빌려줄 수 없어" "담배에는 독이 들어 있어" "담배를 피우면 식도암에 걸리는데, 그걸 치료하려면 목에 구멍을 내야 해. 수술이 무섭지 않니?" 흡연자들은 이런 반응을 보였다. 담배를 피우면 일찍 죽는다, 폐암에 걸린다, 온갖 병의 원인이 된다, 이런 대답들도 나왔다.

공중보건 분야 종사자들이 이런 말을 한 게 아니다. 보통의 흡연자들이 담배를 피우면서 하는 얘기였다. 정작 본인들은 담배를 입에 물고 있으면서 담뱃불을 빌려달라는 상대방에게 흡연은 정말로 나쁘고 위험한 거라고 조언했다.

사실 태국 흡연자들에게 담뱃불을 빌려달라고 요청했던 사람은 성인이 아니었다.

어린이들이었다. 원숭이 그림이 들어간 티셔츠를 입은 남자아이,

머리를 땋은 여자아이, 갓 열 살이 넘었을 법한 어린아이들이 자기 주머니에서 담배를 빼어들고는 담뱃불을 빌려달라고 요청했다.

아이들은 담뱃불을 빌려달라는 요청을 거절당하거나 심지어 혼이 났는데 자리를 뜨기 전 자신을 퇴짜놓은 어른들에게 종이 한 장을 건네주었다. 무슨 비밀 문서라도 되는 양 정성껏 네 번이나 접힌 그 쪽지에는 이렇게 적혀 있었다. "당신은 제 걱정을 해주셨습니다. 그런데 왜 자신에 대해서는 걱정하지 않나요?"

그리고 그 쪽지 하단에는 금연 시도를 도와줄 전화번호가 적혀 있었다.★

태국건강증진재단THPF은 25년 이상 흡연자들이 담배를 끊을 수 있게 핫라인을 무료로 운영해오며 돕고 있다. 하지만 수백만 달러를 들여 지속적으로 홍보를 했음에도 전화를 걸어오는 흡연자들은 거의 없었다. 흡연자들은 THPF에서 진행하는 캠페인을 무시했고 이들이 전하는 메시지도 깊게 생각하지 않았다. 태국의 흡연자들도 흡연이 건강에 해롭다는 걸 알았지만, 그들은 생각과 일치하게 행동하지 않았다

그러다 2012년 THPF는 기존의 홍보방식에서 벗어나 흡연자들의 방어 시스템을 낮추는 방식으로 접근해보기로 했다. 그들은 흡연자들에게 가장 영향력이 큰 존재는 THPF나 유명인이 아니라 흡연자

★ 이 캠페인의 영상은 jonahberger.com/videos에서 볼 수 있다.

본인이라고 판단했다. 사실 본인이 금연을 결심해야 가장 확실하게 담배를 끊을 수가 있다. 그렇게 해서 탄생한 게 THPF의 〈스모킹 키드Smoking Kid〉 캠페인이었다.

〈스모킹 키드〉 캠페인에서 아이들에게 쪽지를 건네받은 어른들은 거의 모두 금연을 결심했다. 누구도 그 쪽지를 길바닥에 던져버리지 않았다.

〈스모킹 키드〉 캠페인은 미디어 홍보도 별다르게 진행하지 않았다. 예산도 고작 5천 달러에 불과했다. 하지만 그 성과는 엄청났다. THPF의 금연 핫라인으로 걸려오는 전화가 60퍼센트 이상 증가했다. 그리고 〈스모킹 키드〉 캠페인 동영상이 입소문을 타면서 열흘도 안 돼 조회수 500만 뷰 이상을 기록했다. 〈스모킹 키드〉 캠페인 덕분에 THPF의 금연 핫라인으로 걸려오는 전화가 수개월 동안 30퍼센트 이상 꾸준히 증가했다. 이에 많은 사람들이 〈스모킹 키드〉 캠페인을 가장 효과적인 금연 캠페인으로 꼽게 됐다.

〈스모킹 키드〉 캠페인은 흡연자들의 생각과 실제 행동 사이의 불일치를 분명하게 알려주었고(아이들에게 했던 말에 평소 그들이 어떻게 생각하는지가 담겼다), 그렇기에 흡연자들을 효과적으로 설득할 수 있었다.

사람들은 내적으로 일치된 삶을 추구한다. 자신의 신념, 태도, 행동이 같은 방향성을 갖기를 바란다. 평소 환경 보호를 외치는 사람들은 자신의 탄소 발자국을 줄이기 위해 노력한다. 그리고 평소 정직을 강조하는 사람들은 거짓말을 하지 않으려고 애쓴다.

그 결과, 자신의 신념과 행동이 서로 어긋날 때 사람들은 불편해한다. 심리학자들은 이를 인지부조화 상태라고 말하는데, 사람들은 이러한 불편한 상태를 바로잡고 싶어한다.

태국의 흡연자들은 바로 이러한 부조화 상태에 직면했다. 그들은 흡연의 해로움을 알면서도 담배를 피웠지만 흡연은 몸에 나쁜 행동이라고 어린아이에게 말해주는 순간 자신의 생각과 행동이 일치하지 않는다는 사실을 자각하게 된다. 이와 같은 부조화 상태를 해소하기 위해서는 두 가지 선택지 중 하나를 골라야 한다. 어린이들에게 사실 흡연은 그렇게 나쁘지 않은 행동이라고 말을 정정해주거나 흡연의 유해성을 인정하고 금연해야 한다. 대부분의 태국 흡연자들은 후자를 택했다.

사람들에게 생각과 행동의 차이를 알려주는 것이 어느 정도나 행동 변화를 일으키는지 알아보기 위해 캘리포니아대에서 물 절약 캠페인을 통해 실험을 진행한 적이 있다.[17] 캘리포니아에서는 주기적으로 물 부족 상황이 벌어져 캘리포니아 소재 대학교에서는 학생들에게 샤워를 짧게 하자며 절수 캠페인을 진행한다. 그러나 전통적인 방식으로 설득을 해봐야 그리 효과가 크지 않았다.

이에 연구자들은 캘리포니아대 샌타크루즈 캠퍼스에서 실험을 하나 진행해보기로 했다. 연구자들은 학교 내 여성 샤워실 앞에 서서 절수 캠페인을 진행중이니 지지 의사를 서명으로 밝혀달라고 부탁했다. 서명을 받는 장소에는 "샤워는 짧게 하세요" "내가 할 수 있다면 당신도 할 수 있어요!" 같은 문구가 적힌 포스터가 붙어 있었다.

자신이 살아가는 사회에 필요한 일을 지지하는 것이기에 학생들은 기꺼이 서명을 했다.

서명 후 학생들은 물 사용 습관에 관한 몇 가지 질문을 받았다. "비누칠을 하거나 샴푸질을 할 때 물은 잠그십니까?" 같은 질문이었다. 이러한 질문들은 자신이 옳다고 생각하는 행동과 자신의 실제 행동을 비교해보게 했다. 샤워할 때 물을 절약해야 한다고 생각하지만, 실제로는 물을 낭비하고 있지 않은지 스스로 돌아보도록 했다.

설문을 마친 다음 학생들은 샤워실로 들어갔다. 샤워실에는 또다른 연구원이 배치돼 캠페인에 서명을 한 학생들과 그렇지 않은 학생들의 샤워 시간을 측정했다. (확실한 조사를 위해서 연구원이 시간을 잰다는 사실을 학생들에게 알리지 않았다. 연구원은 다른 샤워실에서 샤워를 하는 척하면서 손목에 찬 방수 시계로 학생들의 샤워 시간을 측정했다.)

그 결과, 지지 서명을 한 학생들, 그러니까 절수에 관한 자신의 평소 생각과 실제 행동 사이의 차이를 인지한 학생들 쪽에서 절수 행태가 두드러졌다. 이들은 다른 학생들보다 1분 이상 혹은 25퍼센트 이상 더 짧게 샤워를 했다. 또한 비누칠을 하거나 샴푸질을 할 때 다른 학생들보다 수도를 잠그는 비율이 두 배 더 높았다.

학생들이 평소 생각대로 행동하지 않는다는 점을 인지하게 되자 행동이 변할 가능성이 크게 높아진 것이다.

이와 같은 접근법은 부조화가 분명하게 드러나지 않는 상황에도 적용할 수 있다.

기후 변화가 일어나지 않는다고 부정하는 사람도 자신의 자녀들이 공기가 오염된 환경에서 살아가는 일을 바라지는 않는다. 낡고 비효율적인 구닥다리 방식을 고수하는 직원들도 새로운 후배 직원들이 똑같은 방식을 고수하는 상황은 바라지 않는다. 누군가가 타인에게 기대하거나 추천하는 방식과 자신이 말하거나 행동하는 방식이 다른 경우도 있다.

제대로 굴러가지 않는 프로젝트나 이익을 못 내는 사업부가 있다면 이를 중단시켜야 마땅하나 어떤 이들은 "마지막으로 한번 더 기회를 줍시다. 좀더 시간을 주면 성과를 거둘 수도 있어요"라면서 고집을 부린다. 이들의 주장이 힘을 얻으면 변화는 일어나지 않고, 비효율과 낭비가 이어진다.

손해만 유발하는 프로젝트나 사업부를 없애야 한다고 설득해서 통하지 않는다면 다르게 접근해보라. 변화를 반대하는 사람들에게 새로운 관점을 제시해보라.

"손해를 유발하는 특정 프로젝트나 사업부가 아직 존재하지 않는다면, 지금 알고 있는 것들을 똑같이 알고 있다면, 그래도 처음부터 다시 시작하겠습니까? 우리 회사에 새로운 CEO가 온다면 손실만 유발하는 특정 사업부를 존속시키려고 할까요?" 이에 대한 답이 "아니오"라면 왜 지속시켜야 하는 걸까?

타인에게 기대하거나 추천하는 방식과 자신이 말하거나 행동하는 방식이 차이날 경우 그를 인지시켜줌으로써 변화의 수용을 이끌어낼 뿐만 아니라, 문제 해결 과정에 대한 참여를 이끌어낼 수도 있다.

상호이해의 분위기를 형성하라

리액턴스 효과를 유발하지 않으면서 상대방이 바람직한 행동을 하게끔 이끄는 마지막 방법은 앞서 소개했던 인질 협상가 그레그 베치가 자주 사용하는 방법이다. 바로 상호이해의 분위기를 형성하기다.

지난 수십 년 동안 위기 대응 협상가들은 다음 그림과 같은 계단형 모델로 위기상황에 임해왔다. 국제 테러리스트가 인질을 풀어주게끔 설득하거나 자살하려는 사람의 마음을 되돌릴 때 이러한 단계를 밟아간다.

이 모델의 첫번째 단계는 강요나 논리적 설득이 아니다. 경험이 부족한 협상가라면 용의자에게 다짜고짜 "즉시 인질을 풀어주지

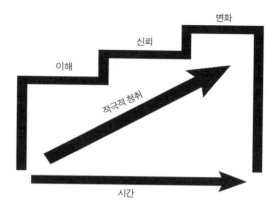

않으면 쏘겠다!"라고 대부분의 사람들이 다른 사람을 설득할 때처럼 말할지도 모른다. 협상가 자신이 바라는 바를 처음부터 말하는 것이다.

당연히 이렇게 대응해서는 바람직한 결과를 이끌어낼 수 없다. 인질을 붙잡고 있는 용의자가 강하게 저항해 상황이 더욱 악화될 뿐이다. 우리가 원하는 결과를 만들어내라고 상대방에게 요구해봐야 그건 우리의 바람일 뿐, 상대의 목표나 동기와는 무관하기에 소용이 없다.

사람이 변화하려면 우선 상대방의 이야기부터 들어야 한다. 그리고 이야기를 나누면서 상대를 신뢰해야 한다. 그전까지는 설득을 시도해봐야 무의미할 뿐이다.

대중매체를 통한 광고보다 입소문이 더 효과적이라는 사실을 떠올려보라. 새로 생긴 음식점이 훌륭하다고 광고해봐야 대부분은 그 말을 믿지 않는다. 대중매체를 통한 광고를 신뢰하지 않기 때문이다.

그러나 친구가 어떤 음식점이 맛있다고 추천한다면 그곳에 가볼 가능성은 크게 높아진다. 왜 그럴까? 친구가 보증해줬기 때문이다. 친구와 관계를 맺어오면서 서로 뭘 좋아하는지 신뢰관계가 형성되었기 때문이다.

그렇기에 노련한 협상가는 다짜고짜 자신이 원하는 바부터 얘기하지 않는다. 자신이 변화시키고자 하는 상대방의 이야기부터 듣는다. 용의자가 어떤 사람인지부터 파악한다. 상대가 어떤 상황에 처했는지, 그가 어떤 감정을 느끼는지, 그가 어떤 동기로 그러는 건지 등을 듣는다. 그리고 그를 이해하는 누군가가 이 세상에 있다는 점을 보여준다.

많은 경우 범죄자들은 아무도 자기를 이해해주지 않는다고 생각한다. 그들은 세상을 향해 분노하고, 세상을 향해 하고픈 말이 있다. 하지만 이미 범죄를 저질렀으니 누구도 자기 이야기를 들어주지 않을 거라고 믿는다.

이런 상황에서 현장에 투입되면 그레그 베치는 언제나 이렇게 용의자에게 말을 건넨다. "안녕하세요, 저는 FBI의 그레그 베치라고 합니다. 지금 괜찮으세요?" 상대가 다섯 살짜리 꼬맹이든, 중년의 은행 강도든, 자살을 시도하는 엄마든, 살인자든 간에 그는 언제나 이렇게 첫발을 뗀다.

그는 "FBI 요원 그레그 베치입니다. 지금 손을 들고 나오지 않으면 당신을 진압할 수밖에 없습니다"라는 식으로 딱딱하게 이야기하지 않는다. 이런 방법으로는 용의자와 신뢰를 형성할 수 없다.

베치는 용의자와의 신뢰를 형성할 가교부터 만든다. 이때 용의자가 많은 이야기를 하게끔 만드는 일만큼 효과적인 게 없다. 그는 용의자에게 많은 것들을 물어본다. 그리고 용의자의 대답을 평가하거나 자신의 의견을 내기보다는 그저 잘 들어준다. 대화를 통해 용의자는 협상가와 교류하면서 자신을 진정한 이해당사자로 여기게 된다. 중간중간 적절한 질문을 던져가면서 베치는 용의자의 이야기를 듣고 있다고, 자신이 용의자를 신경쓰고 있다고 느끼게 해준다.

그는 용의자에게 공감력과 이해력을 보여주기 위해서이기도 하지만 가치 있는 정보를 얻어내고자 질문을 던진다. 이를 전술적 공감이라고 하는데 이 기법을 통해 협상가들은 현상황을 만든 진짜 문제가 무엇인지, 즉 무엇 때문에 용의자가 분노하게 되었는지, 용의자가 진짜로 바라는 것이 무엇인지를 알아내려고 한다. 유능한 협상가들은 용의자를 인격체로 대하고 자신이 용의자의 입장을 이해한다는 점을 보여주어 용의자와 유대감을 형성하고, 용의자에게 영향력을 행사할 만한 기반을 만든다.

초보 협상가들은 종종 이 부분을 어려워한다. 현상황에서 최선의 해결책을 빨리 찾고자 하기 때문에 상대방의 이야기를 듣고 그의 입장을 이해한다는 걸 보여주는 과정을 인내심 있게 진행하지 못한다. 하지만 상대방에게 가닿는 가교가 만들어져야 상황이 해결될 수 있다.

사람들은 누군가가 진심으로 자신의 이야기를 들어주고 자신의 상황을 이해한다는 점을 표현해줘야만 상대를 신뢰하기 때문이다.

그레그 베치는 협상가로서 현장에서 상대와 대화할 때면 상대를 도와주고, 상대의 입장을 변호해주고, 상대의 요구 사항을 가급적 들어준다고 했다. "배가 고프다고 하면 먹을 것을 가져다줍니다. 도주용 차량을 마련해달라고 하면 어떤 유형의 자동차를 원하는지를 물어봅니다." 그는 대변인이자 파트너처럼 행동한다고 했다. 자신은 그를 돕기 위해 현장에 온 사람이라고, 서로 한 팀이라고 처음부터 분명하게 보여준다고 했다.

이러한 태도는 그의 어휘 선택에서도 드러났다. 예를 들면 "당신과 내가 같이 문제를 해결해봅시다. 우리는 계속 함께 가는 거예요. 우리 둘 다 상황이 망가지기를 바라지는 않잖아요?"라는 식으로 말했다. 그레그는 '함께, 같이'라고 표현함으로써 자신이 그를 최대한 돕고 지켜줄 것이며 그러려면 용의자 역시 그레그를 도와주어야 한다고 인식시킨다. 자신을 돕겠다고 나서는 사람에게 계속 화만 내는 사람은 별로 없다.

그레그 베치는 상호이해를 기반으로 신뢰가 형성된 다음에야 상대를 변화시키기 위해 나선다. 용의자가 그의 제안에 귀를 여는 상황이 된 다음에야 변화를 권유한다.

용의자의 신뢰를 얻었더라도 그에게 어떤 제안을 할 때는 철저하게 용의자의 입장에 선다. 두 명의 인질을 붙잡고 있는 은행 강도의 경우를 생각해보라. 그들에게 경찰에 포위되었으니 투항하라고 해봐야 순순히 응할 리가 없다. 물론 이렇게 되는 게 그레그의 최종 목표이기는 하나 교도소에 가고 싶어하는 은행 강도가 어디 있겠는가.

은행 강도를 효과적으로 설득하려면 항복이라는 선택을 자기네 스스로가 선택했다고 믿게 해야 한다. 최종적으로는 은행 강도가 직접 선택하게 해야 한다. 그레그는 은행 강도들이 사용하는 단어를 최대한 많이 써서 그들과 대화하고, 그들이 직접 현상황을 돌아보도록 만든다. 그래서 경찰에 투항하는 것이 자신에게는 최선의 선택이라고 스스로 결론짓게 이끈다.

그렇다고 해서 은행 강도가 원하는 바를 모두 들어주라는 게 아니다. 사실 은행 강도 입장에서는 은행의 돈을 모두 가지고 무사히 도주해 나중에라도 체포되지 않고, 안전한 곳에서 사는 상황을 꿈꾼다. 하지만 그레그 입장에서는 이를 결코 허용할 수 없다.

대신 그레그는 그들에게 무엇을 하라고 말해주는 게 아니라 그레그가 그들을 보살펴준다고 믿게 해 은행 강도를 순응시키기 때문에 더 효과적인 접근방식이라 할 만하다. 이러한 식으로 그레그는 은행 강도를 원하는 방향으로 이끈다. 강도가 손을 들고 나오는 게 자신에게 최선이라고 판단하게 말이다.

몇 년 전 그레그는 직업을 잃고 낙담한 어느 아버지(그를 존이라고 부르자)가 자살하겠다고 대치중인 현장에 투입됐다. 좀처럼 새로운 일자리를 찾을 수 없었던 존은 가족 부양 문제로 고민하다가 자신이 죽는 것이 가족을 위한 마지막 수단이라는 생각에 이르렀다. 거액의 생명보험을 들어뒀으니 자신이 죽으면 가족들이 그 돈으로 생활할 수 있을 것이라 판단했다.

일반적으로 이런 상황에 투입된 초보 협상가들은 존에게 명백한 사실을 알려주려고 한다. 자살한다면 보험사들이 존에게 생명보험금을 지급하지 않을 거라고 말이다. 그렇지 않겠는가?

그러나 이게 명백한 사실이라 해도 절망감 때문에 자살하려는 존에게는 제대로 들릴 리 없다. 만약 당신이 존에게 이성적으로 이야기를 해주고 그의 관점이 아니라 당신의 관점에서 설명해주어도 존은 이를 받아들이지 않고 자살해버릴지도 모른다.

그레그는 존에게 말을 걸었다. "안녕하세요, 저는 FBI의 그레그 베치라고 합니다. 지금 괜찮으세요?" 그런 다음 존의 상황을 이해하기 위해 대화를 시작했다. 계속 대화를 이어가며 존은 이런 이야기를 꺼냈다. "저는 그 회사에서 20년 동안이나 일을 했습니다. 하지만 해고를 당하자 이제 수입이 전혀 없어요. 은행이 저희의 모든 걸 쥐고 있죠. 가족을 돌보려면 이 방법밖에는 없어요. 보험을 꽤 많이 들어두었거든요. 아무에게도 제가 필요 없을 겁니다."

이 이야기를 들은 그레그는 "가족에 대해 좀 들려주세요"라고 했다. 존을 이해하기 위해서, 존을 이해한다는 사실을 표현하기 위해서, 존을 도울 방법에 관한 실마리를 찾기 위해서였다.

"아, 제겐 아내와 멋진 두 아이가 있습니다."

아이들을 특별하게 표현한 존의 말을 들은 그레그는 바로 거기에서 긍정적인 주제로 대화를 풀어갈 수 있으리라 판단했다. "아이들 이야기를 좀 해주세요."

"그럴까요. 저는 아들이 둘입니다."

"아들이 둘이요? 정말요?" 그레그는 존이 사용하는 어휘들을 최대한 반복하여 말하려고 했다.

"예." 존이 대답했다.

"아이들을 사랑하시는 것 같네요. 정말로 많이 사랑하는 것 같아요." 그레그는 대화에 감정과 관련된 표현을 넣었다.

"네, 그럼요. 물론 아이들을 사랑합니다."

존의 대답에 그레그는 이렇게 말해주었다. "제가 보기에 당신은 정말로, 정말로 훌륭한 아빠입니다. 가족들을 위해서 옳은 일을 하려고 노력하시잖아요."

"글쎄요, 정말 제 행동이 그런 거겠죠?"

그레그는 아이들에 대해, 그리고 그들과의 관계에 대해 이야기하도록 존을 이끌었다. 존은 아이들에게 착한 사람이 되라고, 여자들을 존중하라고 가르쳤다고 했다. 함께 낚시를 간 적도 있으며 그 밖에 살아가는 데 필요한 많은 지식을 알려주었다고 이야기했다. 그는 아이들이 자신과 함께하는 시간을 무척이나 좋아했다고 말했다.

이렇게 한동안 이야기를 나누면서 존에 대해 어느 정도 알게 된

그레그는 존에게 해주고픈 말을 건넸다. "이봐요, 존, 오늘 당신이 자살해버리면 당신 아이들은 세상에서 가장 좋은 친구를 잃게 되겠네요."

그러자 침묵이 이어졌다.

그레그는 더는 아무 말도 하지 않았다. 존에게 스스로 생각할 시간을 주었다.

그레그는 자살하겠다는 존의 머릿속에 딜레마 하나를 만들어줬다. 그는 존을 압박하거나 설득하지 않았다. 대신 존의 이야기를 들어주고, 존이 받아들일 만한 말을 해주었다. 그레그는 존을 도와주고, 존과 신뢰관계를 형성하고, 존에게 아무런 편견을 드러내지 않으며 대화를 나눴다. 존 입장에서는 그레그의 말을 더이상 듣지 않기란 힘들었다.

그레그와 대화하면서 존은 자살을 단념했다. 자살이 더이상 마땅한 대안으로 보이지 않았기 때문이다.

자살을 결심한 사람의 마음을 되돌리기란 무척 힘들다. 다행스럽게도 우리 중에 이러한 임무를 수행하는 사람은 거의 없을 것이다.

하지만 그레그가 사용했던 접근법을 우리가 일상적으로 맞닥뜨리는 다양한 상황을 해결할 때 적용해 효과를 거둘 수 있다. 배우자와 의견충돌이 있을 때, 혹은 공급사 담당자와 합의해야 할 때, 그레그의 방식을 활용해보라.

처음부터 상대방을 설득하려 하지 말고 상대방을 이해부터 해보라. 왜 공급사에서 예상보다 높은 가격을 요구할까? 그들도 비용 압박을 크게 받는 상황일지도 모른다. 왜 싱크대에 양념이 묻은 접시를 그냥 놓아뒀다고 배우자가 화를 낼까? 정말로 접시 때문에 그럴 수도 있지만, 부부 사이에 다른 심각한 문제가 쌓였다는 신호일 수도 있다.

누군가가 자신을 이해하고 자신을 도와주려 한다는 사실을 인지하면 사람들은 그 사람을 신뢰하게 된다. 공급사 담당자는 단기적인 이익보다는 장기적인 협력관계가 중요하다는 걸 받아들일지도 모른다. 배우자는 양념 묻은 접시 때문에 화를 낼 이유는 없다고 생각하게 될지도 모른다. 그리고 이와 같은 상호이해가 문제 해결로 향하는 출발점이다.★

잡초를 뽑을 때를 생각해보라. 잡초의 윗부분을 잡아 뜯으면 일단 잡초는 사라지니 문제가 빠르게 해결된 것처럼 보인다.

그러나 이런 식으로 해서는 문제의 뿌리까지 없앨 수는 없다. 잡초의 윗부분은 뜯겨나갔지만, 시간이 흐르면 잡초는 다시 자란다.

★ 상대방을 이해하려 한다는 것은 상대방에게 발언의 기회를 준다는 의미로 이는 상대방의 '설득에 대한 방어 시스템'을 낮추는 효과로 이어진다. 협상이나 논쟁이나 토론을 할 때 사람들은 앞으로 뭐라고 얘기할지 많이 고심한다. 그러면서 상대방이 틀리고 자신이 옳다고 온갖 논리를 제시한다. 이런 식으로 소통을 진행하면 그때부터는 논쟁에서 이기는 것 자체를 목표로 삼게 된다. 그럼 상대방의 이야기를 듣는 게 아니라 상대의 이야기에서 허점을 찾는 데 초점을 맞춘다. 소통을 할 때는 상대방에게 스스로를 설명할 수 있는 기회를 충분히 제공해줘라. 그러면 상대방 역시 우리의 이야기를 들어줄 것이다.

곧 그렇게 된다. 손쉬운 방법처럼 보이지만 결국 문제 해결에 시간이 더 오래 걸릴 뿐이다.

잡초를 확실히 없애려면 혹은 상대방의 마음을 완전히 바꾸려면 뿌리를 찾아야 한다. 상대방의 특정 행동을 이끌어낸 근본적인 욕구와 동기가 무엇인지부터 발견하라. 뿌리를 찾으면 나머지는 그 뒤를 따라올 것이다.★

리액턴스 효과를 유발하지 말라
—

누군가가 자신을 설득하려 하거나 무언가를 강요한다고 느끼면 사람들은 곧바로 방어 시스템을 가동한다. 상대가 더 강하게 설득할수록 방어와 저항 역시 더 강해진다.

상대의 마음을 바꾸고 싶다면 설득을 멈추고, 상대방이 스스로 자신을 설득하도록 이끌어야 한다. 현명한 부모들은 자녀들에게 제한된 범위의 선택 대상들을 제시해 자녀들에게 선택권을 맡기지만 최종적으로는 부모가 의도하는 결과로 이끌어낸다. 셰르파 프레프의 나피즈 아민은 무엇을 하라고 지시하지 않고 질문을 던졌다. 질문을 통해 학생들 스스로 자신이 바라는 성과를 이루어내려면 무엇을 해

★ 부록 부분에 소개한 「적극적 청취」를 보면 상대방의 마음을 변화시키기 위해 사용 가능한 몇 가지 기법들을 더 살필 수 있다.

야 하는지를 생각하고 선택하도록 이끌었다. 그랬기에 학생들은 아무런 저항 없이 이를 받아들일 수 있었다. 태국건강증진재단은 사람들의 평소 생각과 실제 행동의 차이를 인식하게 해 사람들이 다른 사람에게 권하는 것처럼 스스로도 행동하게 이끌었다. FBI의 위기대응 협상가 그레그 베치는 상호이해를 바탕으로 신뢰감을 형성해 문제의 뿌리를 찾아냈다.

다른 사람이 자신을 설득하거나 자신에게 무언가를 강요하는 상황을 좋아하는 사람은 아무도 없다. 누군가가 여러분에게 그랬을 때 진심으로 마음을 바꾼 적이 언제였는지를 한번 생각해보라.

극단주의자의 마음을 어떻게 바꾸는가

이번 장에서는 리액턴스 효과를 낮춤으로써 촉매의 힘으로 상대
방의 변화를 훨씬 수월하게 이끌어낼 수 있음을 살폈다. 십대 청소
년들을 금연으로 이끌고, 고참 영업사원들을 훌륭한 멘토로 만들고,
배우자에게 동의를 구하고, 범죄 용의자의 항복을 이끌어내는 다양
한 상황 속에서 이 개념이 활용되는 모습을 보았다.

하지만 이러한 개념이 정말로 누군가의 마음을 바꿔놓는 걸까?

마이클 와이저와 줄리 와이저 부부가 주방에서 쉬고 있던 어느 화
창한 일요일 아침, 전화벨이 울렸다. 그들은 며칠 전 이사 온 터라 아
직 정리를 못한 이삿짐이 주방 곳곳에 놓여 있었다.

전화기 쪽에 더 가까이 있었던 마이클이 걸어가서 수화기를 들었
다. "여보세요."

그러자 수화기 너머에서 한 남자가 증오로 가득찬 목소리로 이렇

게 말했다. "여기 랜돌프가로 이사 온 걸 후회하게 될 거야, 이 유대인 놈아."

그 남자는 그러고는 일방적으로 전화를 끊었다.[18]

마이클 와이저는 네브래스카주 링컨에 기회를 찾아서 왔다. 이곳에 자리한 브나이 여수룬 유대교회는 나이든 신자들로 구성돼 새로운 지도자가 필요한 상황이었다. 이에 미국 곳곳에서 성가대 활동 등을 해온 마이클이 새로운 랍비로 임명돼 가족과 함께 그 지역에 정착하게 되었다.

주민 수가 이십만 명 정도인 네브래스카주 링컨은 사실 주민 중 다수가 복음주의 기독교도들이라 유대교 인구는 수백 명에 불과했다. 이중에서도 유대교회에 출석하는 사람들은 십수 명 정도였다. 새로이 랍비로 임명된 마이클은 유대교회 예배 참석자를 늘리기 위해 계속해서 노력했다.

그렇게 2년 반 정도 지나자 백 가족 정도가 꾸준히 교회에 나오게 되었다. 마이클의 인도하에 브나이 여수룬 유대교회는 새롭게 활력을 찾고 있었다.

그러다 갑자기 정체불명의 전화가 걸려온 것이다.

그는 마이클이 유대인이라는 사실을, 그리고 그의 주소를 어떻게 알았을까? 마이클과 줄리는 아이들 때문에 더 걱정했다. 아이들이 하교한 이후 낮시간 동안 아이들끼리만 집에 있어야 하기 때문이었다.

그 정체불명의 전화가 걸려오고 며칠 뒤, 더 무서운 일이 일어났다.

퇴근해 집에 도착한 줄리는 여느 때처럼 우편함에서 우편물을 꺼내 확인했다. 평범한 고지서와 편지 사이에 두툼한 갈색 봉투 하나가 들어 있었다. 봉투의 겉면에는 "랍비 마이클 와이저에게"라고 적혀 있었다.

그 봉투 안에는 온갖 혐오스러운 내용이 담긴 인쇄물들이 가득했다. 하나같이 유대인과 유색인종을 혐오하는 내용이었다. 괴기스럽게 유대인의 얼굴을 묘사한 그림, 고릴라 머리를 흑인과 합성한 사진, 유색인종의 열등을 '증명하는' 글을 실은 문서, 심지어 홀로코스트를 옹호하는 나치의 주장이 담긴 팸플릿도 들어 있었다.

그리고 맨 앞에는 작은 메모지가 하나 들어 있었다. "KKK가 너를 지켜보고 있다, 이 쓰레기야."

사실 와이저 일가는 그전에도 인종차별을 겪은 적이 있었다. 와이저의 아들이 멤피스에서 흑인 소녀와 데이트를 하자 누군가가 그를 "민족의 배신자"라고 불렀다. 딸은 학교에서 "예수를 죽인 민족"이라는 말을 듣고 오기도 했다.

하지만 이번만큼 두려웠던 적은 없었다.

신고를 하자 경찰은 "그걸 보낸 사람이 이 지역의 KKK단 리더라면, 저희는 그렇게 보고 있습니다만, 위험한 상황입니다. 저희가 파악한 바로는 그가 폭발물을 만들거든요"라고 딱 잘라 말했다.

경찰에 따르면 협박을 해온 사람은 지역 백인우월주의자들의 리더인 래리 트랩이라고 했다. 그는 네브래스카주를 통틀어 KKK단의 최상위에 위치한 사람으로 네브래스카주를 백인들만의 세상으로 만들고자 한다고 했다.

트랩은 폭력을 좋아해 온갖 자동화기를 집에 모아두고 있었다. 유색인종에 대한 테러를 선동해 한밤중에 지역 베트남 난민 지원센터에 불을 지른 적도 있다고 했다.

와이저 일가는 어찌해야 할지 몰랐지만, 나름대로 대응을 했다. 우선 집의 출입문과 창문에 잠금장치를 새로 달았고, 외출할 때는 문단속을 더 철저히 했다. 집 주변에 못 보던 자동차가 저속으로 주행을 하면 유심히 지켜봤고, 타깃이 되지 않게끔 아이들을 매일 다른 경로로 등하교시켰다. 마이클과 줄리는 누군가의 위협 때문에 자기네 일상이 달라지는 상황이 싫었지만, 어쩔 수가 없었다.

줄리는 래리 트랩에 관한 정보 수집에 나섰다. 그녀는 병원에서 일을 했는데, 알고 보니 트랩은 지역 내 의료 종사자들 사이에서 악명 높은 환자였다. 그는 어렸을 때부터 당뇨병을 앓았으나 적절한 치료를 받지 못해 시력을 거의 상실했고, 당뇨 합병증으로 두 다리까지 절단했다고 했다.

트랩은 휠체어를 타야만 이동할 수 있었지만 링컨 지역의 병원들을 찾을 때마다 문제를 일으켰다. 그는 병원 직원들의 지시를 잘 따르지 않았고, 병원 직원들에게 폭언을 퍼붓기 일쑤였다. 심지어 자기 집을 방문한 간호사에게 총을 겨눈 적도 있어 한 병원에서는 트랩을 기피하기도 했다.

줄리는 트랩의 집주소를 알아내 하루는 퇴근길에 그 방향으로 차를 몰았다. 트랩은 평범하게 생긴 갈색의 단층집에 살고 있었다. '왜 저 사람은 그런 끔찍한 일들을 저지르는 걸까? 정신이 이상한 걸까? 외로운 걸까? 왜 저 사람은 엄청난 증오심을 안고 살아갈까?' 줄리는 이런 의문이 들었다.

줄리는 몇 번이나 트랩의 집 쪽으로 차를 몰았다. 그러던 어느 날 성경을 읽다가 트랩에 대해 이야기하는 듯한 구절을 발견했다. "불량하고 부정한 자는 고약한 말을 하고 다닌다… 비뚤어진 마음으로 악을 꾀하고, 끊임없이 분란의 씨를 뿌린다. 그러므로 그런 자에게는 갑자기 참화가 닥쳐 순식간에 망하고 회복하지 못할 것이다."(「잠언」6장 12~15절.)

줄리는 트랩에게 이 구절을 편지로 보내기로 했다. 마이클은 줄리의 생각에 반대하면서 정말로 그러고 싶다면 익명으로 보내라고 했다. 줄리의 친구들도 남편과 똑같이 말했다. "잘못 생각하는 거야. 그 사람은 미쳤어. 골치 아픈 사람이라고! 그가 편지를 받고 어떻게 나올지는 아무도 모르는 일이야."

그로부터 몇 주 뒤, 트랩의 조직에서 제작을 후원한 프로그램이 지역 공영방송사를 통해 방영됐다. 백인 아리안 저항군이라는 조직에서 제작한 그 프로그램은 KKK단이나 나치 같은 단체들의 활동을 소개했다. 곳곳에 증오와 백인우월주의가 담겨 있었다. 많은 사람들이 이 프로그램의 방영을 두고 방송사에 항의했으나, 방송을 거부할 정도의 내용은 아니라는 답이 돌아왔다. 그리고 그 프로그램은 전파를 탔다.

마이클은 그 프로그램에 혐오적인 인식이 상당히 많이 담겼다고 생각했다. 그는 래리 트랩이라는 인물 때문에 많은 시민들이 두려움에 떤다는 사실에 분노했다. 그는 더이상 참지 않기로 했다. 직접 트랩에게 전화를 걸어보기로 했다.

마이클은 전화번호를 알아내 트랩에게 전화를 걸었다. 하지만 트랩은 전화를 받지 않았다. 자동응답기에서는 공격적인 목소리로 장광설만 흘러나왔다.

마이클은 메시지를 남기지는 않았지만 자동응답기에서 긴 궤변이 끝나면 다시 전화를 걸었다. '내가 이렇게 하는 한 다른 누군가는 그 쓸데없는 연설을 듣지 않게 되겠지.' 마이클은 이렇게 생각했다.

그는 트랩에게 자주 전화를 걸었다. 그러던 어느 날, 이제는 뭔가 메시지를 남겨야겠다는 생각이 들었다. 그는 트랩에게 화가 나 있었고, 온갖 수단을 동원하여 그를 위협하고 그에게 욕을 퍼붓고 싶었다. 하지만 마이클은 한 교회를 이끄는 사람이었기 때문에 그저 이런 메시지를 남겼다. "래리, 당신이 지금 세상에 퍼뜨리고 있는 그 증오에 대해 한번 제대로 생각해봐요. 언젠가는 하느님 앞에서 그에 대해 설명해야 할 테니까요. 상당히 불편한 자리가 될 겁니다."

그후 마이클은 시간 날 때마다 트랩에게 전화를 걸어 자동응답기에 짧은 메시지를 남겼다. "왜 저를 미워하시는 거죠? 저에 대해서 알지도 못하면서 어떻게 그럴 수가 있죠?" 어떤 날에는 이런 메시지도 남겼다. "래리, 히틀러의 나치가 독일에서 맨 처음에 통과시킨 법이 바로 당신처럼 다리가 없는 사람들을 배척하는 법이었대요. 히틀러 체제하에서 살았다면 당신은 제일 먼저 죽었을지도 몰라요. 근데 어떻게 나치를 좋아할 수 있죠?"

마이클은 상당히 직설적인 메시지도 남겼고, 돌려서 말하기도 했다. 하지만 트랩에게 남긴 모든 메시지에는 분명한 의미가 담겨 있었다. "래리, 이 세상에는 사랑이 넘쳐나지만, 당신은 그걸 조금도 누리지 못하고 있어요. 그걸 경험해보고 싶지 않나요?"

마이클은 트랩에게 남기는 메시지를 '사랑의 편지'라고 불렀다.

마이클의 메시지를 받으면서 트랩의 세상은 조금씩 변해갔다. 원래 그는 일련의 방화 사건에 연루되어 있었고, 예전 이웃들을 협박하고 모욕해 몇 차례 기소를 당한 상황이었다. 그런가 하면 트랩이 존경하던 KKK단원이 다른 KKK단원 두 명에게 강도 살해를 당하기도 했다. 게다가 그의 건강은 계속해서 나빠졌다.

엎친 데 덮친 격으로 마이클이 자동응답기에 남기는 메시지가 트랩의 신경을 건드렸다. 마이클의 전화는 시도 때도 없이 걸려왔다. 게다가 그는 언제나 따뜻하고, 쾌활하고, 행복과 즐거움이 담긴 목소리로 메시지를 남겼다.

마이클의 메시지에 트랩은 화가 났다. 도대체 무슨 생각으로 그런 메시지를 자신에게 보내는 건지 이해할 수가 없었다. 결국 트랩은 메시지를 못 남기게 해야겠다고 마음먹었다.

그래서 다음번에 마이클이 메시지를 녹음하려는 순간 트랩은 수화기를 집어들었다. "새끼야, 원하는 게 뭐야?" 그는 분노를 담아 목소리를 쥐어짰다. "왜 나를 괴롭히는 거지? 그만 좀 괴롭혀!"

"괴롭히려는 게 아닙니다, 래리. 그냥 당신과 이야기하고 싶어요."

"지금 괴롭히고 있잖아. 원하는 게 뭔데? 빨리 얘기하고 끊어."

마이클은 잠시 뜸을 들인 후 말을 꺼냈다. "당신에게 다른 사람의 도움이 필요하지 않을까 싶었습니다. 제가 당신을 도울 수 있지 않을까 하고요. 항상 휠체어를 타셔야 한다고 들었어요. 제가 식료품점이나 그런 데 모셔다드리면 어떨까요?"

트랩은 화들짝 놀랐다. 아무 말도 할 수가 없었다.

둘 사이에 한동안 침묵이 흘렀다.

그러다 트랩이 목소리를 가다듬었다. 처음으로 트랩의 어투가 달라졌다. 그의 목소리에서 증오감이나 적대감이 조금 줄어들었다.

"친절한 사람이구먼, 그 정도는 다 알아서 하고 있소. 어쨌든 고맙네. 그래도 이 번호로는 다시는 전화하지 마쇼. 이건 업무용 전화니까."

어느 토요일 늦은 밤, 와이저 부부가 집에서 무슨 영화를 볼까 하며 이야기를 나누던 때 전화벨이 울렸다. 전화를 건 사람은 "랍비"를 찾았다. 수화기를 받아든 마이클은 목소리를 듣고는 단번에 상대가 누구인지 알아챘다.

"바깥에 나가고 싶은데 어떻게 해야 할지 모르겠소." 트랩이었다.

"제가 도와드릴까요?" 마이클이 대답했다.

"뭐라고 해야 할지 모르겠소. 그냥 머리가 복잡하고, 몸이 아파요. 내가 하고 있는 일이 나를 더 아프게 만드는 것 같아."

마이클이 지금 트랩에게 가겠다고 말하자 트랩은 그러지 말라고 했다. 마이클은 트랩에게 혹시 지금 배가 고프냐고 물었다. 그제야 트랩은 그렇다고 답했다. 마이클이 지금 바로 먹을 걸 가져가겠다고 제안하자 트랩은 자기 집 주소를 알려주었다.

마이클이 도착하자 트랩은 문을 열어주었고 둘은 악수를 했다. 그 순간 트랩이 울음을 터트렸다. 울면서 고개를 숙인 트랩의 눈에 손가락에 낀 나치 반지가 들어왔다. 그는 더이상 그걸 끼고 있을 수 없었다. 그는 반지를 빼 마이클에게 주며 이렇게 말했다. "이건 증오의 상징물이네. 이걸 받아줄 수 있소?"

이제 트랩은 소리 내며 울었다. "미안하네. 그동안 그런 짓을 해서 너무 미안해." 마이클과 그 자리에 함께 온 아내 줄리는 트랩을 끌어안고서는 앞으로는 다 괜찮을 거라고 말해주었다.

1991년 11월 16일, 트랩은 공식적으로 KKK단을 탈퇴했다. 그리고 자신이 피해를 입혔던 사람들과 자신이 위협했던 사람들에게 사과했다. 그는 "그동안 네브래스카주에 사는 많은 분에게 인종차별적인 발언과 폭언을 했던 점을 사과드립니다" 하고 한 방송사에 서한을 보내기도 했다.

그는 집에서 인종차별적 성격이 담긴 물건들을 모두 치웠고, 새 삶을 살겠다고 다짐했다.

이제 트랩은 와이저 부부와 가까운 친구 사이가 되었다.

1991년의 마지막날, 트랩은 자신의 신장이 기능을 거의 상실하였고, 길어야 1년 정도 살 거라는 시한부 판정을 받았다. 그 소식을 들은 와이저 부부는 트랩에게 자기네 집에서 함께 살면 어떻겠느냐고 제안했다. 이에 트랩이 응하자 와이저 부부는 거실에 트랩의 침상을 마련해주었고 트랩을 간병하기 위해 줄리는 직장까지도 그만두었다.

그후 트랩은 유대교로 개종을 했고, 폭파하겠다고 위협했던 마이클의 유대교 회당에서 세례를 받았다. 그로부터 석 달 후 그는 와이저 부부의 집에서 세상을 떠났다.

래리 트랩은 폭력적인 아버지에게 학대받으며 어린 시절을 보냈다. 그리고 의식적이든 무의식적이든 간에 성인이 되어서는 백인우월주의자인 아버지의 마음에 들게끔 행동하면서 살았다. 신기하게도 그는 자신을 학대했던 아버지처럼 세상을 살아갔다. 와이저 부부를 만나기 전까지는 그랬다.

와이저 부부가 처음으로 래리 트랩을 변화시키려고 나섰던 것은 아니었다. 래리 트랩을 체포할 때마다 경찰은 그에게 그렇게 살면 안 된다고, 달라져야 한다고 요구했다.

하지만 경찰이 택한 방식은 처벌이었다. 경찰은 그의 행동을 어떻게든 멈추려고 했다. 트랩이 왜 폭력적으로 행동하는 것인지, 왜 그가 그런 식으로 살아온 것인지 경찰은 고려하지 않았다.

아주 오래전 마이클 와이저는 어느 유대교 교회의 임원이 되기 위해 면접을 치르면서 사랑, 관용, 무해한 행동 같은 종교의 핵심 교리에 대해 이야기했었다. "이웃을 자신과 같이 사랑하라는 말씀이 있습니다. 하지만 우리의 이웃은 우리와 똑같지가 않습니다. 우리의 이웃은 분명 우리와는 다릅니다."

시간이 흘러 래리 트랩의 마음을 어떻게 바꿨느냐는 질문을 받자 마이클은 이와 비슷한 이야기를 했다.

그동안 온갖 압박을 받았음에도 트랩은 KKK단을 그만두지 않았다. 그러나 마이클이 화해의 손을 내밀고 그를 보살펴줄 이웃이 되겠다고 이야기하자 트랩은 변하기 시작했다. 마이클은 트랩에게 세상에는 미움보다 더 강한 무언가가 있다는 것을 알려주었다.

마이클은 이렇게 말했다. "말을 물가로 데려갈 수는 있습니다. 그러나 목마르지 않은 말이 물을 마시게 만들 수는 없죠. 래리 트랩도 그랬습니다."

마이클이 변해야 한다고 말했기 때문에 트랩이 변한 게 아니었다. 변해야 한다고 스스로 결론 내렸기에 그랬던 것이다. 하지만 마이클이 그냥 옆에 서 있기만 했던 것은 아니었다. 마이클은 트랩의 리액턴스 효과를 줄여줬고, 트랩에게 그가 나아갈 길을 보여주었다.

마이클은 이렇게 말했다. "저는 그저 그의 옆에서 함께 걸어주었습니다. 그를 한쪽으로 몰아붙이거나 특정한 방향으로 이끌지 않았습니다. 그의 변화는 그가 스스로 선택한 길이었습니다. 그가 변화하는 데 저는 촉매 역할을 했을 뿐입니다. 괜찮은 촉매였다고는 생각하지만요."

나중에 래리 트랩은 이런 말을 했다. "저는 미국 내 백인우월주의자들 중에서도 전향 가능성이 가장 낮은 사람이었습니다. 그런 제가 변했다면 누구든 변할 수 있습니다."

마이클은 변해야 한다고 압박하지 않고 리액턴스 효과를 낮춰 래리 트랩을 변화시켰다. 그는 트랩에게 이래라저래라 하기보다는 지속적으로 그와 대화하면서 바람직한 방향으로 나아가고자 하는 트랩에게 의지만 불어넣어주었다.

리액턴스 효과는 변화를 가로막는 여러 장벽 가운데 하나일 뿐이다. 설득에 대한 방어 시스템이 가동되지 않더라도 우리 인간은 해오던 일을 고수하려고 한다.

4장에서 논의하겠지만, 우리 인간은 '불확실한 것' 혹은 '새로운 것'을 기피한다. 변화는 때론 불확실하게 이뤄지기 때문에 우리는 새로운 것을 과소평가하거나 무시한다. 새로운 변화로 우리에게 좋은 결과가 나타날지 나쁜 결과가 나타날지 모르면서 말이다.

게다가 새로운 것의 가치를 낮게 평가하는 데서 그치지 않고, 그전부터 해오던 것의 가치를 과대평가한다. 그전부터 사용해오던 제품이나 서비스, 기존의 사고방식이나 태도, 그전부터 참여해온 프로그램이나 제도 등을 높게 평가하면서 굳이 바꿀 필요가 없다고 믿는다. 이어지는 장에서는 기존의 방식을 고수하려는 인간의 성향에 대해 이야기해보고자 한다.

THE CATALYST

2장

소유
효과

사람들은
전부터 해오던 방식을
고수한다

Endowment effect

　　　　　　　　　　　　몇 년 전, 잘 쓰던 휴대전화에 문제
가 좀 생겼다. 거의 6년간 애용해온 휴대전화였다. 기능도 충분
했고, 크기도 주머니에 쏙 들어가서 전반적으로 만족스러운 기기
였다.

　하지만 저장 공간이 꽉 찼다는 경고가 떴다. 내가 촬영한 사진과
동영상이 계속 늘어났고, 다운받은 앱의 용량도 더해지니 어쩔 수
없는 일이었다.

　저장 공간 부족 경고 메시지가 처음 떴을 때는 조금 당황했지만,
잘 안 듣는 노래나 거의 쓰지 않는 앱을 지우는 식으로 대응했다.

　그러나 이내 안 쓰는 파일을 찾기가 힘들어졌다. 새로운 사진을
찍을 때마다 옛날에 찍었던 사진들을 지워야 했는데 그때마다 고민
에 빠졌다. 이모의 생일 파티 사진을 지울까? 아니면 우리 강아지가
눈밭에서 처음 놀던 날 사진을 지울까?

그런 내 모습을 본 친구들은 그냥 새 휴대전화를 사라고 성화였다. 알아보니 최신 휴대전화들은 데이터 처리 속도도 빨랐고, 카메라 성능도 좋았고, 저장 공간도 넉넉했다. 그러나 원래 쓰던 휴대전화보다 길이나 폭이 20퍼센트는 컸다. 한 손으로 들고 사용하기가 어려웠고, 옷 주머니에 들어가지도 않았다.

휴대전화의 속성 중에서 크기가 가장 중요할까? 아니다. 사실 누군가가 나에게 "휴대전화의 크기가 중요한가요"라고 묻는다면 전혀 아니라고 답할 것이다. 그러나 막상 새로운 휴대전화를 고르자니 크기 때문에 선뜻 내키지가 않았다.

전에 쓰던 휴대전화가 아닌 다른 휴대전화는 별로 사고 싶지 않았다. 똑같은 크기에 성능만 조금 더 좋아지면 그걸로 충분했다. 애플에서 크기가 작은 휴대전화를 새로이 출시한다는 소문이 있던데, 몇 달 더 기다려볼까?

하지만 몇 달 더 기다리는 사이 내 낡은 휴대전화는 점점 더 느려졌고, 이런저런 새로운 문제들이 터져나왔다.

무엇보다 애플에서 새롭게 내놓은 운영체제os를 저장 공간 부족으로 설치할 수가 없었다.

얼마 후 자주 사용하는 항공권 예약 앱의 업데이트 알람이 떠서 업데이트를 시도하자 새로운 OS여야 설치가 가능하다고 했다. 그 말인즉 더이상 모바일 항공권을 사용할 수 없다는 의미였다. 항공편 이동이 잦는 나로서는 거의 매주 따로 챙겨야 할 일이 생긴 셈이었다. 엔진이 천천히 느려지는 프로펠러기처럼 내 휴대전화는 그렇게 기능을 하나씩 잃어갔다.

그렇지만 계속 기다렸다. 점점 불편해졌지만, 쓰던 휴대전화를 버릴 수가 없었다.

그러다 항공권을 미리 출력하지 않고서 공항에 가는 바람에 비행기를 놓칠 뻔하자 정신이 번쩍 들었다. 나는 곧바로 새 휴대전화를 주문했다.

대체 무슨 이야기를 하려는 거지, 새 휴대전화가 도착하고, 포장을 뜯고, 새 휴대전화를 기분좋게 사용했다는 이야기인가, 이렇게 생각하는 분들도 계실 것이다.

하지만 이야기는 그렇게 진행되지 않았다.

새 휴대전화가 도착했지만, 계속 손이 가지 않았다. 웬만하면 옛날 휴대전화를 계속 쓰고 싶었기에 새 휴대전화를 수령하고도 석 달 이상 개봉하지 않았다. 그렇지만 IT 분야의 신기술들은 끊임없이 더 높은 휴대전화 사양을 요구했다. 구식 휴대전화로 할 수 있는 일은 점점 더 줄어들었다.

'굉장히 엉뚱한 사람이네' 하면서 그냥 웃어넘길 수도 있다. 하지만 이런 일은 생각하는 것보다 훨씬 더 흔하게 일어난다.

새것이 더 좋은 경우가 많다. 최신 휴대전화가 더 빠르고 저장 공간이 더 넉넉하다. 최신 서비스가 고객들의 요구를 더 많이 반영하고 결과도 더 만족스럽다. 최신 경영 전략이 시장 트렌드에 좀더 부합하고 더 나은 성과를 이끌어낸다. 사람들은 기존의 것을 새로운 것으로 전환해야 한다.

하지만 사람들은 그렇게 하지 않는다.

첨단기술이 적용된 신제품이 출시돼도 대부분의 사람들은 그전에 써오던 제품을 계속 쓰려고 한다. 그리고 기존의 프로세스와 기존의 행동방식을 계속 따르려고 한다.

사람들이 이렇게 행동하는 건 단순히 향수 때문이 아니다. 좀더 미묘한 작용의 결과다.

소유 효과의 개념
—

지난번에 정전됐을 때를 생각해보자. 정전을 겪는 그 몇 시간 동안 휴대전화 플래시에 의지하여 물건을 찾다보면 '전기가 들어오기 전에 배터리가 다 닳으면 어쩌지' 하고 걱정하게 된다. 전기가 들어오면 집안의 전자시계 시간을 전부 다시 맞춰야 하고, 전력 공급이 오래 복구되지 않으면 냉장고 안 음식들이 상해서 버려야 할 수도 있다. 정전은 결코 유쾌한 경험이 아니다.

사람들은 당연히 정전을 싫어하지만, 미국의 전력 회사 PG&E는 자사 소비자들이 정전을 얼마나 싫어하는지 좀더 구체적으로 알고 싶었다. PG&E는 항상 안정적인 전력 공급과 비용 사이에서 균형을 잡으려고 한다. 정전 발생을 줄이기 위한 예방 조치들을 더 많이 취하면 정전 발생 횟수는 줄어들겠지만 비용이 증가해 서비스 가격도 오른다. 반면 서비스 가격을 낮추기 위해 비용을 줄이면 전력 공급은 불안정해진다.

안정적인 전력 공급과 저렴한 사용료 가운데 전력 소비자들은 어느 쪽을 더 중시할까? 이를 알아내기 위해 PG&E는 천삼백 명 이상의 자사 고객들을 대상으로 설문 조사를 실시했다. 서비스 가격과 연간 정전 횟수를 여섯 개의 등급으로 나누어 고객들에게 어떤 서비스를 선택하겠느냐고 물어봤다.[1] 서비스 가격이 비쌀수록 연간 정전 횟수와 정전 시간이 줄어들고, 서비스 가격이 저렴할수록 연간 정전 횟수와 정전 시간이 늘어났다.

조사 결과 당연하게도 가장 저렴한 서비스를, 그러니까 매월 최소 1회, 네 시간 정도 정전되는 서비스를 선택하는 사람들은 별로 없었다. 네 시간 동안 정전된다면 냉장고에 보관해둔 음식을 걱정해야 하는 정도이니 당연했다. 실제 PG&E 고객들은 평균적으로 연간 3회 정도 정전을 겪고 있는데, 응답자들은 월 전기료를 최소 20달러 깎아준다면 정전이 연간 3회를 조금 초과해도 수용하겠다고 응답했다.

그런데 응답자들 중에는 연간 12회 이상 정전되어도 괜찮다는 이들도 있었다. 현재 PG&E 평균 정전 횟수에 비해 상당히 잦은 정도였는데도 말이다.

왜 그들은 그처럼 불안정한 서비스를 수용하겠다고 했을까? 은퇴를 했거나 소득이 적어서 비용에 민감해서 그런 걸까?

아니었다. 그렇게 응답한 고객들은 이미 그 정도의 정전을 겪고 있었다. 이미 한 번에 네 시간씩 연간 15회 정도 정전을 겪다보니 대부분의 고객이라면 끔찍하게 여길 수준의 정전 횟수도 대수롭지 않아 했다.[2]

현상 유지 편향은 곳곳에서 찾아볼 수 있다. 사람들은 언제나 먹던 것을 먹고, 언제나 사던 브랜드를 사고, 언제나 기부하던 곳에 기부한다.

관상동맥우회술이나 혈관확장술을 받은 사람이 있다고 생각해보자. 수술 전후 수많은 의사들이 그에게 식습관과 생활습관을 바꿔야 한다고 귀에 못이 박히도록 말한다. 그러나 겨우 10퍼센트만이 이를 행동에 옮긴다.[3]

사람들은 자신이 가진 것, 혹은 이미 해오던 것의 가치를 높게 평가한다. 그렇기에 변화는 어렵다.

여기 머그잔 하나가 있다.

은은한 미색에 편안하게 잡기 좋은 손잡이가 달려 있고, 도기이기 때문에 뜨거운 음료를 바로 부어도 깨지지 않는 머그잔이다. 여러분은 이 머그잔의 가격이 얼마면 적당하다고 생각하는가? 이런 머그

잔을 구입하는 데 얼마까지 지불할 용의가 있는가?

한 실험에서 실험 참가자들에게 소비자 입장에서 이 머그잔의 가격을 매겨달라고 요청했다. 평균적으로 3달러 이하면 구매하겠다고 답했다. 괜찮은 머그잔이지만, 그 이상의 가격은 아니라는 반응이 돌아왔다.

이번에는 다른 실험 참가자들에게 같은 머그잔을 보여주고 판매자 입장에서 머그잔 가격을 매겨달라고 부탁했다. 이 머그잔의 가격을 어느 정도로 보는지, 이 머그잔을 팔 때 최소 얼마를 받아야 하는지를 물었다.

소비자의 입장에서든, 판매자의 입장에서든, 머그잔의 가격은 똑같이 판단해야 마땅할 것 같다. 어쨌든 똑같은 머그잔이고, 사든 팔든 두 집단 사이에 특별한 구분은 없었기 때문이다.

그러나 결과는 전혀 달랐다. 판매자 입장에서 머그잔의 가격을 매긴 사람들은 평균적으로 7달러 정도로 답했다. 거의 두 배 이상의 가격이었다.

왜 이런 결과가 나타났을까?

자본주의적 생활양식을 가진 사람들이라 싸게 사서 비싸게 팔고 싶어서 그런 게 아니다. 사람들은 일단 무언가를 소유하면 그에 애착을 갖게 되고 이를 더 높게 평가하는 경향이 있기 때문이다.

이를 일명 소유 효과라 하는데 매우 일반적인 현상이다.[4] 듀크대 학생들은 전미대학농구대회 4강전 입장권 구입에 200달러까지 지불할 용의가 있다고 답했으나, 이미 입장권을 소유한 학생들은 2천 달러 이상이면 팔 생각이 있다고 응답했다. 프로야구카드 수집가들은 자신이 소유한 카드의 가치를 손에 넣지 못한 카드보다 더 높게 평가했다. 시간, 지적 재산권 혹은 다른 점을 고려하여도 사람들은 무언가를 취득할 때보다 포기할 때 그 가치를 더 높게 인식한다. 소유 효과는 물건만이 아니라 신앙이나 이념에도 적용된다. 자신이 가진 신앙이나 이념을 더 가치 있게 인식한다.

소유 효과는 더 오래 소유할수록 더 강하게 나타난다.[5] 예를 들어 오래 소유하고 거주한 주택일수록 시장 가치보다 훨씬 더 높게 평가한다. 무언가를 더 많이 애착할수록 그걸 포기하기란 더 어려워진다.[6]

손실 회피

모든 변화에는 좋은 점과 나쁜 점이 있다. 배터리 용량을 늘린 최신 휴대전화는 크기가 너무 크다. 정전 횟수를 줄인 새로운 전력 시스템 운용 방안을 적용하면 비용이 증가한다. 새로운 소프트웨어는 효율성을 높여주겠지만, 기존 시스템에 적용하는 과정에서 문제가 발생할 수도 있고, 사용자들이 습득하는 데도 시간이 걸린다.

변화로 인한 이익과 손실에 대해 사람들은 동일한 수준에서 평가하지 않는다.

동전의 앞면이 나오면 100달러를 따고, 뒷면이 나오면 100달러를 잃는 내기가 있다고 해보자. 사람들은 이 내기에 응할까?

대부분은 이에 응하지 않을 것이다. 100달러를 딸 확률과 100달러를 잃을 확률이 같으니 잠재적인 이익이 위험보다 크지 않아 보이기 때문이다. 아무것도 안 하고 가만히 있는 편이 나아 보인다.

이와 같은 논리는 경제학적으로도 설명이 된다. 100달러를 딸 확률이 50퍼센트라면 이 확률이 지닌 잠재적인 이익은 50달러다. 100달러를 잃을 확률이 50퍼센트라면 이 확률이 지닌 잠재적인 손실은 50달러다. 그러니 이 둘을 더하면 이 내기의 잠재적인 이익은 0이라는 결과가 나온다. 그러니 사람들이 이에 관심을 가질 이유는 없다. 게다가 내기에 참가하는 노력까지 고려한다면 이런 내기에 응하는 일을 약간의 손실이 발생한다고 받아들일 수도 있으니 대부분의 사람들은 내기에 응하지 않는다.

이번에는 내기로 인한 잠재적인 이익을 조금 높여보자. 동전의 앞면이 나오면 102달러를 따고, 뒷면이 나오면 100달러를 잃는 것으로 규칙을 바꿔보자.

조금 전의 방식으로 이 내기의 잠재적인 이익을 계산해보자. (50퍼센트×102달러)+(50퍼센트×-100달러)=51달러-50달러=1달러. 이 내기의 잠재적인 이익은 1달러다. 큰 액수는 아니지만, 이 내기에 백 번 응하면 100달러를 벌 수 있다. 평균적으로 그렇게 된다.

여러분은 이 내기에 응하겠는가? 102달러를 벌기 위해 100달러의 손실을 감수하겠는가?

아마도 내기에 응하지 않을 것이다. 동전의 앞면이 나왔을 때 딸 수 있는 돈의 액수를 꽤 높여도 이에 응하는 사람들은 많지 않다.

사람들은 손실을 이익보다 더 크게 인식하기 때문이다. 동전 던지기 내기, 새 휴대전화 구입, 그리고 그 밖의 온갖 변화를 앞두고 사람들은 가능한 이익의 크기보다 가능한 손실의 크기를 훨씬 더 크게 인식한다. 아마도 동전 앞면이 나왔을 때 110달러의 보상이 주어진대도 가능한 손실이 100달러라면 사람들은 이를 더 크게 인식할 것이다.

연구에 의하면 사람들은 같은 확률로 발생하는 이익이 같은 확률로 발생하는 손실보다 2.6배 이상이 되어야 행동에 나선다고 한다. 100달러를 잃을 확률이 50퍼센트라면 50퍼센트의 확률로 최소한

260달러 이상을 따야 내기에 응하는 셈이다.[7]

변화를 앞둔 사람들은 현상태와 변화 이후의 상태를 비교한다. 이때 변화로 인한 이익이 그렇게 크지 않다면 사람들은 변화를 추진하지 않는다. 계속 현상태를 유지하려고 한다.

사람들을 변화시키려면 그로 인해 얻는 이익이 현상태의 두 배 이상은 되어야 한다. 새로운 소프트웨어가 조금 더 낫다고 해봐야 채택되지 않는다. 기존의 것보다 아주 많이 좋아야 한다. 새로운 접근법 역시 조금 더 효과적인 정도로는 채택되지 않는다. 기존의 것보다 **두드러질 정도로** 더 효과적이어야 한다. 사람들이 익숙하게 사용하던 것 혹은 좋아하던 것을 포기하고 새로운 것을 받아들이게 하려면 그 새로운 무언가는 기존의 것이 창출하던 효용의 최소 두 배 이상의 이익(효율성 증가, 비용 절감, 여타 긍정적인 변화 등)을 창출해야 한다.★

★ 이와 관련하여 두 가지 점을 강조하고 싶다. 첫째, 새로운 것이 총괄적으로 기존 것의 두 배 이상이어야 한다는 의미는 아니다. (이익 증가, 비용 절감 같은) 특정한 효용에 있어 새로운 것이 기존 것보다 두 배 이상이면 사람들은 새로운 변화를 받아들인다. 가령 새로운 서비스의 속도가 기존 서비스 속도보다 두 배 빠를 필요는 없다. 새로운 서비스를 채택하는 데 투입되는 비용과 노력을 고려했을 때 최소 두 배의 가치를 추가적으로 창출하는 수준이면 된다. 둘째, 이익이나 손실의 **인식** 수준이 중요하다. 예를 들어 서비스의 속도가 두 배 빨라졌다 하더라도 고객들이 서비스의 속도를 신경쓰지 않거나 이를 상관없어 한다면 의미가 없다. 만약 대부분의 고객들이 커다란 휴대전화를 더 좋아한다면 이는 시장에서 손실로 인식되지 않는다. 손실 회피는 변화보다는 이런 인식에 영향을 받는다. 만약에 자동차를 바꾸려는 사람이 옛 차보다 새 차로 인한 이익이 비용보다 훨씬 더 크다고 인식하면 그는 기꺼이 자동차를 바꾼다. 설득해야 하는 대상이 어떤 욕구나 가치관을 가졌는지 파악하고 있다면 그 사람이 **인식하는** 이익의 크기를 극대화해 설득할 가능성은 훨씬 더 커진다.

게다가 새로운 것들로 인한 이점은 두드러지게 드러나지만 잠재적인 변화 요인의 경우 그 단점이나 비용이 종종 무시된다.

노트북을 바꾸는 경우를 생각해보라. 일단 컴퓨터 구입 비용을 지불해야 하지만, 이게 전부가 아니다. 구입과정에서 보이지 않는 상당한 노력을 들인다. 다른 사람들이 쓴 사용 후기를 읽어보고, 컴퓨터의 사양과 가격을 비교하고, 뭐가 최선인지를 판단해야 한다. 새 컴퓨터를 주문하고, 배송된 컴퓨터를 설치하고, 새로운 구성과 시스템에 적응도 해야 한다. 그리고 선택을 잘못했다며 후회할 가능성도 있다.

이 유무형적 노력은 전환 비용이라는 개념으로 설명될 수 있다. 이러한 금전적, 심리적, (시간과 노력 같은) 절차적 걸림돌은 상품이나 서비스를 바꿀 때뿐 아니라 협력사, 주치의, 결제방식, 출근 경로를 바꿀 때처럼 그야말로 우리 삶의 모든 분야에서 발생한다.

자주 가는 식료품점을 바꿀 때(물건을 찾는 데 시간이 더 걸린다), 테니스 파트너를 바꿀 때(상대방의 경기방식을 새롭게 파악해야 한다), 사무실을 바꿀 때(어느 자리에 누가 앉는지 그리고 비품은 어디에 있는지 등을 새롭게 기억해야 한다), 전략을 바꿀 때(새로운 전략이 기존의 방식과 충돌할 수 있다) 등등 전환 비용은 변화를 추진하면 거의 예외 없이 발생한다.

이러한 전환 비용 때문에 기존의 방식이 비합리적이나 비효율적이더라도 사람들은 이를 유지하려 한다.

내가 휴대전화를 교체하는 일만 해도 그렇다. 당연히 새로 출시된 휴대전화가 기술적으로는 훨씬 괜찮다. 더 빠르고, 디자인도 더 예쁘고, 기존의 휴대전화로는 할 수 없는 작업들이 가능해진다.

그러나 이와 같은 효용이 전환 비용의 두 배 이상인 걸까? 나에게는 그렇지 않았다.

새로운 버전으로 변경하려면 이미 가지고 있던 것 이상의 전환이 필요했다. 휴대가 용이한 작은 크기와 익숙한 사용법을 포기하면서 생기는 잠재적인 손실이나 이러저러한 단점 때문에 새로운 휴대전화로 교체하기가 쉽지 않았다.

그렇다면 소유 효과에 대응하고, 사람들의 변화를 이끌어내려면 어떻게 해야 할까?

이에 두 가지 해결책을 제안한다. (1) 바뀌지 않을 경우 감당해야 하는 비용을 부각시켜라 (2) 기존의 방식을 과감하게 없애라.

바뀌지 않을 경우 감당해야 하는 비용을 부각시켜라
—

와튼스쿨에서 MBA과정을 밟는 학생들은 마케팅 수업에서 마운틴맨이라는 맥주 회사의 케이스 스터디를 진행한다.[8] 마운틴맨은 80년 이상 '마운틴맨 라거'라는 맥주 한 종만 생산해온 가족 경영 회사다. 마운틴맨 라거는 미국 중서부 지역에서 매우 평판이 좋고 고객들의 충성도도 꽤 높은 편이다. 마운틴맨의 주고객은 남성 노동자들로 이들은 노동을 마치고 퇴근길에 바에 들러서 마운틴맨 라거를 사 마시곤 한다.

그런데 2000년대 초부터 맥주 시장이 변해갔다. 라이트 맥주 시장이 성장하면서 라거 맥주 시장은 점차 죽어갔다. 2퍼센트 정도로 아직 그렇게까지 큰 수치는 아니었지만 급기야 창업 이후 처음으로 마운틴맨의 연 매출액이 감소하는 상황까지 발생했다.

이런 상황에 마운틴맨 경영진들은 라이트 맥주의 출시를 고려했다. 하지만 이 때문에 기존의 충성 고객들을 잃을까봐 선뜻 실행하지 못했다. 도시에 거주하는 화이트칼라 여피족들이 마운틴맨의 라이트 맥주를 마시는 모습이 자주 노출된다면 주로 광산과 산지에서 일하는 기존 핵심 고객인 노동자들이 다른 브랜드의 맥주로 갈아탈지도 모를 일이었다.

이 케이스 스터디에 참여하는 학생들은 라이트 맥주의 출시가 핵심 사업에 어느 정도나 타격을 입힐지를 중점적으로 살핀다. 새로운 라이트 맥주의 예상 매출액과 그로 인한 마운틴맨 라거의 예상 매출액 감소 수준을 추정해 그 결정이 어느 정도로나 손실을 일으키는지 판단한다.

사실상 모두가 새로운 시도를 했을 때의 위험성만 걱정하는 셈이다. 라이트 맥주를 출시하면 마운틴맨 라거의 매출이 5퍼센트 하락할까, 아니면 20퍼센트 하락할까? 라이트 맥주를 출시하면 마운틴맨의 브랜드 가치가 떨어지지는 않을까? 기존의 충성 고객들이 다른 브랜드로 갈아타지는 않을까?

하지만 MBA 학생들은 변화가 유발하는 잠재적인 위험에만 초점을 맞출 뿐, 새로운 시도를 하지 않을 때 발생하는 리스크는 거의 신경쓰지 않는다.

뭔가 새로운 시도를 하는 건 위험하고, 지난 80년 동안 해오던 방식을 유지하는 것은 안전해서일까? 그렇지 않다. 당장 마운틴맨의 매출액이 감소하고 있지 않은가. 새로운 시도를 하지 않는다고 해서 나쁜 상황이 벌어지지 않는 게 아니다. 하지만 회사는 확실하게 밀려난다. 그저 천천히 밀려날 뿐이다.

우리 인간이 겪는 통증에 대해 생각해보자. 손가락이 부러지거나 무릎뼈가 부서지는 것 같은 극심한 통증, 손가락이 접질리거나 무릎이 후들대는 것 같은 덜 극심한 통증, 어떤 통증이 더 고통스러울까?

사람이 나이가 들면 몸 곳곳의 관절에 염증이 생기고 통증이 발생한다. 야구나 농구를 하다 손가락을 삐기도 한다. 테니스를 치다가 혹은 생활 속 안전사고로 무릎 연골이 후들댈 수도 있다. 어깨나 허리통증이 아주 오랫동안 지속되는 일도 흔하다.

이 정도의 통증은 못 참을 정도로 고통스럽지는 않다. 물론 갑자기 심해지기도 하고, 아플 때는 조금 고통스럽기도 하나 그냥 짜증스러운 정도라서 이 정도 통증으로 일상이 변하지는 않는다.

그렇다고 이러한 통증이 별일 아닌 건 아니다. 하지만 다리가 부러지고, 심근경색이 오고, 무릎뼈가 부서지는 일 정도의 심각한 사고나 질병과는 본질적으로 다르다.

사람들에게 어느 통증을 겪는 쪽이 더 괜찮겠느냐고 물어보나마나 하다. 무릎이 후들대는 정도야 짜증나는 일이지만 슬개골 파열은 끔찍한 일이다. 심각한 사고나 질병을 겪으면 수술을 받아야 하고, 회복을 위해 수개월간 재활치료를 해야 할 수도 있다. 깁스라도 한다면 다 나을 때까지 제대로 움직일 수도 없다. 무릎 떨림이 집안을 날아다니는 파리 몇 마리 정도의 일이라면, 슬개골 파열은 집안에 둥지를 튼 바퀴벌레 집단 같은 일이다.

그런데 이 두 가지 통증을 자세히 살펴보면 흥미로운 사실 하나가 관찰된다. 역설적이게도 극심한 고통을 겪는 쪽이 더 빠르게 고통에서 벗어난다. 즉 치료 기간이 훨씬 더 짧다.

극심한 통증이 발생하면 사람들은 즉시 치료에 나선다. 병원을 찾아가서 필요하다면 수술도 받고, 약물도 복용한다. 물리치료를 받거나 대체요법 등도 찾아보고, 재활 프로그램에도 적극적으로 참여한다. 최대한 빨리 통증에서 벗어나려고 한다.

그러나 극심하지 않은 통증에 대해서는 이렇게 대응하지 않는다. 물론 진통제도 복용하고, 삔 손가락을 얼음찜질하기도 하지만 치료에만 전념하지는 않는다.

설령 치료 계획을 세운대도 잘 따르지 않는다. 매일 아침 진통제를 먹고 10분 정도 물리치료를 해야 하지만, 그마저도 매일 꾸준히 하지 않는다. 일하느라 바쁜데 어떻게 매일 그렇게 하겠는가? 재활 운동법이 적힌 종이는 파일철로 정리되고, 진통제 약병도 캐비닛에 들어간다.

이러한 차등적 반응은 여러모로 수긍이 된다. 통증을 없애기 위해 병원을 찾고, 상담을 받고, 치료에 응하는 일은 전부 시간과 비용이 든다. 물리치료를 받고 매일 아침 잊지 않고 약을 복용하려면 상당한 노력을 기울여야 한다. 심근경색을 겪은 직후라면 이 정도의 비용과 노력을 들여 치료에 나서겠지만, 두통 정도라면 대부분 그냥 참고 넘어간다.

실제로 사람들은 극심하지 않은 통증에 대해서는 적극적으로 조치하지 않기 때문에 일상적으로 통증을 안고 살아간다.

슬개골이 파열되면 그 통증을 견딜 수 없지만 경미한 통증은 그렇지 않기에 더 오래간다. 극심한 통증은 임곗값을 넘어서기 때문에 곧바로 적극적인 치료를 받아 고통을 제거한다. 반면 일반적인 무릎 통증은 적극적으로 치료하지 않기 때문에 그 고통에 아주 오래 시달린다.[9, 10]

제품이나 서비스도 마찬가지다. 시장에서 철저하게 실패하면 기업은 필사적으로 새로운 제품이나 서비스를 개발한다. 반면 경미한 수준으로 실패하면 변화의 필요성을 인지하지 못해 비슷한 실패를 반복한다.

현상태가 참을 수 없는 상태여야 사람들은 적극적으로 변화한다. 관성을 적용할 수 없는 상황이기 때문이다. 집에 바퀴벌레가 우글거리는 걸 확인했다면 곧바로 해충 구제 업체에 전화를 건다. 어떤 업체에 전화를 거느냐 정도를 고민할 뿐이다.

그러나 현상태가 그렇게 나쁘지 않거나 최상의 상태는 아니지만 그럭저럭 견딜 만하다면, 사람들은 변화의 필요성을 인식하지 못한다. '기존의 방식도 그렇게 나쁘지 않은데 왜 전환 비용을 치르면서까지 새로운 방식을 도입해야 하지?' 집에 파리가 몇 마리 날아다닌다고 해서 해충 구제 업체를 부르는 사람은 없다. 조금 참다보면 파리가 사라질 수도 있다고 생각하기 때문이다.

끔찍하게 나쁜 일에는 적극적으로 대처하지만, 적당하게 나쁜 일은 계속 남는다. 끔찍하게 나쁜 성과를 받아들게 되면 변화에 나서지만, 평균 수준의 성과를 내면 기존 방식에 안주한다.

소유 효과를 극복하고 사람들의 변화를 이끌어내려면 기존의 방식을 고수하는 것이, 즉 변화하지 않는 것이 안전하고 비용이 들지 않는 길이 아니라 사실상 손실을 만드는 길이라는 사실을 알려줘야 한다.

내 사촌 찰스는 이메일을 쓸 때 항상 마지막 인사를 직접 입력한다. 업무적인 이메일이든, 개인적인 이메일이든, 맨 마지막에 똑같은 문구를 입력한다.

이 이야기를 처음 들었을 때는 어리둥절했다. 매번 똑같은 문구를 마지막 인사로 넣는다면 그냥 이메일의 서명 기능을 이용하여 인사말을 입력해두면 자동으로 처리되지 않는가?

이렇게 말하자 찰스는 이렇게 대답했다. "인사말 쓰는 데는 몇 초도 안 걸려. 이메일 서명 기능을 어떻게 쓰는지도 모르고. 그걸 배우는 게 더 귀찮아."

찰스는 그냥 하던 대로 하는 게 더 낫다고 믿었다. 자기 방식이 효율적이지는 않다고는 인식했으나, 그렇다고 해서 변화의 필요성까지는 느끼지 못했다. 이메일을 쓸 때마다 몇 초 더 걸리는 게 뭐 그리 대수겠는가? 그건 심근경색이 아니라 두통 정도의 상황이었다.

게다가 찰스는 전환 비용을 이익보다 크게 인식했다. 별로 불편하지 않은 상황을 바꾸기 위해 이메일 서명이라는 새로운 기능을 배우려면 시간이 얼마나 걸릴지 알 수 없는 노릇이었다.

그후 찰스에게 이메일 서명 기능을 사용해보라고 거듭 권유했지만, 그는 내 이야기를 듣지 않았다. 그래서 다르게 접근해보기로 했다.

"한 주에 이메일을 몇 통이나 써?"

"글쎄, 잘 모르겠어. 사백 통 정도는 쓰는 것 같아."

"좋아. 그럼 마지막 인사말을 쓰는 데는 얼마나 걸려?"

"몇 초 정도 걸리지."

"그럼 그 마지막 인사말을 쓰는 데 일주일에 시간이 얼마나 걸릴까?"

그는 대답하지 못했다.

결국 그는 인터넷 검색창에 '이메일 서명 기능 이용하는 법'을 입력해 배운 뒤 이를 적용했다.

최상은 아니지만 현상황이 그럭저럭 괜찮다고 인식하거나 썩 좋지는 않지만 끔찍하지는 않다고 생각하면 사람들은 변화를 추구하지 않는다. 현상황이 그렇게 나빠 보이지는 않기 때문이다.

하지만 이때 사람들에게 변하지 않음으로써 감당해야 하는 비용을 알려주면 사람들은 기존 방식을 고수하는 것이 생각만큼 괜찮은 선택이 아니라고 인식하기도 한다.

사실 이메일의 마지막 인사말을 쓰는 데는 그리 시간이 많이 걸리지 않는다. 몇 초면 충분하다. 그렇기에 찰스는 그 시간을 줄이기 위해 뭔가를 새롭게 배워야 한다는 생각을 전혀 하지 않았다.

그러나 사백 통씩 몇 초씩 들이다보면 일주일 동안 10분에서 20분 정도가, 1년 이상이면 열 시간 이상 걸린다는 걸 인식하게 되자 이메일의 마지막 인사말을 쓰는 일이 가벼운 두통 정도가 아니라 반드시 치료해야 하는 심각한 상황으로 여겨졌다. 결국 그는 이를 치료하게 되었다.

캘리포니아 남부에서 근무중인 재정자문가 글로리아 배럿은 고객들에게 자산관리, 보험관리, 은퇴계획 등을 자문해준다. 그녀는 젊은 고객들에게는 좀더 공격적으로, 포트폴리오에서 주식의 비중

을 높이라고 조언해준다. 하지만 나이든 고객들에게는 좀더 조심스
럽게 채권 같은 종목에 투자하라고 권하며 단기 채권 상품을 알려
준다.

그런데 그녀의 고객 가운데 말도 안 되게 행동하는 고객이 하나
있었다. 사십대 중반의 키스라는 이 남성은 20년 이상 더 일할 예정
이었음에도 너무 보수적으로 투자를 했다. 자산의 절반 이상을 예금
해두고 그걸 투자하지 않았다.

글로리아는 키스에게 실증 데이터를 보여주며 주식 시장에 투자
하면 수익률이 더 높다고 설득했다. 그녀는 가장 보수적으로 주식
투자를 하더라도 수익률이 일반 예금보다 훨씬 더 낫다는 보고서도
제시했다. 그러나 키스는 꿈쩍하지 않았다.

키스는 주식 투자가 위험하다고 생각했다. 그래서 주식에 조금만
투자해도 많은 돈을 잃을 거라고 믿었다. 게다가 그의 예금 계좌에서
는 어쨌든 이자가 나오고 있었다. 높은 금액은 아니었지만 매년 잔고
는 증가했다. 많지는 않으나 키스는 그 정도면 충분하다고 여겼다.

주식 시장의 높은 수익률을 제시해봐야 키스의 자산관리 행태를
바꿀 수 없겠다고 판단한 글로리아는 다르게 접근해보기로 했다. 그
녀는 키스처럼 자산을 예금 계좌에 묶어두면 얼마나 손해를 보는 셈
인지 그에게 알려주기로 했다.

글로리아는 1월 1일부터 가상의 기록을 측정했다. 그러고는 키스
와 전화 통화를 하거나 미팅을 할 때마다 지난번에 통화나 미팅을

한 후 현재까지 키스가 어느 정도 금액을 손해봤는지를 알려줬다. 처음에는 겨우 몇 달러였다. 하지만 얼마 후 손해액이 수백 달러로 늘어났고, 조금 더 지나자 수천 달러가 됐다.

"제가 어떻게 손해를 본다는 거죠?" 하고 키스가 물었다. "제 계좌에는 계속 이자가 붙고 있는데요?"

"맞아요." 글로리아가 대답했다. "하지만 예금 이자만으로는 인플레이션을 따라가지도 못해요. 게다가 주식 투자를 보수적으로 한다 해도 예금 이자보다 훨씬 수익률이 높았어요."

키스는 곧바로 투자 행태를 바꾸지 않았다. 그는 글로리아의 말을 불편해했다. 하지만 자산을 예금 계좌에 묶어둬서 손해본 액수가 꽤 커지자 결국 글로리아의 제안을 받아들였다. 예금 가운데 상당액을 빼내 주식에 투자했다. 그리고 얼마 후 예금액 대부분을 주식 계좌로 옮겼다. 키스는 예금 계좌에 어느 정도 잔고를 남겼지만, 그의 나이대에 맞게 합리적인 수준으로 유지했다. 그리고 그의 투자수익률은 전보다 크게 향상됐다.

변화는 전환 비용을 수반한다. 새로운 제품을 구입하려면 돈을 지불해야 한다. 새로운 서비스를 도입하려면 서비스를 활용하는 법을 배우는 시간을 들여야 한다. 새로운 업무 지침이나 새로운 아이디어를 적용하는 데에도 적응 기간이 필요하다.

게다가 전환 비용은 대개 선불제다. 새 책을 구매하는 경우만 하더라도 내용을 모르는 상태로 비용부터 지불해야 한다. 새로운 프로그램이나 플랫폼을 도입하는 경우에도 그것을 활용하기 전에 시간부터 들여 배워야 한다.

이렇게 선불제로 전환 비용을 지불한 뒤 변화로부터 이익을 얻으려면 상당히 오래 기다려야 한다. 돈을 지불해 책을 사더라도 책이 배송될 때까지 그리고 독서를 시작할 때까지 기다려야 한다. 새로운 프로그램을 도입하는 경우에는 자리를 잡아 운영되려면 몇 주, 몇 달이 걸릴 수도 있다.

당연하게도 이러한 비용 이익 시간 차는 변화를 주저하게 만든다. 우리 인간은 그렇게 참을성이 많은 존재가 아니다. 좋은 것은 빨리 취하고, 나쁜 것은 최대한 뒤로 미루려는 게 인간의 본성이다. 비용은 당장 지불해야 하는데 이익은 한참 뒤에 오는 일은 당연히 누구라도 좋아하지 않는다.

이는 달콤한 간식을 끊는 상황과도 같다. 달콤한 초콜릿케이크 같은 간식을 끊으면 당장의 즐거움은 사라지겠지만, 장기적으로는 체중을 감량하고 몸이 더 건강해질 수 있다. 모두 이러한 사실을 잘 알면서도 행동에 옮기지 않는다.

그 결과 사람들은 현상황을 계속 유지하려 한다. 변화의 필요성을 못 느끼는데 왜 전환 비용을 지불해야 한단 말인가? 특히 현상태가 그렇게 나빠 보이지 않는다면 변화를 고려하지 않는다.

베스트셀러 저자 짐 콜린스는 이런 말을 했다. "좋은 것은 위대한 것의 적이다… 이미 좋은 학교를 가졌다면 우리는 위대한 학교를 갖지 못한다. 이미 좋은 정부를 가졌다면 우리는 위대한 정부를 갖지 못한다. 몇몇 사람만이 위대한 삶을 살아간다. 삶이 좋은 단계에 이르면 그냥 그 단계에 머무는 편이 너무나도 안락하기 때문이다."[11]

변화도 마찬가지다. 현상황이 좋다면 거기에 머물게 되기 쉽다. 변화에는 비용과 노력이 필요하기 때문에 현상황이 잘 돌아간다면 변화에 대해 목소리를 내도 힘을 얻을 수가 없다.

변화하지 않는 게 비용이 들지 않는다고 보일 수도 있으나 종종 그게 손해일 수도 있다. 현상황도 충분히 좋아 보여도 더 나은 성과를 낼 기회와 비교해본다면 손해다. 단기적으로는 그러한 손해가 미미해 보여도, 장기적으로는 결코 간과할 수 없는 손해를 감당할 수도 있다.

상대방의 소유 효과를 극복하고 변화를 이끌어내고자 할 때 기존 방식을 유지하는 게 어느 정도나 손해를 일으키는지를 알려주는 일은 촉매가 될 수 있다. 이로써 변화를 받아들였을 때와 그러지 않았을 때를 좀더 쉽게 이해하게 이끈다.

이때 변화를 받아들였을 때의 이익에 초점을 맞추는 게 아니라, 변화하지 않았을 때의 손해에 초점을 맞추는 게 중요하다.

손실 회피를 설명하며 지적했듯이 사람들은 이익과 손해가 같다면 손해를 더 크게 인식한다. 10달러를 따는 것과 10달러를 잃는 것을, 같은 크기의 효율과 비효율을 동일하게 인식하지 않는다. 사람들은 잃는 것을, 비효율을 더 싫어한다. 따라서 얼마나 이익을 얻을 지보다는 시간과 돈을 얼마나 손해보는지에 초점을 맞추는 편이 더 설득력 있다. 만약 이를 적극적으로 하지 않으면 사람들은 현상황에 달라붙어 있을 것이다.

설득의 틀만 제대로 짠다면 두통도 치료해야 하는 병으로 인식시킬 수 있다.

기존의 방식을 과감하게 없애라

변화를 거부함으로써 감당해야 하는 손해나 비용을 부각하는 것은 효과적인 설득법이지만, 소유 효과가 너무 강하게 작동한다면 좀 더 과감한 수단을 취해야 한다. 기존의 방식을 과감하게 없애버리는 것이다.

멕시코를 정복했던 에르난 코르테스는 스페인 메데인에서 귀족이기는 하나 그리 부유하지 않은 집안에서 태어났다. 어린 시절에는 작고 병약한 소년이었던 터라 아무도 그가 그렇게 자랄 것이라고는 예상하지 못했다. 열네 살 때부터 부모님의 권유로 법을 공부한 그에게 어느 날 크리스토퍼 콜럼버스가 신대륙을 발견하고 스페인에 돌아왔다는 소식이 들려왔다. 하급 공직자로는 살기 싫었던 코르테스는 아메리카로 떠나기로 결심했다.

1504년에 신대륙의 히스파니올라(오늘날의 아이티와 도미니카 공화국 지역)에 도착한 그는 몇 년 동안 그곳의 시민으로 일을 하며 명성을 쌓고 재산을 늘려갔다. 그러다 쿠바 정복을 위한 원정대에 참여해 히스파니올라 총독의 신임을 얻게 되면서 식민지에서 정치적으로 유력자가 되었다.

당시 스페인 사람들은 멕시코에 엄청난 양의 금과 은이 매장되어 있다고 믿었기에 히스파니올라 총독은 당연히 멕시코를 침략하고자 했다. 그는 멕시코 내륙을 탐험하고 식민지를 개척할 장소를 찾는 탐험대를 연달아 보냈는데 그 3차 탐험대의 대장으로 코르테스가 임명됐다.

육백 명의 스페인 사람들과 열한 척의 배로 구성된 코르테스의 원정대는 열세 필의 말과 약간의 화포를 가지고 유카탄반도에 상륙했다. 그는 그곳을 스페인 왕국령으로 선포한 뒤 원주민 부족들과 몇 차례 전투를 치르고 오늘날 베라크루스라고 불리는 지역을 장악했다.

베라크루스에 근거지를 마련한 코르테스는 멕시코 내륙을 좀더 탐험해보고 싶었다. 멕시코 내륙 쪽으로 320킬로미터쯤 더 들어가면 나오는 테노치티틀란이라는 도시가 막대한 부를 축적했다고 판단했던 것이다.

그런데 그 시점부터 코르테스는 총독과 불화했다. 탐험대에 대한 통제권을 잃을까봐 걱정한 총독은 코르테스를 탐험대 대장 자리에서 물러나게 했다. 하지만 코르테스는 멕시코 내륙으로 계속 향했다. 원정을 포기하고 쿠바로 돌아가는 순간 코르테스는 체포되거나 사형에 처해질 수도 있었다. 그에게 남은 길은 멕시코 내륙을 정복하고, 그곳에 자신의 영지를 마련하는 것뿐이었다.

하지만 모든 탐험대 대원들이 멕시코 내륙으로 더 진입하겠다는 코르테스의 계획에 찬성하지는 않았다. 총독에게 여전히 충성하던 일부 대원들은 코르테스의 계획에 반기를 들고 배 한 척을 몰고서 쿠바로 돌아가려고 했다.

코르테스는 반란의 분위기를 감지했다. 하지만 한 가지 딜레마가 발생했다. 테노치티틀란을 성공적으로 장악하려면 육백 명 모두가 필요했다. 게다가 이번 반란을 제압한대도 쿠바로 돌아갈 배가 남아 있는 한 언제든지 추가적인 반란이 일어날 수도 있었다. 만약 탐험대 일부가 배 한 척을 빼내 쿠바로 돌아간다면, 그들이 총독의 진압군을 이끌고 돌아올 게 뻔했다.

이에 코르테스는 과감히 결단을 내렸다. 배를 전부 불태우기로 한 것이다. 그는 보급품과 무기를 전부 배에서 빼낸 후 열한 척 모두에 불을 놓으라고 명령했다.[12]

또다른 반란을 원천 차단하기 위해 아예 배를 없애버렸다.

이제 코르테스의 탐험대에게 멕시코 원정을 그만둔다는 선택지는 더이상 없었다. 싫든 좋든 앞으로 나아가는 수밖에 없었다.

코르테스가 말도 안 되는 행동을 했다고 볼 수도 있다. 하지만 그는 말로만 앞으로 나아가야 한다고 하지 않았다. 집에 돌아갈 유일한 수단을 아예 없애버렸다. 그런데 코르테스만 이러한 전략을 구사했던 게 아니다.

이슬람의 무장 타리크 이븐 지야드는 서기 711년 이베리아반도를 침공할 때 자신들이 타고 온 배를 전부 불태우라고 지시했다. 고대 중국의 고사성어 중에 '파부침주'라는 말이 있다. 밥을 해먹는 솥을 깨뜨리고 배를 물에 가라앉힌다는 의미로 이번 전투에서 후퇴는 없다는 결의를 나타내는 말이다. 그런가 하면 "돌아갈 다리를 불태운다"라는 표현도 있는데 이 역시 절대로 물러나지 않겠다는 결의를 나타내는 말이다.

물론 일상에서 겪는 상황에 이런 전략을 적용한다면 너무 극단적이고, 너무 이기적일 수 있다.

다만 일반적인 수준으로 설명이나 설득을 해서는 변화를 이끌어낼 수 없는 상황이라면 이보다는 덜 극단적이지만 이와 유사한 전략을 고려할 수도 있다. 기존의 선택지를 완전히 없애는 게 아니라 사람들에게 기존 방식을 고수함으로써 유발되는 비용이나 손해를 실제보다 좀더 많이 인식시켜주는 식으로 접근할 수 있다.

샘 마이클스는 한 중견 엔터테인먼트 회사에서 IT 부서를 책임지고 있다. 그는 회사 웹사이트 및 기타 디지털 자산의 운용을 지원하고, 회사 내에서 각종 소프트웨어와 하드웨어가 문제없이 굴러가게 관리 및 업데이트를 진행한다.

업데이트와 관련된 일은 별로 복잡할 게 없다. 모든 직원이 새로운 버전의 윈도즈로 업데이트를 하고, 각자 업무용 컴퓨터를 적정한 사양으로 업그레이드해놓으면 끝난다. 최신 소프트웨어는 더 많은 기능을 가지고 있고, 최신 컴퓨터는 더 빠르고 더 안전하게 작업을 수행할 수 있으므로 직원들이 제때 업데이트만 해주면 전혀 문제될 게 없다.

그런데 항상 몇몇 직원들은 얼마나 편하든 간에 업데이트를 하지 않으려고 한다. 새로운 버전의 소프트웨어와 최신 하드웨어를 쓰기보다는 전부터 쓰던 것을 고집한다. 기존 제품을 써도 별다른 불편 없이 작업을 수행할 수 있기 때문에 새로운 시스템을 익히고, 새롭게 업데이트를 해서 파일을 잃을 위험을 감수하려 하지 않는다.

이들은 전환 비용을 생각하며 변화를 거부한다.

샘 마이클스는 이렇게 꿈쩍도 안 하는 느림보들에게 업데이트를 해달라고 이메일도 보내고, 금번 업데이트의 장점을 설명하는 자료도 링크로 걸고, 심지어는 사무실로 직접 찾아가기도 했다. 하지만 이들은 좀처럼 움직이지 않는다.

아무리 밀어붙여도 업데이트를 하지 않자 샘은 최후의 수단을 생각해냈다. 구버전의 소프트웨어 사용을 강제로 중단하기로 했다.

어느 월요일 아침, 샘은 아직 업데이트하지 않은 직원들에게 메일을 보냈다. 그는 사람들에게 사용하던 제품을 바꾸라고 권고하면서 자신이 어떻게 도울 수 있는지 몇 가지 방법을 안내했다. 그러면서 곧 IT 부서의 지원방식이 바뀐다고 발표했다.

보안상의 이유로 윈도즈7을 사용하는 기계는 앞으로 2개월 후부터 회사 네트워크에 접속하지 못한다고 했다. 그리고 대부분의 직원들은 최신 기종이기 때문에 일정 사양 이하의 구식 컴퓨터를 사용중인 직원을 IT팀에서 지원하기 어려우니 이런 경우에는 컴퓨터가 고장나거나 시스템적으로 문제가 생겨도 더이상 도울 수 없다고 안내했다. IT팀도 이런 상황까지는 원하지 않으니 소프트웨어와 하드웨어 업데이트와 관련하여 필요한 부분이 있으면 전부 지원하겠다고 강조했다. 그러나 대다수 동료들과 다른 버전의 사용을 끝까지 고집하는 이들까지 전부 챙길 수는 없는 노릇이었다.

샘은 이런 내용의 이메일을 보내고 점심식사를 하러 갔다.

점심식사를 마치고 돌아와 확인해보니 윈도즈 업데이트를 하지 않고 버티던 직원들 중 절반이 업데이트를 하겠다고 답신을 보내왔다. 그리고 그 주가 끝나갈 무렵에는 나머지 절반의 직원들도 비슷한 내용의 답신을 보내왔다.

코르테스가 그랬듯, 샘의 이메일도 앞으로 나아가는 것 외의 다른 선택지는 없다는 선포나 다름없었다. 물론 코르테스의 방법만큼 극단적이지는 않았다. 샘이 직원들의 컴퓨터에서 윈도즈7을 강제로 삭제하거나 구식 컴퓨터를 강제로 책상에서 치우지는 않았으니 말이다.

하지만 기본 원리는 같다. 그는 업데이트를 하지 않을 때 직원들이 감당해야 하는 비용을 명확히 제시했고 그 비용은 점점 더 부담스러울 정도였다. 그는 직원들에게 업데이트를 강제하지는 않았지만, 업데이트를 하지 않으면 자기 컴퓨터를 알아서 관리해야 했다.

오늘날 이와 같은 원리는 광범위하게 활용된다.

자동차 제조사들은 출시된 지 오래된 자동차라 해도 그 부품 생산을 아예 중단하지는 않는다. 다만 해마다 부품의 생산량을 줄여나가므로 구형 자동차들의 부품은 점점 비싸져 구형 자동차를 소유한 사람들은 비싼 정비료 때문에 신차 구입을 고려하게 된다.

자동차 제조사들은 소비자들에게 신차 구입을 강제할 수는 없다. 하지만 구형 자동차들의 부품에 보조금을 주지 않을 수는 있다. 그들은 소비자에게 비용을 전가하여 소비자들이 기존에 타던 자동차를 유지하기 힘들게 만든다.

무언가를 바꾸지 않는 것은 쉬운 일이다. 기존의 신념을 유지하는 데는 별다른 노력을 기울이지 않아도 된다. 기존의 정책이나 접근법을 유지하는 데는 시간이 별로 걸리지 않는다. 이미 사용중인 제품이나 서비스를 계속 쓰는 데는 돈이 별로 들지 않는다.

그렇기 때문에 무언가를 바꾸느냐, 바꾸지 않느냐를 택하는 상황에서 대부분의 사람들은 후자를 고른다. 관성이 승리하는 셈이다. 휴식중이던 사람은 계속 쉬고 싶어한다.

그렇기에 필요하다면 기존의 방식을 과감하게 종료하거나, 최소한 기존의 방식에 대한 지원을 중단할 수도 있어야 한다. 새로운 변화가 기존의 방식을 도저히 이기지 못하는 상황이라면 이렇게라도 해서 둘을 동일 선상에 놓아줘야 한다.

기존 방식을 강제로 종료한다면, 즉 타고 갈 배를 불태워버리면, 사람들은 기존 방식과 새로운 변화 사이에서 갈등하지 않는다. 일단은 새로운 변화를 수용하고, 그다음에 자신이 할 수 있는 일을 고민한다.

소유 효과를 극복하라

머그잔 실험에서도 알 수 있듯이 사람들은 이미 해오던 것의 가치를 높게 평가한다. 이미 가지고 있던 물건, 이미 가지고 있던 신념, 이미 일해온 협력 업체, 이미 진행해온 업무 지침, 무엇이든 마찬가지다.

새로운 것이 더 좋다고만 강조해서는 사람들의 변화를 이끌어내기가 어렵다. 사람들 스스로가 기존의 것을 그만두게 해야 한다. 그러려면 사람들이 소유 효과를 극복할 수 있도록 도와줘야 한다. 재정자문가 글로리아 배럿이 그랬던 것처럼 변화하지 않음으로써 감당해야 하는 비용을 보여줘 사람들의 변화를 이끌어낼 수 있다. 기존 방식을 유지하는 것이 생각보다 손해라는 걸 깨닫게 해서 말이다. 혹은 IT 책임자 샘 마이클스처럼 기존의 방식을 과감하게 끝내 버리거나, 기존 방식에 대한 지원을 중단할 수도 있다.

이제 케이스 스터디를 통해 한 나라의 국민 다수가 소유 효과를 극복했던 일대 사건을 살피려 한다. 바로 브렉시트 이야기다.

여론을 어떻게 바꾸는가

2015년 5월 21일, 도미닉 커밍스는 영국의 브렉시트를 지지하는 '탈퇴에 투표를Vote Leave' 진영을 돕기로 결정했다. 그리고 그다음날부터 영국이 근 50년 동안이나 가입해 있던 유럽연합EU에서 탈퇴한다는 엄청난 과제에 착수한다.

정통적인 정책 결정과 달리 국민투표는 여론에 좌우된다. 국민투표는 영국이 EU에 계속 남아야 하는지, 최저임금을 인상해야 하는지, 그 외 다른 의문점들에 대해서 소수의 정치인들이 결정하는 게 아니라 전체 유권자들의 투표로 결정하는 방식이다.

대부분의 국민투표는 새로운 변화를 기각하는 쪽으로 결론이 난다. 예를 들어 미국에서 주 전체의 유권자들이 참여하는, 그러니까 주 단위로 국민투표를 가장 많이 진행하는 주가 오리건주와 캘리포니아주인데, 여기서 국민투표를 진행한 사안 중 삼분의 이가 새로운 변화를 기각하는 쪽으로 결론이 났다. 전 세계적으로 보더라도 이 비율은 비슷하게 나타난다.

국민투표가 성공하려면 새로운 변화에 찬성하게끔 적어도 수백만 명의 국민들을 설득해야 한다. 최저임금을 현상태에서 조금 더 올리기 위해서, 46년 동안이나 이어져온 EU체제하에서의 경제 통합, 농업 보조금, 자유무역 등을 포기하기 위해서, 옛 방식을 새로운 방식으로 바꾸려면 국민들을 설득해야 한다.

EU를 떠나는 브렉시트가 유발하는 불안감은 영국 입장에서 분명히 근거가 있었다. 영국에서 소비되는 식품, 연료, 의약품 등은 거의 모두 수입에 의존했기 때문에 EU와의 교역이 감소하면 곧장 시민들의 생활이 불편해질 수도 있었다. 게다가 경제 전문가들은 브렉시트 이후 수출량이 줄어들고, 영국 화폐인 파운드의 가치가 떨어질까봐 걱정했다.

브렉시트를 국민투표에 붙이자는 이야기가 나왔을 때만 해도 이 안건이 통과되리라 전망하는 사람은 많지 않았다. 사전 여론 조사에서도 영국이 EU에 남으리라 예상됐다. 영국의 도박사이트에서는 영국이 EU에 남을 확률이 EU를 떠날 확률의 네 배라고 예상했다.

도미닉 커밍스는 국민투표에서 이기려면 전달되는 메시지가 무엇보다 중요하다고 판단했다. 현상황을 설명하는 게 더 쉬웠다. 왜 EU를 떠나야 하는지 장광설을 늘어놓아봐야 효과를 보기가 어렵다.

영국이 EU에 분담금을 얼마나 내는지, 영국인들이 EU에서 보조금을 얼마나 받는지, 이게 얼마나 불균형한지 설명해봐야, EU '잔류'파가 "지금까지 해오던 대로 합시다"라고 얘기하면 그만이었다. 그냥 일을 망치지 말라고 하면 끝이었다.

브렉시트 여부를 두고 상대편을 공격하고 논쟁한다면 국민들은 변화를 더욱 거부할 터였다. 브렉시트 찬성파에겐 국민 누구라도 쉽게 이해할 만한 간결한 메시지가 필요했다.

이렇게 판단한 커밍스는 '탈퇴에 투표를' 파를 위해 빨간색 대형 버스를 한 대 구입했다. 그리고 브렉시트를 지지하는 정치인들이 유권자들에게 이야기할 수 있게끔 교대로 그 버스를 운전하도록 했다. 영국 전역을 돌아다닌 그 빨간 버스 옆면에는 다음과 같은 문구가 흰 글씨로 크게 적혀 있었다. "우리는 EU에 매주 3억 5천만 파운드를 송금합니다. 이제 그 돈을 국가 보건 서비스에 씁시다."[13]

'브렉시트 버스'라 이름 붙은 그 빨간 버스는 영국 국민들의 관심을 끌었다. 이 버스는 변화하지 않는 경우 국민들이 감당해야 하는 비용을 분명하게 알려주었다. 그전까지 영국인들은 EU에 남는 편이 더 안전하고, 지금까지 해오던 대로 하면 별로 비용이 안 들 거라고 생각했다. 그러나 브렉시트 버스는 그렇지 않다는 메시지를 전했다. 그 버스는 영국이 EU에 잔류한다면 매주 비용을 얼마나 치러야 하는지를 알려줬다. 영국인들의 보건 서비스를 위해 사용될 수도 있는 돈을 말이다.

브렉시트 버스에는 다른 메시지도 쓰여 있었다. 그 메시지 아래쪽에는 조금 더 작은 글씨로 '탈퇴에 투표를' 캠페인의 슬로건도 적혀 있었다.

'탈퇴에 투표를' 캠페인은 처음에는 '영국의 자주권을 찾자_{Take controls}'라는 구호를 내세웠다. 커밍스는 간결함을 중시했지만, 이 메시지에는 뭔가가 빠져 있었다. 그래서 그는 이 메시지를 변형했다.

커밍스는 사람들에게 손실 회피 편향과 현상 유지 편향이 있다는 걸 잘 알았다. 사람들이 새로운 것보다는 이미 해오던 걸 선호한다는 걸 알았다. '영국의 자주권을 찾자'라는 표현 자체는 좋았지만, 그렇게 되려면 변화해야 했다. 그리고 여기서 EU를 떠나는 것은 변화를, 남는 것은 현상황을 유지하는 것을 의미했다. 자주권만 내세워서는 오히려 EU 잔류 지지파들에게 도움이 될 터였다.

자주권에 대해 언급하면서 이를 현상황을 떠나는 것처럼 보이게끔 상황을 뒤집을 수만 있다면 더할 나위가 없을 듯했다.

그래서 그는 슬로건을 바꿨다. 기존의 구호에 딱 한 단어만 더했을 뿐이지만 이로써 자주권에 대한 의미가 완전히 바뀌었다.

그렇게 해서 '탈퇴에 투표를'측의 "영국의 자주권을 되찾자_{Take back control}"라는 슬로건이 탄생했다.

이 새로운 구호에 대해 커밍스는 자신의 블로그에 다음과 같이 적었다. "우리는 무언가를 잃는 상황을 싫어한다. 특히 자주권을 잃는 상황을 말이다. '되찾자'라는 우리의 새로운 구호는 우리가 무엇을 잃은 건지를 분명하게 보여준다." 브렉시트 찬성파의 새로운 구호는 영국인들의 손실 회피 편향을 자극했다. 영국인들은 자주권을 잃었으며, 이를 되찾기 위해서는 EU를 탈퇴해야 한다는 게 새로운 구호의 메시지였다.

영국 선거 조사 기구에 따르면 "자주권을 되찾자"라는 메시지를 긍정적으로 인식하는 유권자들이 그렇지 않은 이들보다 네 배 더 많았다. 2016년 6월 23일 브렉시트 국민투표가 진행됐고 대단히 충격적인 결과가 나왔다. 투표 결과, 영국인들은 EU를 탈퇴하기로 했다.

"자주권을 되찾자"라는 구호로 커밍스는 브렉시트에 관한 논쟁의 틀을 완전히 바꾸었다. 영국인들에게 그들이 원래 가졌던 것을 되찾자는 메시지를 전달해 브렉시트 진영 쪽에 소유 효과를 만들어냈다. 동시에 영국이 원래는 EU 소속이 아니었다는 점을 그러니까 EU 탈퇴는 위험한 일이 아니라 원래의 자리로 돌아가는 일이라는 점도 상기시켰다.*

이런 전략이 항상 효과적인 것은 아니다. 새로운 약이 건강을 되찾아줄 수 있다, 새로운 공정이 기존의 이익 수준을 되찾아줄 수 있

---

* 이는 시스템 자체를 다시 되찾자는 말이기도 했다. 커밍스는 이 문구를 본 사람들은 이렇게 생각하게 됐다고 썼다. "그래, 그들은 경제를 망친 사람들이야. 그들은 골드만삭스 같은 금융사에서 헤지펀드를 운용하며 거액의 보너스를 받는 자들과 친구잖아. 그들이 바로 2008년에 우리의 경제를 낭떠러지로 끌고 갔어. 우리는 런던에 있는 그런 자들에게서 우리의 자주권을 되찾아와야 해."

다는 주장은 지지를 못 받을 수도 있다.

하지만 많은 경우 커밍스처럼 논쟁의 틀을 완전히 바꾸는 전략은 변화를 이끌어내기 좋다. 2016년 미국 대선에 출마했던 도널드 트럼프는 이 아이디어를 선거 운동에 사용했다. 그는 현직 대통령이 아니었음에도 "미국을 위대하게"라고 하기보다 "미국을 다시 위대하게"라는 메시지를 앞세워 미국을 원래의 위대했던 자리로 되돌려 놓겠다고 했다. 1980년 미국 대선 운동 당시 로널드 레이건이 내세운 메시지와 같은 맥락의 메시지였다.

이러한 구호는 정치 무대에서만 나오는 게 아니다. 학교들은 자신들의 커리큘럼을 선전하면서 "기본으로 돌아가겠다"라고 말을 한다. 여러 조직들은 자신들의 활동을 선전하면서 "근본으로 돌아가겠다"라고 말한다. 새로운 아이디어, 정책, 계획 등이 새로운 변화라고 강조하는 게 아니라, 그것이 기존에 있던 것들과 얼마나 비슷한지를 강조한다.

새로운 제품이나 서비스도 마찬가지로 다룰 수 있다. 소비자들이 항상 즐겨 사용하던 제품이나 서비스라고 강조하면서, 현상황에 맞게 업데이트 정도만 진행했다는 식으로 홍보할 수 있다.

제품이나 서비스가 달라진 게 아니라 그저 새로워졌다고 말이다.

리액턴스 효과와 소유 효과는 변화를 가로막는 주요 요인들이다. 다음 장에서는 변화를 가로막는 또하나의 요인인 거리감에 대해 살

필 것이다. 왜 상대방에게 명백한 정보를 제공해주어도 거리감이 있

으면 상대방이 입장을 바꾸지 않는지 볼 것이다.

THE CATALYST

3장

거리감

사람들은
수용 범위 밖의 정보를
거부한다

Distance

버지니아는 주민들에게 의견을 듣기 위해 집집마다 문을 두드렸다. 이때 사람들이 어떻게 나올지는 항상 예측할 수가 없었다.[1] 젊고, 흰색 티셔츠를 입고 안경을 쓴 버지니아는 전혀 위협적으로 보이지 않았기에 문을 두드리면 대부분은 일단 문을 열어준다.

여론 조사원인 버지니아는 미국 마이애미의 유권자들에게 트랜스젠더들의 권리 보호에 대해 어떻게 생각하는지를 묻고 있었다. 최근 마이애미 데이드 카운티 의회에서 트랜스젠더 차별 금지 조례가 통과되면서 마이애미 정치권에서는 트랜스젠더들의 권리 보호가 주요 의제로 떠올랐다.

"선생님께서 이 주제에 대해 어떻게 생각하시는지 여기 나온 숫자 가운데 하나를 골라주시면 됩니다." 버지니아는 문을 열어준 구스타보에게 이렇게 말했다. 버지니아가 내민 종이에는 트랜스젠더들의 권리 보호에 대해 '매우 찬성한다'부터 '매우 반대한다'까지 적혀 있었고, 각 선택지에 점수가 매겨져 있었다.

카키색 바지에 민소매 티셔츠 차림으로 나온 구스타보는 꽤나 완고하게 생긴 전형적인 라틴계 노인이었다. 과야베라 셔츠만 입으면 부에나 비스타 소셜 클럽의 멤버라고 해도 믿을 정도였다. 그에 반해 버지니아는 남성인지 여성인지 구분하기 힘든 중성적인 모습이었다.

구스타보는 '매우 반대한다'에 가까운 숫자를 선택했다. 구스타보가 숫자를 고르자 버지니아는 그다음 질문을 던졌다. "화장실 문제 때문에 그렇게 생각하시나요?" 구스타보는 그렇다고 답했다. 이상 성욕을 가진 남성이 트랜스젠더인 척하고 여성 화장실에 들어갈까 봐 걱정된다고 했다.

버지니아는 그다음 질문을 했다. "선생님의 그런 우려는 어디에서 비롯되었다고 생각하시나요?"

"나는 남미 출신이오. 남미에서는 호모를 좋아하지 않아요."

구스타보의 대답은 마치 버지니아에 대한 공격 같았다. 여느 조사원이라면 시간을 내주셔서 감사하다고 인사하고 이쯤에서 다음 집으로 이동했을 것이다. 대부분의 사람들은 구스타보 같은 사람을, 각인된 신념을 가진 그런 사람을 바꾸려고 시도해봐야 의미가 없다고 말한다. 아니, 애초에 그게 가능하지도 않다고 말이다.

하지만 그런 직감이 틀렸다면 어떨까? 구스타보의 신념을 바꿀 방법은 정말로 없을까? 골수 보수주의자가 트랜스젠더의 권리를 보호하는 '진보적인' 정책을 찬성하도록 설득하는 게 정말로 불가능할까?

반대파와 가까워지기
—

극심한 분열상황, 이것이 바로 오늘날 미국의 정치상황이다. 민주당 지지자들과 공화당 지지자들 중 절반 이상이 상대 당을 "매우 싫어한다"고 답하는데, 1990년대 중반만 하더라도 지금의 삼분의 일 이하만 그랬다. 미국의 지역사회에서는 지지 정당을 표시하는 팻말들이 파손되기 일쑤이고, 정치적 견해가 다른 사람들끼리는 아예 동석하지 않으려 한다. 심지어는 가족끼리 모이는 추수감사절 식사 자리에서는 정치에 관해 대화하지 말자는 캠페인까지 진행될 정도다.

이러한 불화는 일명 필터버블filter bubble 현상으로 설명할 수 있다. 유유상종이라는 말처럼 비슷한 신념을 가진 사람끼리 모이는데, 인터넷 정보제공자가 이용자의 관심사에 맞춘 정보를 제공하기 때문에 사람들은 점점 신념이 완고해진다.

오늘날에는 이웃과 직접 대화하거나 종이 신문을 읽는 대신 온라인에서 뉴스를 읽고 정보를 얻는다. 그리고 온라인 서비스 업체들은 많은 경우 사용자 맞춤형 정보를 제공한다. 페이스북에서는 사용자가 주로 교류하는 사람들의 관심사를 파악하여 그에 맞는 정보를 추가로 제공한다. 트위터에서는 사용자가 팔로우함으로 이미 동의한 사람들에 관한 정보만 보여준다.

오늘날에는 인터넷과 소셜미디어 때문에 사람들이 다양한 관점에 노출될 기회가 줄어들고, 지적 고립주의가 심화되고 있다. 원래 인간은 자신의 견해에 부합되는 정보만 선택적으로 수용하려는 성향이 있는데, 정보의 흐름을 관리하는 알고리즘마저 필터버블 현상을 만들어내 사람들은 자기 견해에 부합하는 정보와 뉴스만 받아들인다.

이와 같은 문제를 해결하기 위해 전문가들은 일부러라도 자신과 다른 견해를 가진 사람들과 직접 대화해보라고 권한다. 자신이 만든 온라인 버블 안에만 머물지 말고, 관점이 다른 사람들과도 이야기를 해보라고, 반대편 쪽으로 가는 다리를 만들어보라고 제안한다.

언뜻 생각해보면 이는 좋은 방법인 것 같다. 자신과 견해가 다른 사람들과 직접 대화해보면 상대방이 온라인상에 존재하는 괴물이 아니라 자신과 같은 인간이라고 인식하게 되니 양쪽 모두에게 도움이 될 수 있다. 자신과 반대되는 견해가 어디에서 비롯되는지를 이해한다면 시야가 더 넓어진다.

그런데 이 방법이 실제로 통할까?

사회학자 크리스토퍼 베일은 이 방법의 효과를 믿는 사람들 가운데 하나였다.[2] 그는 서로 견해가 다른 사람끼리도 서로를 이해하게 된다면 잘 지낼 수 있다고 생각했다. 뿐만 아니라 자신과 다른 견해를 많이 접하다보면 중도적인 견해를 갖게 되는 사람들도 많지는 않아도 조금 생길 거라고 생각했다. 진보와 보수가 손을 잡고 화합의 노래까지는 부르지 않아도 서로 상대편의 견해 쪽으로 조금 더 가까워질 거라고 예상했다.

이러한 가능성을 검증하기 위해 그는 대규모로 실험을 진행했다. 우선 그는 트위터 사용자들을 천오백 명 이상 섭외하여 그들에게 자신과 상반된 견해를 가진 트위터 계정을 팔로우하도록 했다. 그리고 한 달 동안 자신과 견해가 다른 선출직 정치인들, 뉴스 서비스, 정치 평론가들의 계정들에서 나오는 정보와 메시지를 읽어보도록 했다. 그러니까 진보적 견해를 가진 사람들은 〈폭스뉴스〉와 도널드 트럼프의 트위터를 팔로우해야 했고, 보수적 견해를 가진 사람들은 힐러리 클린턴과 임신중절 옹호 단체가 올리는 메시지를 읽어야 했다.

이렇게 사람들이 자신과 다른 견해에 직접적으로 노출된다면 간단한 조정만 해도 사회적으로는 큰 변화가 일어나리라 기대했다.

한 달 후, 베일과 그의 연구팀은 실험 참가자들의 태도가 변했는지 측정했다. 다양한 정치적 사회적 문제에 대해 어떻게 생각하고 있는지 조사했다. 정부의 규제는 좋은 것인지, 우리 사회가 동성애를 받아들여야 하는지, 평화 유지의 가장 좋은 방법은 강한 군사력을 보유하는 것인지 등등을 물었다.

　이 실험은 기획 및 준비 단계에만 몇 년이 걸린 대규모 프로젝트였다. 수많은 지식인들, 언론인들, 사회지도자들의 지적대로 다양한 견해를 가진 사람들과 교류한다면 우리 사회가 포용적으로 바뀔 것이라 예상했다.

　그러나 결과는 기대와 달랐다. 반대 견해를 가진 사람들과 교류해도 사람들의 성향은 온건해지지 않았다.

　오히려 정반대의 결과가 나타났다. 자신과 반대되는 견해에 노출된 사람들은 의견을 바꾸기보다는 자신의 견해를 더욱 강화했고 극단으로 몰고 갔다. 보수적 견해를 가진 사람들은 진보적 견해나 정보에 더 많이 노출될수록 더 보수적이 되었다. 그들은 진보 진영에서 내놓는 정책들에 대해 더 극단적으로 반응했다. 진보적 견해를 가진 사람들 역시 마찬가지였다. 그들은 보수적 견해나 정보에 더 많이 노출될수록 더 진보적인 태도를 취했다.

　혹시 트위터를 통해 전달되는 일방적인 설득이 1장에서 논한 리액턴스 효과를 유발한 것일까?

　하지만 이 실험에서는 트위터를 통해 사람들에게 이래라저래라 하지 않았다. 거의 정보와 주장만 제공됐다.

　그렇다면 왜 트위터를 통해 전달되는 정보가 소용없었을까?

잘못된 믿음 정정하기

―

누군가의 생각을 바꾸려고 할 때 증거를 제시하면 도움이 될 거라고 기대한다. 사람들에게 사실, 숫자, 정보 등을 제시해주면 우리의 주장을 받아들일 거라고 확신한다.

이와 같은 직관은 단순하다. 데이터가 상대방의 사고에 업데이트된다면 상대방은 그 데이터를 고려할 것이고, 그러면 상대방의 견해가 달라질 거라고 본다.

불행히도 이렇게 흘러가지 않는 경우도 많다.

사람들은 잘못된 정보를 취하기도 한다. 홍역, 유행성 이하선염, 풍진 같은 질병의 발병을 막기 위해 MMR예방접종을 권장한다. 거의 모든 부모들이 영유아기 자녀들에게 MMR예방접종을 해주지만 일부 부모들은 MMR예방접종이 자폐증을 유발할 수 있다는 근거 없는 믿음 때문에 이 백신 접종을 기피한다.

몇 년 전, 한 연구팀에서 진실을 알려주는 것이 사람들의 잘못된 믿음을 바꾸는 데 도움이 되는지 알아보고자 연구를 진행해 2014년 학회지인 『피디애트릭스Pediatrics』에 해당 연구의 보고서를 발표했다.[3] 연구팀은 백신과 자폐증 사이의 연관성을 찾을 수 없다는 미국질병통제예방센터CDC의 과학적 증거를 제시했다. CDC는 "신뢰할 수 있는 다수의 과학적 연구를 살펴보면 MMR백신과 자폐증 사이에 연관성을 발견하지 못했다"라고 정리하면서 다수의 연구 결과들도 첨부하고 있었다.

CDC가 발표한 이러한 글을 읽은 참가자들은 MMR예방접종에 대한 자신의 견해를 밝혔다. "당신은 앞으로 태어날 자녀에게 MMR예방접종을 하시겠습니까?"라는 질문에 답하는 식이었다.

진실을 알려주는 게 도움이 됐을까?

원래부터 백신을 신뢰하던 사람들은 추가로 제시된 과학적 증거를 보고 백신을 더욱 신뢰하게 되었다. 오해가 줄어들었고 자녀에게 MMR예방접종을 하겠다는 응답자가 더 증가했다.

그러나 원래 백신을 불신하던 사람들이 과학적 증거를 접하자 오히려 역효과가 발생했다. CDC측이 과학적 증거를 제시했음에도 이들은 잘못된 인식을 정정하지 않았다. 오히려 반대였다. 자녀에게 MMR예방접종을 하겠다는 응답자가 더 줄어들었다.

이와 같은 현상은 우리 사회에서 광범위하게 나타난다.[4] 의료계, 정치계, 그리고 다른 많은 분야에서 명확한 증거는 사람들의 인식을 바꾸는 데 한계를 갖는다. 진실을 보고 더 믿는 사람들도 있지만, 진실을 보고 오히려 잘못된 인식을 더욱 강화하는 사람들도 있다. 의도를 전혀 드러내지 않고 담담하게 진실을 제시해 리액턴스 효과를 적게 유발하더라도 사람들은 자신이 접한 진실을 무시한다.

진실을 알려주는 일은 종종 잘못된 믿음을 바꿔주기보다 오히려 오해를 더 키운다. 사람들에게 진실을 알려주면 기존의 잘못된 생각을 더욱더 지키려고 반응한다.

그렇다면 진실은 언제 효과를 가지고, 언제 역효과를 나타낼까?

기각 영역과 수용 영역

1950년대 말 예일대, 밴더빌트대, 오클라호마대의 행동과학자들은 이 질문에 대한 답을 찾고자 함께 연구를 진행했다.[5] 그들은 당시 미국 사회에서 논쟁의 중심에 놓인 사회적 이슈를 연구 대상으로 삼았다. 당시 미국인들 사이에서 의견이 분분했기에 다양한 유형의 메시지를 비교하기가 용이할 거라고 판단된 이슈였다.

바로 금주법이었다.

사실 미국 대부분의 주에서는 10년도 전에 금주법을 폐지했으나 이 연구가 진행된 오클라호마주에서는 여전히 주류 판매가 금지됐다. 연구가 진행되던 무렵 오클라호마주는 금주법 폐지를 두고 주민투표를 진행할 예정이었다. 사전 여론 조사 결과 금주법을 유지해야 한다는 쪽이 조금 앞서고 있었다. 몇몇 오클라호마 사람들은 금주법에 반대했지만 알코올을 제한해야 한다는 사람이 조금 더 많았다. 설득과 의견의 변화라는 주제로 연구를 진행하기 매우 좋은 상황이었다.

연구팀에서는 실험을 위해 두 가지 유형의 호소문을 작성했다. 하나는 금주법을 전적으로 반대하는 내용이 담긴 호소문이었다. 많은 사람들이 술 마시는 걸 좋아하니 주류의 판매와 구매를 금지해서는 안 된다는 내용이었다.

또하나는 금주법을 제한적으로 반대하는 다소 완화된 주장이 담긴 호소문이었다. "금주법은 폐지되어야 하지만, 주류의 판매는 규제해야 하므로 경로와 판매량은 제한할 필요가 있다"는 요지였다.

그런 다음 연구팀은 (기독교여성금주동맹이나 신학대 학생들 같은) 오클라호마 내에서 금주법의 유지를 지지할 법한 사람들을 섭외했다. 그리고 그들에게 두 호소문 가운데 하나를 보여주고 주류 판매에 관한 의견의 변화를 측정했다. 어떤 식으로 메시지를 전달하는 쪽이 금주법에 대한 사람들의 태도를 더 바꿨을까?

강한 주장이 담긴 호소문을 읽은 쪽의 의견이 더 많이 바뀌지 않았을까? 실제로 연봉협상을 할 때나 주택 거래를 할 때, 사람들은 더 강하게 더 많이 요구한다.

주택 구매자들은 처음에는 호가의 85퍼센트에서 90퍼센트의 가격을 제시한다. 호가와 제시한 가격 중간 선에서 거래가 성사되기를 기대하면서 말이다. 그렇기에 이를 아는 판매자들은 의도적으로 가격을 조금 높게 제시한다. 그래야 흥정과정에서 거래가가 내려가더라도 기대하던 금액을 받을 거라고 생각하기 때문이다.

이런 맥락에서 볼 때 상대방의 의견 변화를 이끌어내는 경우 더 강하게 주장하는 편이 중간 정도에서 합의를 보니 유용하다고 생각할 수 있다. 상대방을 완전히 우리 편으로 끌어들이지는 못하더라도, 중간 지점에서 만나니 말이다. 그러니 더 강하게 주장하는 편이 적당한 어조로 주장하는 것보다 더 많은 변화를 이끌어낼지도 모른다.

그러나 실험 결과는 달랐다. 연구팀에서 사람들의 의견 변화를 측정했더니 더 강한 호소문이라고 해서 사람들의 생각을 더 효과적으로 바꾸지는 않았다.

이러한 결과는 기각 영역 때문이었다.

연구팀은 금주법을 반대하는 두 가지 호소문을 참가자들에게 보여주기 전에 금주법을 어떻게 생각하는지 현재 의견부터 조사했다. 참가자들은 여덟 개의 서술 문항을 보고 자신의 관점과 가까운 곳에 동그라미 표시를 했다. 이 문항은 금주법 유지를 강하게 지지한다는 의견부터 금주법 폐지를 강하게 지지한다는 의견까지 제시되었는데, 양끝으로 갈수록 강한 의견이었다.

이는 해시마크가 그려진 미식축구 경기장의 모습으로 형상화할 수 있다. 미식축구 경기장의 반쪽에는 금주법 유지 지지자들이, 다른 반쪽에는 금주법 폐지 지지자들이 놓인다. 그리고 양극단에는 금주법의 유지를 가장 강하게 지지하는 사람들과, 반대로 금주법 폐지를 가장 강하게 지지하는 사람들이 놓인다.

금주법 유지를 가장 강하게 지지하는 사람들의 의견은 이럴 것이다. "술은 저주받은 물질이다. 라이트 맥주를 비롯해 술의 판매와 사용은 우리 사회에서 완전하게 배척해야 한다."

반대로 금주법 폐지를 가장 강하게 지지하는 사람들의 의견은 이 럴 것이다. "금주법 시행 기간을 봐도 사람들은 술 없이 살아갈 수가 없다. 따라서 술의 판매와 사용에 그 어떤 제약도 있어서는 안 된다."

미식축구 경기장의 가운데로 이동할수록 극단적인 의견은 사라 진다. 양측의 25야드 지점에서는 금주법을 폐지하되, 주류 판매에 어느 정도의 제약은 받아들일 수 있다는 의견 혹은 금주법을 유지하 되 어느 정도의 주류 소비는 인정할 수 있다는 의견이 존재한다. 그 리고 경기장의 중심인 50야드 지점에서는 의견이 애매하다. 금주법 지지자와 반대자 모두를 이해한다고 말한다.

실험 참가자들은 금주법에 대한 자신의 의견뿐 아니라 어디까지 를 수용할 수 있고, 어디부터는 수용할 수 없는지도 함께 표시했다.

이런 선택을 통해 두 가지 영역이 만들어졌다. 하나는 수용 영역이 었다. 사람들은 수용 영역 내의 의견에 대해서는 전적으로 지지하거 나, 어느 정도는 지지할 수 있다고 했다.

이 수용 영역 바깥의 영역이 기각 영역이었다. 기각 영역 내의 의견 에 대해서는 절대적으로 배척했고 그러지는 않아도 틀린 의견이라 는 입장을 취했다.

어떤 사람의 관점을 기준으로 삼는다고 할 때 수용 영역의 의견들 은 그들이 지지하는 어떤 입장이라면 기각 영역의 의견들은 거절하 거나 고려하지 않을 정도의 것이었다.

사람마다 의견이 다르고, 수용 영역과 기각 영역도 제각각이다.

다음 그림에서 보듯이 어떤 사람은 20야드 지점까지를 수용 영역으로 가지고, 그 나머지는 전부 기각 영역에 속한다.

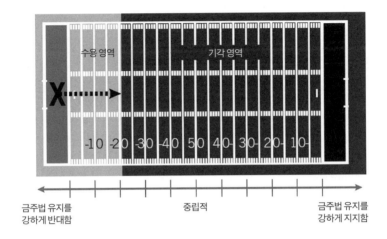

한편 어떤 사람은 오른쪽 25야드 지점에 위치하면서 오른쪽 절반을 수용 영역으로, 그리고 나머지 절반을 기각 영역으로 갖는다.

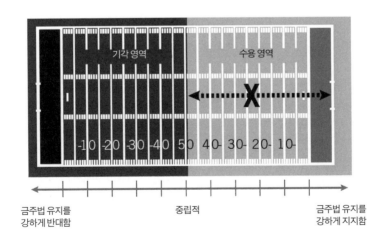

이번 실험에서 금주법을 반대하는 내용의 호소문이 효과적인지 아닌지는 그 호소문을 읽는 사람이 기존에 어떤 관점을 가졌느냐에 의해 결정됐다. 어떤 사람에게 유입되는 정보가 기존 의견과 비교했을 때 거리감이 멀지 않다면(즉 수용 영역 내에 들어간다면) 그 정보는 의도한 효과로 이어졌다. 호소문의 의도대로 설득되었다.

반면 어떤 사람에게 유입되는 정보가 그 사람의 기각 영역에 들어간다면 의도한 효과로 이어지지 않았다. 오히려 역효과를 일으키는 경우도 많았다. 사람들은 자신의 의견을 반대 방향으로 바꾸지 않았다. 오히려 새로이 유입된 정보를 거부하면서 자신의 기존 의견을 더욱 강화했다.★

이번 오클라호마 실험의 결과, 다소 완화된 주장을 담은 호소문이 강한 주장을 담은 호소문보다 금주법 유지 찬성파의 마음을 바꾸는 데 세 배나 더 효과적이었다.[6]

때로는 더한 것보다 덜한 것이 효과적인 셈이다.

★ 정치에 있어서도 마찬가지다. 공화당 지지자라고 해서 보수적인 뉴스만 보는 게 아니고, 민주당 지지자라고 해서 진보적인 미디어만 접하는 것도 아니다. 어떤 성향의 미디어를 시청하는지는 그 사람의 기각 영역과 수용 영역에 달려 있다. 예를 들어 민주당 지지자들 중에서도 극단적인 사람들은 슬레이트 정도의 매체는 돼야 중립적이라 생각하고, 월스트리트저널도 기분이 나쁘다면서 읽지 않는다. 하지만 민주당 지지자들 가운데 중도적인 사람들은 슬레이트를 극단적인 매체라 여기면서 보수 성향으로 꼽히는 〈폭스뉴스〉를 보기도 한다.

확증 편향

사람들의 마음을 바꾸고자 할 때 우리는 극적인 변화를 기대한다. 상황이 크게 뒤집혀서 단박에 비판자들을 지지자들로 돌려세우기를 바란다.

우리는 사람들에게 필요한 정보만 제공하면 마음을 금세 돌릴 수 있다고 생각한다. 명확한 증거와 합리적인 이유만 대면 사람들이 태도를 바꿀 거라고 여긴다.

그러나 이런 기대는 번번이 깨진다. 설명을 해줘도 사람들은 더 방어적인 태도를 보이기 일쑤다. 생각을 바꾸기는커녕, 자신의 기존 생각이 옳다고 더 강하게 주장한다.

이렇게 되는 한 가지 원인은 1장에서 논의한 리액턴스 효과다. 누군가 자신을 설득하려 하면 사람들은 그에 반발하고 저항한다. 설득하는 내용을 오히려 반박하고 나선다.

그런데 설득하려는 의도 없이 개입만 하더라도, 때로는 단순한 정보만 제시해도 저항과 역효과가 유발된다.

그 정보가 기각 영역에 속하는 경우가 그렇다. 사람들은 자신의 신념이나 철학을 기준으로 일정한 수용 영역을 가진다. 정치 성향이 완고하고 보수적인 사람들은 정부 지출이나 정부 규제를 절대적으로 반대한다. 그런 사람들에게 정부 지출을 줄여야 한다거나 시장 자유를 보호해야 한다는 의견을 제시하면 아마 찬성할 것이다.

하지만 그들의 기각 영역에 속하는 의견을 제시하면, 그러니까 정부 부채의 한도를 높여야 한다거나 건강보험제도의 범위를 확대해야 한다는 의견을 제시하면 이들은 강하게 반발할 것이다. 수용 영역에서 더 벗어나는 의견일수록 사람들은 더 듣지 않는다. 그리고 이런 의견들은 더 반대 방향으로 그들을 밀어붙인다.

왜냐하면 기각 영역은 변화만이 아니라 사람들이 정보를 어떻게 받아들이고 반응하는지에도 영향을 미치기 때문이다. 사람들은 자신의 신념과 철학에 부합하거나 이를 지지하는 정보를 찾아 이를 이해하고 받아들인다.

프린스턴대와 다트머스대 간에 벌어진 미식축구 시합을 본 학생들에게 몇 가지 후속 질문을 던진 적이 있었다.[7] 경기가 매우 격렬하게 진행되어 양팀 선수들에게 많은 반칙들이 선언되었다. 시합중에 다트머스대 쿼터백은 상대팀 선수의 태클 때문에 다리가 부러졌고, 프린스턴대 테일백은 코가 부러지고 뇌진탕까지 겪었다. 프린스턴이 승리했지만 시합이 종료된 후에도 두 학교 학생들은 상대팀을 비난했고, 갈등은 한동안 이어졌다.

학생들은 같은 경기를 봤지만 어느 팀을 응원했느냐에 따라 완전히 다르게 해석했다. 프린스턴대 학생들은 다트머스대가 먼저 거칠게 경기를 진행했고, 반칙도 자기네보다 두 배나 많다며 다트머스가 잘못했다고 주장했다. 하지만 다트머스대 학생들은 두 팀 모두 거칠게 경기했고, 프린스턴 쪽에서 반칙 유도를 더 많이 했다고 주장했다. 같은 경기를 봤음에도 경기에 대한 견해는 전혀 달랐다.[8]

자신이 응원하는 스포츠팀에 대해서만이 아니라 이와 같은 편향은 학문 연구를 바라보는 시각에서도 나타난다.

스탠퍼드대에서 학문 연구의 해석에 관한 편향성을 연구한 적이 있다. 연구팀은 사형제도의 범죄 예방 효과성에 관한 두 가지 연구를 참가자들에게 보여주었다.[9] 첫번째 연구는 사형제도로 범죄 예방이 된다는 결론을 제시했는데, 미국 내 14개 주에서 살인범죄율을 조사해봤더니 사형을 집행한 다음해 11개 주에서 살인범죄율이 낮아졌다는 점을 그 근거로 들었다.

두번째 연구는 사형제도에 범죄 예방 효과가 없다는 결론을 제시했다. 이 연구는 서로 이웃해 있으나 사형제도 유무가 다른 두 개의 주씩 열 쌍을 짝짓고 각 주의 살인범죄율을 비교했다. 분석 결과 열 쌍 가운데 여덟 쌍이 사형제도를 시행함에도 살인범죄율이 더 높은 것으로 나타났다.

이러한 연구 결과에 더해 스탠퍼드대 연구진은 참가자들에게 사형제도의 범죄 예방 효과성에 관한 두 연구가 구체적으로 어떻게 진행되었는지도 알려줬다.

그다음 참가자들에게 두 연구 결과를 신뢰하는지, 연구가 올바른 방법으로 진행되었다고 생각하는지를 물었다.

스포츠팀의 경기 내용에 대해서라면 어느 팀을 응원하느냐에 따라 충성도가 좌우될 수 있으나 학문 연구에 대해서라면 객관적으로 평가하리라고 기대했다. 게다가 사형제도의 효과성에 대한 평가는 사람의 생명에 대한 논의이기도 하니 더욱 신중히 진행되어야 한다.

그러나 학문 연구에 대한 평가 역시 평가자 개인의 신념과 철학에 크게 좌우됐다. 사형제 찬성론자들은 사형제도에 범죄 예방 효과가 있다고 결론을 제시한 첫번째 연구를 더욱 신뢰했다. 그리고 사형제 반대론자들은 정반대로 평가했다.

연구방법에 대한 평가 역시 마찬가지였다. 사형제 찬성론자들은 첫번째 연구를 두고 "합리적으로 진행되었고, 데이터 역시 적절하게 수집했다"고 평가했다. 반면 사형제 반대론자들은 첫번째 연구에 대해 "미국 전체의 범죄율 증감에 관한 데이터가 뒷받침되지 않았기 때문에 이 연구에 사용된 데이터는 무의미하다고 볼 수 있다"라고 평가했다. 그런가 하면 사형제도가 범죄 예방에 효과가 없다는 결론을 제시한 두번째 연구에 대해서는 의견이 반대로 나타났다. 사형제 반대론자들은 "인접한 두 주의 비교 데이터는 지리적 위치가 비슷하므로 연구의 신뢰성을 더욱 높여준다"라고 평가했다. 반면 사형제 찬성론자들은 "주 경계를 맞댄 두 개의 주는 상당히 유사하긴 하겠지만, 각 쌍마다 환경이 매우 다르게 조성되어 있을 수도 있다"라고 평가했다.

심지어 겉으로는 객관적으로 보이는 '사실'마저도 평가자들이 어떤 신념과 철학을 가졌느냐에 따라 해석이 달라졌다. 조사 결과를 받아들이느냐 혹은 결점을 찾아내느냐는 구체적인 연구과정보다 평가자가 기존에 갖고 있던 신념이나 철학과 얼마나 같은 맥락에 있느냐에 따라 크게 영향을 받았다.

누구에게는 의심의 여지 없이 진실인 사실도 다른 사람에게는 '가짜 뉴스'일 뿐이다. 똑같은 정보라도 수용자가 어떤 입장을 취하느냐에 따라 진실로도, 거짓으로도 보일 수 있다. 사실을 제시해 서로 다른 의견이 통합되기보다 오히려 사람들의 의견이 더욱 분열될 때도 있다.

원래 가진 관점을 바탕으로 정보를 수용하고 해석하는 성향을 확증 편향이라고 한다.[10] 누구도 여기서 자유롭지 못하다. 의사가 처방이나 치료법을 판단할 때, 판사가 판결을 내릴 때, 투자가가 투자 전략을 수립할 때, 전부 확증 편향에 영향을 받는다. 조직의 리더가 어떤 행동을 취할 때, 과학자들이 연구 주제를 선택할 때, 회사 직원들이 피드백을 받아들일 때도 마찬가지다.

심리학자 토머스 길로비치는 이런 말을 했다. "증거에 대해 판단할 때도 사람들은 자기 믿음에 따라 자기가 보고 싶은 것을 보려 하고, 자기가 내리고 싶은 결론만 내리려 한다… 자신에게 바람직한 결과가 나오면 우리는 이렇게 자문한다. '이거 믿어도 되는 건가?' 그러나 자신에게 바람직하지 않은 결과가 나오면 이렇게 자문한다. '이걸 믿어야만 하는 건가?'"*

이러한 확증 편향 때문에 다른 사람의 마음을 바꾸는 일은 무척이나 어려워진다. 사람의 마음을 움직이려면 일단 새로운 정보를 들어야 하는데, 정보의 수용 자체가 차단되기 때문이다.

어떤 아이디어나 정보를 접하면 사람들은 이를 자신의 기존 신념이나 철학과 비교한다. 그리고 그 아이디어나 정보가 기존 신념이나 철학과 어느 정도 거리가 있는지를 파악한다.

어떤 아이디어나 정보가 자신의 수용 영역에 든다면 일단은 합격이다. 사람들은 이를 안전하고 신뢰할 만하다고 여긴다. 그렇기에 변화할 가능성이 매우 커진다.

반면 어떤 아이디어나 정보가 자신의 기각 영역에 든다면 이를 더 철저히 검토한다. 이를 신뢰할 수 없다고, 입증되지 않았다고, 잘못됐다고 여기며 급기야 이를 무시해버린다.[11] 결국 변화는 일어나지 않으며, 기존의 신념이나 철학을 더욱 강화할 수도 있다.★★

그렇다면 어떻게 확증 편향을 극복할 수 있을까? 기각 영역을 피

★ 극단주의자들도 확증 편향에서 자유롭지 않다. 규모가 가장 큰 백인우월주의 웹사이트 스톰프론트(stormfront.org)의 운영진은 "순혈 유럽인의 후손이면서 유대인이 아닌 백인이 진짜 백인이다. 여기에는 예외가 없다"라고 선언한 바 있다. 스톰프론트의 운영진들은 종종 자신의 유전자 검사 결과를 공개한다. 자신이 '진짜 백인'이라고 인증하는 셈이다. 하지만 그 결과가 자신들의 기준에 부합하지 않으면 어떻게 할까? 운영진들 가운데 상당수는 유전자 검사 결과 순혈 유럽인의 후손이 아니다. 이런 경우 그들은 검사에 문제가 있었을 거라고 하거나, 유전자 검사는 "진짜 백인"을 가려내는 합당한 방식이 아니라고 주장한다. 백인 민족주의자들은 바라는 대로 결과가 나오지 않으면 이런 기준을 세울 때와 기준이 달라졌다고 한다.

해 사람들이 의견이나 정보를 제대로 검토하게 하려면 촉매를 어떻게 사용해야 할까?

이를 위해 (1) 변화의 가능성을 지닌 중도층을 찾아라 (2) 작은 부탁부터 하라 (3) 공감대를 형성하고 판을 완전히 바꿔라. 이 세 가지 방법을 제안하려 한다.

변화의 가능성을 지닌 중도층을 찾아라

모든 선거 운동에는 돈이 든다. 특히 대규모 정치 선거를 앞두고 진행되는 선거 운동에는 어마어마한 돈이 사용된다. 지난 2016년 치러진 미국 대통령 선거와 의원 선거에는 65억 달러 이상이 들어갔다고 추산된다.

여기서 선거 운동원들의 임금, 식비, 교통비로 사용되는 돈의 비중은 그리 크지 않다. 선거 운동에 들어가는 돈은 대부분 유권자들을 설득하는 데 쓰인다. 우편물, 이메일, 전화, 거리 유세, 텔레비전과 라디오와 인터넷을 통한 광고 등을 통해 유권자들의 표심을 설득하는 데 막대한 선거 비용이 사용된다.

★★ 하지만 반대 경우도 있다. 어떤 신념을 가졌건 간에 어떤 정보가 분명하게 옳다는 게 확인되면 사람들은 그 정보가 자신들 쪽에서 나왔다고 믿는다. 그리고 어떤 정보가 분명하게 틀리다는 게 확인되면 사람들은 그러한 정보는 분명히 반대 진영에서 나온 거라고 생각한다.

선거비가 유권자들의 표심을 움직인다는 증거도 있다. 정치학자들이 연구를 해보니 미국 대선의 대의원을 뽑는 예비선거에서 명확한 패턴이 나타났다.[12] 광고와 캠페인은 효과가 있었다. 정치학자들은 유세, 우편물, 이메일 등의 수단이 유권자들의 생각을 바꾸는 데 상당히 효과적이라고 분석했다.

그러나 정치학자들은 대규모의 보통선거에서는 다른 양상이 나타난다는 걸 발견했다. 언뜻 예비선거와 보통선거는 서로 다를 게 없어 보인다. 결국 누가 대통령이 될지 혹은 누가 상원의원이 될지 결정하기 위해 경쟁하는 과정으로 두 선거 모두 유권자들의 표심을 움직이기 위해 다양한 설득 수단을 활용한다.

하지만 정치학자들의 수많은 연구에 따르면 대규모의 보통선거를 위한 선거 운동을 할 때 우편물과 거리 유세의 설득 효과는… 제로라고 한다. 그리고 평가하기가 다소 까다롭기는 하지만, 인터넷 광고나 텔레비전 광고 역시 설득 효과는 미미하다고 한다.

정치학자들은 선거 운동의 효과를 확인하기 위해 유권자 표본집단의 크기를 열 배로 늘려 검증에 나서기도 했다. 그러나 결과는 마찬가지였다. 대규모로 이뤄지는 보통선거에서 선거의 홍보 효과는 사실상 없었다.

왜 그런 걸까?

기본적으로 이는 예비선거와 보통선거의 성격 차이 때문이다. 두 선거 모두 여러 후보가 출마하여 유권자들의 표를 두고 다른 후보와 경쟁하는 과정에서 특정 사회적 이슈에 대해 서로 다른 입장을 표명한다.

그러나 예비선거는 같은 정당에 속한 후보자들끼리 붙는 과정이라면 보통선거는 서로 다른 정당에 속한 후보자들끼리 경쟁한다. 그래서 예비선거에서는 후보자들 사이의 공약이나 입장의 거리감이 크지 않지만, 보통선거에서는 그 거리감이 아주 크게 나타난다. 따라서 예비선거에서는 서로 다른 후보자들이 내세우는 공약이 유권자들의 수용 영역에 들 가능성이 높지만 보통선거에서는 이러한 공약이 유권자들의 기각 영역에 들 가능성이 높다.

대규모로 진행되는 보통선거에서 유권자들의 마음을 바꾸려는 설득 수단은 그래서 효과가 없다. 민주당 성향의 유권자가 민주당 예비선거에서 조금 더 진보적인 민주당 후보를 지지하는 일은 그리 어렵지 않으나 이 유권자가 보통선거에서 공화당 후보를 지지하겠다고 마음을 바꾸는 일은 쉽게 일어나지 않는다.

정치 현안에 대한 관심도도 중요한 부분이다. 정치 현안에 대한 관심도는 사람들의 정보의 폭을 변화시킨다. 정치 현안에 관심이 별로 없는 사람들은 수용 영역이 매우 넓고 기각 영역이 좁다. 이들은 많은 안건에 순응하고 극히 일부 안건만 적극적으로 반대한다.

정치 현안에 관심이 많은 사람들은 이와 반대다. 이들은 사물을 옳고 그름으로 판단한다. 이 말인즉 이들은 좁은 관점에서만 고려한다. 즉 이들은 수용 영역이 좁고 기각 영역이 넓다.[13]

이러한 이유로 사람들의 정치적 견해를 변화시키기가 어렵다. 단지 입장을 조금 바꾸는 게 아니라 사람들을 완전히 다른 편으로 변화시켜야 하기 때문이다. 정치적 견해만이 아니다. 오랫동안 애착해 온 매우 중요하게 생각하는 것들을 바꾸려는 일 역시 어렵다. 예를 들어 미국 프로야구에서 보스턴 레드삭스 팬에게 뉴욕 양키스 팬이 되라고 하는 일도, 코카콜라를 최고라 생각하는 이에게 펩시콜라를 마시라고 하는 일 역시 매우 어렵다.

그렇다면 어떻게 해야 할까? 사람들을 변화시키는 일을 포기해야 할까?

그렇지는 않다. 쉽지는 않으나 지금까지 진행된 대규모 보통선거에서 다수의 유권자들을 변화시킨 사례들은 분명히 존재한다.

여기서 핵심은 변화의 가능성을 지닌 중도층이다.

정치를 잘 아는 사람들은 모든 유권자의 마음을 바꾸려고 시도하지 않는다. 그들은 사실과 합리적인 주장에 대해 개방적인 부동층에 관심을 갖는다. 이들은 후보자, 정치상황, 당면한 이슈 등에 따라 표심을 바꾼다. 이들은 정치적 수용 영역이 넓어서 어떤 정당이나 후보자와도 겹치는 영역이 넓게 나타난다.

정치 캠페인을 효과적으로 하려면 모든 유권자들을 대상으로 만들기보다는 타깃을 정하고 이들의 표심을 움직일 만한 특정한 메시지를 제시하는 식으로 접근해야 한다.

예를 들자면, 2008년 오리건주에서 민주당의 제프 머클리 후보와 공화당의 고든 스미스 후보가 상원의원 선거에서 붙었다. 고든 스미스 후보는 현직 상원의원으로 인지도가 높았고 중도파로 인식되었기에 이 선거는 꽤 박빙이 예상됐다.

자신들이 유권자들의 표심을 얼마나 바꿀 수 있는지 확인하고 싶어했던 어느 연구자들은 오리건주 상원의원 선거과정에서 이 연구를 진행해봤다.[14] 연구원들은 현 공화당 후보에게 투표할 것으로 예상되는 유권자들의 표심을 민주당 후보 쪽으로 바꾸려는 일종의 선거 운동을 시작했다.

그들은 모든 유권자들에게 똑같은 메시지를 던지지 않았다. 대신 그들은 공화당 후보에게 투표할 것으로 예상되는 하나의 타깃 집단을 선정해 그들에게 특화된 메시지를 던져보기로 했다.

이를 위해 연구원들은 분열 쟁점부터 찾았다. 현직의 고든 스미스 후보가 지지하는 정책 가운데 일부 유권자들이 반대하는 정책부터 찾았다.

여러 안건 중에서 연구원들은 임신중절 합법화 문제를 선택했다. 오리건주 주민들 중 다수는 임신중절 합법화를 지지했지만, 공화당의 스미스 후보는 이를 반대했다. 그리고 민주당의 머클리 후보는 임신중절 합법화를 지지하는 몇 안 되는 상원의원 후보였다.

연구원들은 임신중절 합법화를 찬성하는 유권자들을 선별하여 그들에게 이 사실을 알려주기로 했다. 그리하여 선거가 시작되기 전

오리건주에서 임신중절 합법화를 지지하는 단체들이 여성의 선택권을 지지하는 유권자들을 가려내는 대규모 조사를 진행했다. 연구원들은 이 유권자들에게 전화와 이메일을 통해 제프 머클리 후보의 임신중절 합법화 지지 활동, 그리고 고든 스미스 후보의 임신중절 합법화 반대 활동에 관한 정보를 전달했다.

만약 이러한 정보를 모든 유권자에게 전달했다면 어떻게 됐을까? 의도한 효과를 이끌어내지 못했을 것이다. 2008년 진행된 상원의원 선거의 최대 이슈는 경제 문제였던 터라 대부분의 유권자는 임신중절 합법화 문제를 그리 중시하지 않았다.

이러한 정보를 모든 유권자들에게 전달했다 하더라도 임신중절 합법화 문제에 별 관심이 없는 유권자들은 이를 그냥 한 귀로 듣고 흘렸을 것이다. 그리고 임신중절 합법화를 반대하는 유권자들은 이런 정보 때문에 현직 공화당 후보를 더욱 강하게 지지했을 것이다.

중도 부동층을 대상으로 임신중절 합법화에 관한 정보를 제공해 이 연구원들은 거의 10퍼센트의 표를 움직였다. 그리고 선거 결과, 도전자였던 민주당의 머클리 후보가 승리했다.

특정 이슈에 관하여 사람들을 설득할 때는 중도 부동층부터 찾아야 한다. 기존의 상태에서 그렇게 멀리 떨어져 있지 않아서 변화의 가능성이 더 큰 이들부터 말이다.

변화의 가능성을 지닌 중도층을 찾고 싶다면 사람들이 실제로 남긴 활동의 잔재를 살피는 방법이 가장 확실하다. 상반된 의견이나 변화의 의지를 보여주는 단서부터 찾아야 한다. 총기 규제를 반대하는 블루독연합Blue Dog Coalition에 소속된 민주당 지지자들, 환경보호와 관련된 활동을 하는 공화당 지지자들처럼 말이다. 기업의 경우 경쟁사 제품에 대한 불만족 후기를 소셜미디어에 공유한 사람들을 대상으로 삼을 수 있다.

빅데이터를 이용하는 방법도 있다. 고객들이나 지지자들에 관한 기존 데이터를 활용하여 타깃으로 삼을 만한 특성이나 선호도를 지닌 사람을 추려낼 수 있다.

빅데이터를 이용할 수 없다면 실험을 통해 직접 알아볼 수도 있다. 표본을 정해 특정한 접근법을 취하여 그에 대한 다양한 차원의 반응을 기록해 자체적으로 데이터를 구축할 수도 있다. 그리고 이를 기반으로 추진하고자 하는 특정한 접근법이 가장 효과적일 사람들을 모집단 내에서 가려낼 수 있다.

신제품을 출시해서 홍보하려 하는가? 그렇다면 시장 전체를 향해 제품이 훌륭하다고 광고하기보다는 해당 제품이 필요한 타깃 집단을 찾는 편이 효과적이다. 어떤 벤처 캐피털리스트들은 제품이나 서비스를 비타민 유형과 진통제 유형으로 구분한다. 소비자 입장에서 봤을 때 있으면 좋지만 나중에 사도 상관없는 제품은 비타민으로, 당장 구입해야만 하는 제품은 진통제로 분류하는 것이다.

마케팅을 효과적으로 진행하기 위해서는 제품을 진통제 유형으로 인식하는 집단부터 찾아서 이들을 대상으로 삼아야 한다. 해당 제품이 당장 꼭 필요한 사람이 누구인지부터 찾아라.

사업상 미팅에서 상대를 설득해야 하는가? 그렇다면 변화의 가능성이 가장 크고 변화가 필요한 사람이 누구인지부터 파악하라. 그들은 그 집단에서 가장 먼저 설득을 받아들일 뿐만 아니라, 집단 내 다른 이들에게 변화를 옹호해주기도 한다.

작은 부탁부터 하라

사람들의 마음을 바꾼다면 변화의 가능성을 지닌 중도층부터 시작하는 것이 좋으나 중도보다는 극단에 가까운 사람들의 마음도 움직여야 할 때가 있다. 그럴 때는 어떻게 해야 할까?

여러분이 회사 사무실에 앉아 있다고 가정해보자. 그때 여러분의 휴대전화로 전화가 걸려왔다. 소비자 단체라고 밝힌 그 사람은 여러분에게 설문 조사에 참여해줄 수 있느냐고 부탁한다. 여러분의 집을 방문하여 집에서 어떤 가전과 가구를 사용하는지 전반적으로 조사하고 싶다고 한다. 그러면서 정확한 정보를 수집하기 위하여 집안을 살살이 살피겠다고까지 한다. 찬장과 수납장도 전부 열어보겠다고 말이다. 대여섯 명 정도가 여러분의 집을 방문해 두 시간 정도 조사할 텐데 이 모든 과정은 여러분의 자발적인 참여로 이뤄진다고 말한다. 그러니까 무료로 해달라고 한다.

여러분이라면 이 조사에 응하겠는가?

아마도 '뭐 이런 뻔뻔한 부탁이 다 있어' 하면서 그냥 웃어넘길 것이다. '대여섯 명이 우리집을 찾아와서 찬장까지 열어본다고? 말도 안 돼! 이런 부탁을 하다니, 제정신인가? 게다가 공짜라고? 절대로 불가능하지!'

이와 같은 부탁은 분명히 기각 영역에 놓인다. 도저히 받아들이기 힘든 부탁이다.

실제로 스탠퍼드대 심리학과 교수 두 사람이 사람들에게 무작위로 전화를 걸어 이러한 일을 부탁해보자 거의 대부분이 응하지 않았다.[15] 몇몇이 응해주기는 했지만 과연 무슨 부탁인지 제대로 이해하고 응해준 건지 의문스러웠다. 당연하게도 전화를 받은 대부분의 사람들은 부탁을 거절했다.

이 심리학 교수들은 우리가 매일 직면하는 문제에 관심을 갖고 있었다. '어떻게 해야 사람들이 하기 싫어하는 일을 하도록 만들 수 있을까?'

이런 문제를 겪을 때면 사람들은 일반적으로 밀어붙이는 방식으로 대응한다. "부탁을 꺼리는 사람을 최대한 압박한다… 부탁에 응할 수밖에 없도록 만든다." 무언가를 꼭 해야만 한다고 말하거나, 그러지 않을 경우의 위험성을 경고하거나, 매력적인 보상을 제시하는 식으로 상대방을 압박한다. 그들이 항복할 때까지 거듭거듭 몰아붙인다.

그러나 스탠퍼드대 심리학 교수들은 더 나은 방식을 위해 고심했다.

그리고 결국 그런 방식을 찾아냈다. 연구진들이 새로운 방식으로 똑같은 부탁을 하자 전보다 두 배 정도 많은 사람들이 부탁에 응했다.

같은 부탁을 했는데도 말이다. 대여섯 명의 조사원이 집을 방문하여 두 시간 정도 집안을 샅샅이 뒤져도 되느냐고 부탁했지만 이번에는 절반이 넘는 사람들이 그러라고 했다.

무슨 차이였을까?

이 교수들은 작은 부탁부터 시작했다.

본격적인 부탁을 하기 사흘 전 그들은 이 두번째 그룹 사람들에게 전화를 걸어 부담 없는 가벼운 부탁을 했다. 똑같이 자신을 소비자 단체 사람이라고 소개를 했지만, 이번에는 (대여섯 명의 사람들이 집 안을 샅샅이 살펴봐도 되느냐는 식의) 까다로운 부탁이 아니라 지금 사용중인 가전과 가구에 관하여 짧게 전화 설문에 응해달라고 부탁했다. "주방세제는 어떤 브랜드 제품을 사용하십니까" 같은 가벼운 질문들이었다.

전화로 이 정도 부탁을 받자 대부분의 사람들은 친절하게 응해주었다. 몇 가지 질문에 답하는 정도의 부탁은 기각 영역에 속하지 않았기 때문이다.

그로부터 사흘 후 교수들은 똑같은 사람들에게 전화를 걸어 전보다 훨씬 더 까다로운 부탁을 했다. 그랬더니 이번에는 전화를 받은 사람들 가운데 절반 이상이 꽤나 반갑게 교수들의 부탁에 훨씬 많이 응해주었다.

이러한 반응에 대해 교수들은 첫번째 부탁에 응함으로써 사람들이 연구진을 받아들이는 정도가 달라졌기 때문이라고 해석했다. 처음에는 전화 설문에 응하는 것 정도가 누군가에게 해줄 수 있는 최선의 일이었다. 이게 수용 영역의 한계였던 것이다. 하지만 첫번째 부탁에 응함으로써 수용 영역이 훨씬 더 넓어졌다. 이에 대해 교수들은 다음과 같이 언급했다. "사람들은 첫번째 부탁에 응함으로써… 상대를 더 까다로운 부탁에 응해도 되는 사람으로 인식하게 되었다."

작은 부탁에 동의하는 일 자체가 사람들을 변화시킨다. 원래는 기각 영역에 속했을 부탁이 이제 수용 영역에 들어온 것이다.

사람들이 입장을 바꾸면 그들의 수용 영역과 기각 영역도 변화한다. 그 결과 처음에는 기각 영역에 해당됐을 부탁도 수용 영역으로 들어오게 된다. 그렇기에 사람들이 부탁에 응할 가능성이 더 커진다.

거절당할 가능성이 매우 높은 까다로운 부탁을 해야 하는가? 그렇다면 일단 작은 부탁부터 해보라. 처음에 누구라도 쉽게 응해줄 만한 부탁을 해서 수용 영역의 크기를 변화시킬 수 있다. 최초의 부탁만 성공적으로 이뤄지는 게 아니라 까다로운 부탁을 수용할 가능성이 크게 높아진다.

비만 환자들의 체중 감량을 유도하는 의사들은 이런 접근법의 효과를 잘 알고 있다. 어떤 사람이 20킬로그램 혹은 45킬로그램 정도 체중을 감량해야 하는 상황이라고 해보자. 처음부터 과격하게 감량 계획을 세울 수도 있다. 매일 운동을 한다, 정크푸드를 그만 먹는다, 디저트를 완전히 끊는다처럼 말이다.

하지만 이렇게 접근하면 거의 예외 없이 실패한다. 이론적으로는 이렇게 접근해야 하지만, 실행하기란 사실상 불가능하다. 비만인 사람에게 매일 운동해야 한다고 말하기는 쉽지만 평소 운동을 하지 않던 이들이 이를 따르기란 너무나 힘들다.

의사인 다이앤 프리스트는 비만 때문에 찾아온 어느 트럭 운전사의 체중 감량을 도우며 쉬운 방법부터 시도했다. 다이앤 프리스트는 그 트럭 운전사가 매일 1리터짜리 마운틴듀를 세 병씩 마신다는 사실에 주목했다.

마운틴듀를 3리터나 마신다고? 그건 설탕 300그램 이상을 매일 섭취하는 셈이었다. 게다가 매일 그러니 한 달 기준으로는 스니커즈 초코바 오백 개를 먹는 것과 같았다.

물론 트럭 운전사가 마운틴듀를 당장 끊는다면 모든 문제는 간단해진다. 하지만 그건 결코 쉬운 일이 아니었다. 그래서 프리스트는 작은 목표부터 제시했다.

하루에 1리터짜리 마운틴듀를 두 병만 마시라고 했다. 두 병을 마시는 게 세 병보다는 나았다. 그리고 다 마신 마운틴듀 병에 물을 채워서 화장실에 갈 때마다 마시라고 했다.

처음에는 힘들어했지만 결국 그 트럭 운전사는 하루 3리터씩 마시던 마운틴듀를 2리터로 줄였다.

그러자 프리스트는 하루 마운틴듀 섭취량을 1리터로 줄이자고 권했다. 그 트럭 운전사는 이 두번째 목표도 이루어냈다. 여기까지 진행되자 1리터짜리 마운틴듀를 완전히 끊으라고 주문했다.

이제 그 트럭 운전사는 이따금 마운틴듀를 한 캔씩 마시기는 하나 프리스트의 제안을 받아들인 덕분에 체중을 10킬로그램 이상 감량할 수 있었다.[16]

사람들의 마음을 바꾸고자 할 때 우리는 단번에 목표를 이루고 싶어한다. 당장 말이다. 누군가가 청량음료 섭취를 당장 끊도록, 지지하는 정당을 단번에 바꾸도록 설득할 방법을 찾는다.

그러나 이런 일은 거의 일어나지 않는다. 변화는 점진적인 과정의 결과다. 천천히, 단계적으로 진행해가야 한다.

작은 것부터 요청함으로써 이러한 단계를 밟을 수 있다. 다이앤 프리스트는 트럭 운전사에게 1리터짜리 마운틴듀를 한 병만 덜 마시자고 제안하는 일부터 시작했다. 그리고 이 목표를 이루자 거기서 멈추지 않고 결국 마운틴듀의 섭취를 사실상 완전히 줄이는 식으로 목표를 달성해갔다.

작은 부탁부터 하는 방식을 변화의 소분이라는 개념으로 이해할 수도 있다. 단번에 들어주기에는 너무 큰 부탁을 받아들일 만한 정도로 나누어 제시하는 것이다. 앞서 소개한 미식축구 경기장에서 상대 진영의 엔드존까지 단번에 크게 패스하는 게 아니라, 10야드에서 15야드씩 전진하는 방식이다.

제품이나 서비스 개발자들에게도 이런 디딤돌 놓기 방식은 익숙하다. 차량 공유 시스템 우버가 만약 처음부터 지금과 같은 낯선 사람의 차에 타는 시스템으로 시장에 진입했다면 아마 자리도 못 잡고 실패했을 것이다. 누군지도 모르는 사람이 운전하는 차에 탄다고? 엄마가 하지 말라고 하는 딱 그런 일이 아니겠는가.

우버는 그보다 작은 것부터 시장에 천천히 진입했다. 그들은 처음에 고급차량의 호출 서비스부터 시작했다. '모두의 개인 드라이버'라는 모토를 내걸고 사람들이 고급차량을 전용으로 탈 수 있게끔 했다. 이 고급 포지셔닝이 성공하자 우버는 대중용으로 우버엑스를 소개하며 서비스의 범위를 넓혔다. 우버엑스는 (여전히 드라이버 검증을 받기는 하나) 고급차량이 아닌 차종으로 서비스됐다. 우버는 이렇게 결국 자신들의 서비스 범위를 모든 유형의 차량으로 넓혔다.

만약 우버가 처음부터 지금과 같은 수준으로 폭넓은 층에게 서비스를 제공했다면 아마도 이 사업은 실패했을 것이다. 사람들이 알고 있는 방식과는, 많은 소비자들이 안전하다고 생각하는 방식과는 너무나도 다른 서비스이기 때문이다. 하지만 그들은 자신들의 변화를 작게 나누어 사람들에게 소개했고, 그 변화는 디딤돌처럼 하나씩 놓여 천천히 소비자들에게 새롭고 색다른 요소로 받아들여졌다.

물살이 빠른 강을 건너보라고 하면 누구라도 거부할 것이다. 물이 너무 깊고 물살에 휩쓸려 떠내려갈까봐 두렵기 때문이다.

그러나 디딤돌을 하나씩 놓아주면 강을 건너는 사람이 생긴다. 이쪽에서 저쪽으로 몸이 젖을 위험 없이 건널 수 있게 됐기 때문이다.★

판을 완전히 바꿔라: 공감대를 형성할 만한 주제를 찾아라

作은 부탁부터 해보는 식으로, 디딤돌을 하나씩 놓아 거리를 좁히면 상대방이 우리의 최종 요청을 받아들일 날이 가까워진다.

하지만 상대방이 너무 완강하게 거부할 때는 작은 부탁부터 하는 방법이 통하지 않는다. 이럴 때는 다르게 접근해야 한다. 이미 합의가 된 지점을 찾아 이를 중심점으로 삼아야 한다.

사람들이 편견을 덜 갖게 하려면 어떻게 해야 할까?

★ 이미 변화의 대장정을 시작했다고 사람들에게 인식시켜주는 것도 더 큰 변화를 수용하게 이끄는 데 도움이 된다. 다이어트와 운동에 관한 어떤 책을 보면 더 건강해지라고 독자를 설득하기보다 그들이 이미 원하는 무언가를 이렇게 짚어준다. "축하합니다! 여러분이 깨달았건 아니건 이 책을 집어 들었다는 것은 당신의 건강과 삶과 행복을 다시 찾기 위한 여러 과정들 가운데 하나를 이미 완수했다는 것을 의미합니다. 이제 우리는 크고 작은, 까다롭기도 하고 쉽기도 한 많은 과정들을 함께 진행해나갈 것입니다." 저자가 제시하는 최종 목표로 나아가는 대장정에 독자들이 이미 올라섰다는 점을 인식시켜줌으로써 저자는 독자들에게 힘들 수도 있는 변화의 수용을 상당히 설득력 있게 제안한다(Greene, 2002, p.9).[17]

데이브 플라이셔는 여섯 살 때부터 이 질문을 달고 살았다. 그의 가족은 오하이오주 칠리코시에서 유일한 유대인들이었고, 거기에다가 플라이셔는 동성애자였다. "이 세상에 저를 이해해주는 사람은 제 부모님뿐이었습니다."

육십 평생 그는 선입관을 상대해왔다. 아웃사이더로서 차별을 직접 경험한 그는 시민 단체를 조직하여 선입견을 줄이기 위한 활동에 나섰다. 특히 다양한 정치적 대의를 위한 투표에 힘을 쏟았다.

2008년 11월, 깜짝 놀랄 만한 소식이 들려왔다. 캘리포니아에서 동성 간 혼인금지법이 통과되었다는 소식이었다. 원래 캘리포니아는 진보 진영이 우세한 지역인데다가, 사전 여론 조사에서도 성소수자LGBT를 옹호하는 진영이 우세했기에 당연히 이 법안은 기각될 줄 알았다.

하지만 결과는 달랐다. 동성 간 혼인금지법안이 통과된 것이다.

LGBT 진영은 크나큰 충격을 받았고, 이에 분노를 표출하는 이들도 있었다. 이제 앞으로 어떻게 해야 할지 의견이 분분했다.

마찬가지로 이번 일의 파장에 대해 고민하던 데이브는 한 가지 아이디어를 떠올렸다. 동성 간 혼인금지법안을 찬성하는 사람들을 직접 만나 그들과 이야기해보는 것이었다. LGBT인 자신들을 비난하는 이웃들을 직접 만나 그들이 왜 그렇게 생각하는지 소통해보면 어떨까 싶었다.

데이브와 그의 동료들은 캘리포니아 로스앤젤레스의 LGBT센터 사람들과 함께 캘리포니아 유권자들을 직접 만나보기로 했다. 동성 간의 결혼 혹은 게이나 레즈비언을 지조 있게 싫어하는 사람들을 만나 왜 동성 간 혼인금지법안을 통과시켰는지 직접 의견을 들어보기로 했다.

일반적으로 유권자들과 직접 접촉하여 의견을 청취할 때는 미리 대본을 작성한다. 이때 정치 컨설턴트들이 세심하게 작성한 대본을 조사원들이 숙지하는데 단어 하나하나에 의미를 담고, 유권자들을 의도하는 방향으로 이끌기 위해 사실과 숫자들도 함께 전달한다. 의견 청취라고는 하지만 조사원이 대화를 주도해 강의처럼 이뤄지는 경우가 많다. 당연하게도 많은 유권자들이 이런 대화를 서둘러 끝내고 싶어한다.

하지만 데이브와 그의 동료들은 말하기를 멈추고 들어보기로 했다. 미리 작성된 대본은 없었다. 그저 유권자들의 진짜 생각을 듣는 것 자체를 목표로 삼았다.

만오천 명 이상의 유권자들을 직접 만나 그들의 이야기를 들으면서 데이브와 그의 동료들은 기대보다 훨씬 더 많은 것을 알게 되었다. 동성 간 혼인에 대해 일반인들이 어떻게 생각하는지뿐 아니라, 그들의 생각을 바꾸려면 어떻게 해야 하는지에 관해서도 아이디어를 얻었다. 데이브와 동료들은 74회의 회합을 거쳐 사람들의 마음을 바꾸기 위한 최종적인 방안을 마련했다. 그들은 이 새로운 접근법에 '심도 있는 청취'라는 이름을 붙였다.

선입관을 바꾸는 것만큼 어려운 일도 없다. 미국에서 50년도 전에 인종, 성별, 출신국에 따른 차별을 금지하는 민권법이 통과됐지만, 차별은 지금도 진행형이다. 미국인들 중 절반 이상이 흑인에 대해 부정적인 선입관을 가지고 있고, 미국인들의 삼분의 일 정도가 동성 간 결혼을 부정적으로 여긴다. 예일대에서 한 학생이 휴게실에서 낮잠을 자는 흑인 학생이 위험해 보인다면서 경찰에 신고를 하는 일이나 국경보호국 요원들이 몬태나주의 한 주유소에서 스페인어로 대화를 나눈다는 이유만으로 두 여성을 구금한 일 등은 전부 요 몇 년 사이에 일어났다.

우리 인간의 선입관은 대개 아주 뿌리깊게 박혀 있다. 부모의 가치관, 종교 교리, 친구들의 가치관에 의해 아이들의 선입관이 형성되어 또하나의 본성으로 자리잡는다. 그리고 이를 통해 우리는 세상을 바라보게 된다.

데이브가 '심도 있는 청취'에 관해서 어느 저명한 정치학자에게 자문을 구하자 그는 사람들의 선입관을 바꾸기 어려울 거라며 회의적인 반응을 보였다. "데이브, 당신이 성공할 거라고 자신하지는 말아요. 누구도 못했던 일이니까요."

2015년 6월, 데이브와 동료들은 일단 플로리다주 마이애미에서 '심도 있는 청취'를 진행해보기로 했다.[18] 바로 몇 달 전 마이애미 데이드 카운티 의회에서 트랜스젠더 차별 금지 조례가 통과됐기에

LGBT 반대자들의 목소리를 듣기 적절한 시기라고 판단했다. 다만 지역 주민들의 반발을 줄이기 위해 데이브와 동료들은 마이애미 지역의 LGBT 단체 사람들과 함께 움직이기로 했다. 일단 오십여 명이상의 조사원들이 마이애미의 유권자 오백 명가량을 만나 그들의 이야기부터 들어봤다.

대화는 쉽지 않았다. 지역 주민들은 격한 반응을 보이기 일쑤였다. LGBT 반대자들은 무턱대고 그러는 게 아니라 종교와 문화와 성장과정에 뿌리를 둔 매우 견고한 반대 의견을 가지고 있었다. 변화시키기 가장 힘든 유형의 사람들이었다.

하지만 조사 결과를 표로 정리해보니 주목할 만한 부분이 있었다. '심도 있는 청취'가 10분 이상 진행되는 경우 LGBT 반대자들의 견해가 크게 달라졌다. LGBT 반대자들은 트랜스젠더에 대해 긍정적인 반응을 보였고, 트랜스젠더 차별 금지 조례를 옹호하는 입장으로 돌아섰다.

게다가 이러한 입장 변화는 단발적으로 끝난 게 아니라 '심도 있는 청취' 이후 수개월 후에도 유지되었다. 심지어 성소수자를 차별하는 내용이 담긴 홍보물을 적극적으로 반대하는 사람들까지 나타났다.

한 번의 대화로 사람들의 선입관이 완전히 바뀌었다는 사실에 데이브와 동료들은 크게 고무되었다. 그리고 이런 중요한 의문이 떠올랐다. 도대체 그 '심도 있는 청취'가 무엇이었기에 그렇게나 효과적이었던 걸까?

통상적으로 지역 주민들을 대상으로 진행하는 의견 청취과정은 우편배달을 연상시킨다. 조사원들은 지역 주민들에게 정보를 전달하고, 곧바로 다음 집으로 향한다. 조사원들은 최대한 빠르게 할당량을 채우려고 한다.

조사원들의 교육과정을 보면 이러한 상황은 충분히 예상 가능하다. 조사에 투입되기 전, 조사원들은 두 그룹으로 나뉘어 한 그룹은 조사원의 역할을, 다른 한 그룹은 지역 주민의 역할을 맡는다. 그리고 의견 청취에 관한 롤플레잉을 한다. 여기서 누가 이기는 걸까? 가장 능숙하고 빠른 조사원이 높게 평가받았다.

하지만 '심도 있는 청취'는 말 그대로 길고도 심도 있는 대화였다. 게다가 무엇보다도 지역 주민들의 솔직한 생각을 알아내기 위해 진행하는 대화였다. 복잡하면서도 때로는 감정적으로 문제가 되는 주제에 관해 솔직하게 대화를 나눴기 때문에 몇 분간 짧게 대화해서 목표를 이루기가 어려웠다.

데이브 플라이셔의 팀은 얼마나 시간이 걸리든 상관없었다. 유권자들이 자신의 속내를 털어놓아도 안전하다고 느끼도록 해주는 게 중요했다. 그들이 조사원을 좋아하건 아니건 간에 말이다.

앞서 소개했던 구스타보가 상당히 공격적으로 대꾸했음에도 버지니아가 계속해서 차분하게 응대했던 이유가 바로 여기에 있다. 구

스타보는 매우 모욕적인 단어를 사용하며 막말을 했지만, 버지니아는 계속해서 대화를 이어나갔다.[19]

"내 고향 남미에서는 호모를 좋아하지 않네."

버지니아는 구스타보의 이런 말에도 언성을 높이지 않으며 대화를 이어갔다.

"호모라는 표현은 트랜스젠더나 게이를 말씀하시는 건가요?" 버지니아는 공손하게 물었다.

"자신이 태어난 대로, 신께서 만들어주신 대로, 그렇게 살아야 해… 다른 존재가 되면 안 된다고."

버지니아는 계속 긍정적인 말투로 이렇게 말했다. "제가 바로 그 게이인데요."

"당신이 게이라고? 세상에나."

버지니아는 구스타보에게 자신의 이야기를 들려줬다. 그러자 구스타보는 관심을 보이며 버지니아에게 왜 '그런 결정'을 내렸느냐고 물었다. 버지니아는 그건 결정하거나 선택하는 일이 아니라고, 그냥 그렇게 태어난 거라고 대답했다. 둘은 좀더 깊이 있는 대화를 이어나갔다.

버지니아가 자신의 파트너를 얼마나 많이 사랑하는지 이야기하자 구스타보도 아내에 대해 이야기했다. 아내가 어떻게 장애를 갖게 되었는지, 아내가 목욕을 하고 식사를 하고 일상생활을 할 때 자신이 어떻게 돕는지 이야기했다. 그는 이렇게 말했다. "하느님은 내게 장애를 가진 사람을 사랑하는 능력을 주셨지. 결국 정말로 중요한 것은 사랑이야."

이 이야기에 버지니아는 이렇게 말했다. "저도 그 말씀에 전적으로 동의해요. 저를 비롯한 트랜스젠더들에게는 그 법안이 바로 사랑에 관한 것이고요. 저희가 함께할 수 있도록 해주는 법안이거든요."

이제 두 사람은 서로 깊게 공감하는 사이가 되었다. 버지니아는 구스타보가 불편하게 생각하던 화장실 이야기로 되돌아갔다. 그녀는 구스타보에게 트랜스젠더와 같은 화장실에 들어가면 어떤 부분이 불편할 것 같으냐고 물었다. 그는 어깨를 으쓱하더니 이렇게 대답했다. "딱히 불편할 건 없을 것 같네."

"트랜스젠더와 같은 화장실에 들어갈까봐 두려우실까요?"

"아니." 구스타보는 두려울 게 뭐가 있겠느냐며 선선히 대답했다.

버지니아는 깊이 있는 대화를 통해 구스타보가 가진 막연한 두려움을 직시하게 했다. 그리고 그런 두려움이 아무런 근거가 없다는 사실을 인식하도록 만들었다.

"내가 잘못 생각했던 것 같네." 구스타보는 트랜스젠더들의 권리에 대해 오해했다고 말했다.

"그럼 다음에 투표하실 때는 트랜스젠더 차별을 금지하는 법안에 찬성표를 던지실 수 있을까요?" 버지니아가 물었다.

"그렇게 해야지." 구스타보가 대답했다.

버지니아는 판을 완전히 바꿨다. 이는 상대방과 공감대를 형성할 수 있는 주제를 찾았기 때문에 가능한 일이었다.

누군가를 이해하라고 할 때 "그 사람 입장에서 생각해보라"라는 말을 자주 한다. 상대방의 시각에서 그의 상황이나 의견을 고려해보라는 것이다.[20]

상대방과 비슷한 경험을 한 적이 있고, 비슷한 감정을 느껴본 적이 있다면 상대방의 입장에서 생각하는 일이 그리 어렵지 않다. 어떤 고등학생에게 공부를 어려워하는 다른 친구를 도와주라고 했다고 가정해보자. 그 학생 역시 공부 때문에 힘들어해봤다면 공부 못하는 급우를 이해하고 그러한 요청을 쉽게 받아들일 수 있다.

그러나 모든 과목에서 늘 최고의 성적을 거두는 우등생이라면 어떨까? 그렇다면 그런 관점에서 이해하기가 훨씬 어려워진다. 늘 성적이 좋은 우등생이라면 공부 못하는 친구를 이해하기가 힘들다. 즉 누군가를 진심으로 이해하려면 비슷한 경험과 감정을 공유하는 게 많은 도움이 된다.[21]

이러한 일이 발생하지 않게끔 '심도 있는 청취'를 진행하는 사람들은 지역 주민들에게서 자기네와 비슷한 경험을 찾으려고 했다. 상대방을 이해하기 위해서는 막연히 상상하는 게 아니라 비슷한 감정을 공유해야 한다는 걸 잘 알았기 때문이다.

모든 과목에서 최고 등급을 받는 우등생은 공부를 어려워하지는 않아도 다른 무언가를 하면서 어려움을 겪어봤을 것이다. 운동이든,

이성교제든 혹은 다른 어떤 영역에서든 열심히 노력했지만 좋은 결과를 얻지 못했던 적이 있다면 공부 때문에 힘들어하는 다른 친구를 좀더 쉽게 이해할 수 있을 것이다.

'심도 있는 청취'를 통해 다른 사람들이 가진 선입관을 줄일 수도 있다. 사실 다른 사람을 이해한다는 것은 쉽지 않은 일이다. 특히 그가 나와 인종, 성별, 성적 지향이 다르다면 더욱 그렇다.

45세의 백인 남성들에게 인종이나 성별 때문에 차별받는 기분을 상상해보라고 하면 대부분은 제대로 이해하지 못한다. 이해한다고 말은 하더라도, 음식점 종업원이 나에게 무례하게 구는 게 내 피부색 때문은 아닌지, 혹은 이번 승진에서 누락된 게 내 성별 때문은 아닌지 고민해본 적 없는 이들이 그런 기분을 제대로 이해하기란 힘들다.

데이브와 동료들은 이를 잘 알았기에 트랜스젠더로서의 삶을 알아달라고 일방적으로 호소하지 않았다. 그들은 '심도 있는 청취'를 통해 지역 주민들이 비슷한 경험을 해본 적이 있는지 알아내려고 했다. 버지니아의 경우 장애가 있는 아내를 구스타보가 사랑한다는 걸 알게 되자 이를 토대로 자신과 파트너 사이의 사랑을 이해시키려고 했다. '심도 있는 청취'를 진행한 어떤 조사원은 피부색이나 출신지가 다르다는 이유만으로 부정적인 평가를 받았던 지역 주민에게 그때의 경험과 감정을 토대로 트랜스젠더들이 겪는 차별을 이해시키려고 했었다.

전역 군인인 어떤 지역 주민은 외상후 스트레스 장애를 겪는다는 이유로 기업에서 자신을 채용하지 않는다고 말했다. 외상후 스트레스 장애는 자신의 수많은 모습 가운데 하나인데, 잠재적 고용인들은 그걸로만 자기를 평가한다고 했다. 트랜스젠더로서의 경험은 아니었지만, 이 전역 군인은 한 가지 면만으로 사람을 평가하고 차별하는 것이 얼마나 부당한지를 이해했기에 자신의 집을 찾은 트랜스젠더에게 공감할 수 있었다.

데이브와 동료들은 '심도 있는 청취'를 통해 판을 완전히 바꾸었다. 사람들이 거부감을 갖거나 공감할 수 없는 주제로 접근하기보다는 사람들이 자신들과 가까워질 만한 지점을 찾았다. 사람들의 의견이 충돌하는 지점이 아니라 공감과 이해가 가능한 지점을 찾았다.

다짜고짜 사람들에게 트랜스젠더의 권리나 임신중절, 혹은 정치적으로 민감하고 복잡한 주제에 대해 꺼내면 곧바로 기각될 가능성이 높다. 보수적인 영역에서도 맨 끝에 놓이는 사람들에게 트랜스젠더의 권리를 보호해야 한다고 주장한다면 그러한 주장은 분명히 기각 영역으로 들어간다.

하지만 '심도 있는 청취'로 대화를 다르게 풀어갈 수 있다. 더이상 '누군가를 어떻게 느껴야 하느냐'라는 추상적인 논쟁이나 트랜스젠더의 권리에 대한 이야기가 아니게 된다. 최소한 직접적으로는 말이다.

대신 이 문제는 사랑이나 역경에 대한 이야기가 된다. 혹은 돌봄에 대한 대화가 된다. 무언가가 다르다는 이유만으로 차별당한 경험에 대한 대화일 수도 있다. 특정 사안에 대한 견해와는 별개로 상대방과 내가 공유하는 비슷한 경험과 감정에 대한 이야기가 된다.

민감한 주제를 두고 대화할 때는 논쟁하는 대신 '심도 있는 청취'를 통해 공감대부터 형성하라. 모든 사람이 공유하는 그런 유형의 이야기부터 찾아보라.

'심도 있는 청취'에 투입된 사람들은 지역 주민과 공감대를 형성하고서야 트랜스젠더의 권리에 대해 이야기했다.★ 서로 양극단에 자리잡고 있던 판을 완전히 바꾸어 모두 한 팀이 되는 새로운 판을 만들어냈다.

소중한 사람을 향한 사랑이 중요하다는 걸 어느 누가 부정하겠는가? 사랑하는 사람을 위하고, 사랑하는 사람과의 관계를 가로막는 것들을 없애고자 하는 마음을 어느 누가 부정하겠는가? 그리고 이를 부정하지 않는다면, 자신은 인식하지 못한대도 트랜스젠더의 권리 보호 문제를 우호적으로 받아들일 가능성은 크게 높아진다.

데이브 플라이셔는 이렇게 말했다. "저는 제가 최고일 때 어떤 사람인지를 압니다. 제가 최악일 때 어떤 사람인지도 알고요. 그래서

★ 이러한 접근법이 익숙한 분들도 있을 터이다. 데이브 플라이셔의 '심도 있는 청취'는 위기 대응 협상가들이 자주 활용하는 계단형 모델과 많은 면에서 비슷하다. 위기 대응 협상가들은 용의자를 곧장 설득하려 들지 않고, 주변부의 이야기부터 하면서 신뢰를 형성한다. '심도 있는 청취' 역시 마찬가지다. 곧바로 상대방에게 자신들의 입장을 이해시키려하기보다는 공감대부터 형성하려 한다. 그렇게 판을 완전히 바꾼 다음에야 상대방의 기각영역에 있던 이야기를 꺼낸다.

제가 최고의 모습일 수 있도록 저를 도와주는 사람들에게 고맙습니다. 저희가 사람들을 찾아가서 대화하는 것도 그래서입니다. 저희는 본질적으로 이렇게 말을 건네는 겁니다. '안녕하세요. 선생님이 최고일 때 어떤 모습인지가 제게는 보이네요. 선생님께서는 보이시나요? 그런 모습으로 보이고 싶으신가요? 그렇다면 다음번 투표에서 그런 생각을 나타내주실 수 있을까요?'"

'심도 있는 청취'는 작은 효과로 그치지 않았다. 엄청난 변화로 이어졌다. 1998년부터 2012년 사이에 일어난 미국인들의 게이와 레즈비언에 대한 인식 변화보다 '심도 있는 청취'로 인해 더 많은 변화가 이뤄졌다.

그렇지만 더욱 흥미로운 점은, 인식이 변한 사람들의 기존 성향이었다. '심도 있는 청취'는 다소 보수적인 민주당 지지자들 혹은 이미 트랜스젠더들의 권리를 지지하던 사람들, 변화 가능성을 지닌 중도층 등의 인식만 변화시킨 게 아니었다. 정치 성향이나 기존의 믿음과 관계없이 똑같이 작용했다. 원래 트랜스젠더 권리 보호를 반대하던 사람들의 인식까지도 변화시켰다.

직장의 상사가 비용 부담을 이유로 새로운 계획에 반대하는가? 직장 동료가 느슨한 조직 문화를 반대하는가? 그렇다면 공감대를 찾아 판을 뒤바꿀 방법을 찾아보라.

상대방이 완고하게 반대할 때 더 강한 주장을 내세워 돌파하려 하지 말고 상대방이 반대하지 않을 주제부터 시작해보라. 어느 관점에서는 상대가 적처럼 보여도 그들에게는 아마 그 이상의 면도 존재할 것이다. 회사의 성장이나 직원 근속 연수 증가처럼 상대방과 공감대를 형성할 만한 주제부터 찾아 대화를 시작하라. 그렇게 해서 상대방과 공감대를 형성해서 거기서부터 시작하라.

이번 장에서는 변화를 가로막는 다섯 가지의 장벽 중 거리감에 대해 살펴보았다. 리액턴스 효과는 누군가가 자신을 설득하려 할 때 이에 대한 반발로 생긴다. 그렇기에 있는 그대로의 사실과 정보만을 전달한대도, 그 사실과 정보가 상대방의 수용 영역과 너무 멀다면 기각되거나 무시된다.

거리감 문제를 극복하려면 변화의 가능성을 지닌 중도층부터 찾아야 한다. 우리가 바라는 변화와 그리 멀지 않은 사람들, 그리고 가장 먼저 변화한 후 다른 사람들의 변화를 이끌어줄 사람들에게 먼저 접근해야 한다. 이들보다 더 변화와 멀리 떨어진 사람들에게는 작은 부탁부터 하는 식으로 접근해야 한다. 의사인 다이앤 프리스트가 그랬던 것처럼 변화를 소분하여 상대방이 쉽게 받아들이게 만들고, 우리가 의도하는 변화 쪽으로 디딤돌을 놓아줘야 한다. 큰 변화를 한 번에 요구하지 말고, 상대방이 받아들일 만한 수준부터 조금씩 진행하라. 그리고 최종적으로는 데이브 플라이셔의 '심도 있는 청취'를 통해 공감대를 형성하고, 그를 기반으로 판을 뒤바꿔야 한다. 이렇

게 비슷한 경험과 감정을 공유하면 원래의 주제를 다르게 인식하게
된다.

그러면 조금이라도 변화될 수 있다.

유권자의 마음을 어떻게 바꾸는가

미국에서 평생 민주당을 지지해온 사람이 공화당을 지지할 수 있을까? 골수 보수주의자가 진보주의자로 변모할 수 있을까?

지금까지는 어떻게 거리감을 줄여 정치적 변화를 이끌어내는지 살펴보았다. 보수주의자들이 트랜스젠더 권리 보호를 지지하도록 만들고, 금주법 지지자들이 주류 판매에 관한 규제를 느슨하게 만드는 법안에 투표하도록 만들기도 했다.

이 같은 견해의 변화는 특정 사안에 관한 것이었다. (금주법 같은) 특정 사안에 관한 견해를 바꾸는 일과 (지지 정당을 바꾸는 식의) 정치적 신념을 바꾸는 일은 완전히 별개의 문제다.

유력 정치인들 중에도 정당이나 정치적 성향을 바꾼 이들이 꽤 있다. 미국의 전 대통령 로널드 레이건은 원래 노동조합 조합장 출신의 민주당원으로 공화당에 입당하던 1962년까지도 노동조합 활동을 했다. 현직 상원의원으로 민주당의 유력 정치인인 엘리자베스 워런은 꽤 오랫동안 보수주의자로 활동을 했었다.

하지만 어떻게 이런 일이 흔하게 일어나는 걸까? 유권자의 정치적 성향을 바꿀 수 있는 걸까? 만일 그렇다면 어떻게 그럴까?

우파에서 좌파로 변하다

실비아 브랜스컴은 1970년대 중반 오클라호마주 이니드에서 태어났다. 오클라호마주 이니드는 미대륙 중앙의 그레이트플레인스 동쪽에 위치한 도시로, '오클라호마주의 밀농사 수도'라고도 불린다. 지역 주민들은 거의 다 백인으로 '하느님을 경외하는' 기독교 신자들인 터라 부모가 이혼하던 해인 네 살 때부터 실비아는 지역 침례교회에 다녔다.

실비아의 어머니는 재혼을 했는데 상냥하고 가정적인 새아버지는 실비아를 친딸처럼 대했다. 실비아는 새아버지에게 자동차나 집을 수리하는 법도 배웠다.

그렇지만 실비아 새아버지의 정치 성향은 우파 중에서도 우파였다. 그는 모병제에 응하여 군복무를 했고, 개인의 총기 소지 권리를 중시했다. 그는 열심히 일해야 한다고 믿었기에 정부의 무상 지원 정책을 반대했다. 그리고 임신중절을 반대했고, 여자는 리더가 될 수 없다고 생각했다.

실비아가 사는 지역의 모든 사람들이 로널드 레이건을 사랑했고, 실비아 역시 어릴 때부터 그랬다. 그녀에게 보수주의적인 가치관은 의문을 가져서는 안 되는 신념이었다. 어떻게 임신중절술을 받아서 아기를 죽일 수 있지? 성인이 되어 투표권이 생긴 실비아는 어떤 선거에서든 공화당 후보에게 표를 줬다.

실비아는 이니드 같은 농업도시에서 태어나고 자란 여성의 전형이었다. 그녀는 고등학교를 졸업하고서 얼마 지나지 않아 결혼을 했고, 스물한 살에 임신을 했다. 주일이면 늘 남편과 함께 교회에 나갔다.

실비아의 가정에서 남편은 생계를 책임지는 사람이자, 가장이었다. 그리고 실비아는 집안일과 자녀 양육을 도맡았다. 그녀는 종종 이런 말을 했다. "여자는 남편 말을 따라야 해." 이는 그녀의 인생 신념이기도 했다. 그러다 남편이 석유공학 석사학위를 받아 알래스카에서 일자리를 구하면서 그곳으로 이주하게 됐다.

실비아는 늘 다시 공부할 날을 꿈꿨다. 무언가를 배우는 걸 좋아했기에 임신하기 전에는 지역의 주니어 컬리지에서 몇 개의 수업을 청강하기도 했다. 알래스카로 이주한 후 다시 공부를 시작하기로 결심한 실비아는 우선 알래스카대에서 강의 두 개를 듣기로 했다.

알래스카대에서 두 명의 교수를 만나면서 그녀는 전에는 몰랐던 많은 것들을 알게 되었다.

그녀가 수강했던 첫번째 수업은 토론 수업이었다. 토론 수업에서 담당 교수는 만인이 따라야 하는 진리는 없다고 말했다. 이에 실비아는 하느님이 바로 그런 진리라고 응수했다.

토론 수업에서는 미국의 수정헌법 2조, 즉 개인의 총기 소지 권리에 대해서도 다뤘다. 실비아는 쉽게 이길 것이라 판단하고 총기 소지 권리를 옹호하는 편에서 토론에 참여했다.

하지만 토론을 하자 그녀는 철저하게 무너졌다. 전국 규모의 토론 대회에서 4위를 했던 학생이 실비아와 반대 입장에 섰는데 그 학생은 실비아로서는 난생처음 듣는 논지를 펴나갔다. 고향에서는 누구에게도 들은 적 없는 이야기였다.

실비아에게 영향을 미친 두번째 교수는 서구 문명을 가르쳤다. 실비아는 어렸을 때부터 기독교도가 아닌 사람은 전도를 받지 못했거나, 범죄자이거나 마약 중독자라는 이야기를 듣고 자랐다. 그러나 서구 문명 수업을 담당한 교수는 그 말을 반박했다. 그는 기독교도가 아니었지만 착하고 친절한 사람이었고, 실비아가 아는 그 누구보다도 성경 내용을 잘 알았다. 오클라호마에서 알았던 기독교 신자 중에서도 그 교수만큼 성경에 대해 잘 이해하는 사람은 없었다.

그는 십자군 원정의 실상에 대해서, 그리고 기독교가 사람들을 얼마나 탄압했는지에 대해서도 가르쳐주었다. 실비아가 고향에서 배웠던 것과는 완전히 다른 이야기였다.

실비아를 가르친 두 교수 모두 그녀가 잘못 알고 있다고 그녀를 지적하거나, 새로운 사실을 받아들이라고 강요하지 않았다. 누구도 실비아에게 무엇을 해야 한다고, 어떻게 생각해야 한다고 말하지 않았다. 그저 실비아가 모르던 또다른 길이 있다는 사실만 제시해줬다. 세상에는 다른 관점도 있다고 말이다.

서구 문명 수업을 담당한 교수가 특히 실비아의 인식과 다른 이야기를 많이 해주었다. 그렇지만 그가 들려준 이야기는 대부분 실비아의 수용 영역에 들어갔다. 그는 실비아에게도 익숙한 성경 이야기를 많이 해주었다. 하지만 실비아와는 다른 관점의 해석이었다.

실비아는 여전히 공화당 지지자였고, 독실한 기독교 신자였으나 자신이 알던 세계에 의문을 갖게 됐다. 어렸을 때부터 당연시해온 그녀의 신념은 조금씩 흔들렸다.

그러다 남편이 스코틀랜드로 발령이 났다. 실비아는 학사학위도 받지 못한 채 알래스카를 떠났지만, 스코틀랜드에서 지금까지와는 전혀 다른 세상과 만나게 되었다.

그녀는 그곳에서 난생처음 무슬림 친구를 사귀게 됐다. 같은 어린이집에 아이를 보내는 엄마였다. 얼마 후 실비아는 인도 여성과도 친구가 되었다. 세상을 바라보는 실비아의 시야는 더 넓어졌다.

그럴수록 그녀는 혼란스러워졌다. 그전까지의 신앙과 신념은 그녀에게 옳고 그름을 명료하게 보여주었지만, 갑자기 세상사가 그렇게 간단해 보이지가 않았다.

실비아가 미국으로 돌아갈 때 즈음에는 모든 것이 다르게 느껴졌다. 그녀는 미국의 교육 예산이 얼마나 비합리적으로 배정되고 있는지를 알고 충격을 받았다. 그녀도 스포츠를 매우 중시하는 편이었지만, 교육 예산이 스포츠에 과도하게 배정된다는 사실을 알자 화가 났다. 오클라호마주 교사들은 4만 달러 미만의 연봉을 받아 파업을 한다는데 어느 고등학교에서는 풋볼 경기장에 잔디를 다시 깔면서 40만 달러를 쓰는 실정이었다.

그녀는 미국에서 총기 사용 범죄와 사법제도상 조직적인 인종차별이 많이 발생한다는 사실도 알게 되었다. 영국에서 딸을 출산하면서 미국의 의료 서비스가 상당히 부족하다는 사실도 깨닫게 되었다. 교회 목사님들의 설교도 전과는 다르게 들렸다. 그들은 사랑과 공동체의식에 대해 설교했지만, 이는 같은 종교를 가진 사람들에게만 적용됐다.

결국 실비아가 바뀌는 데는 거의 10년이 걸렸다. 실비아는 1992년에는 조지 부시에게, 1996년에는 밥 돌에게 투표했지만 더는 공화당이 자신의 가치관을 대변하지 않는다고 판단했다. 그녀는 사회적 약자들과 경쟁에서 밀린 사람들도 미국 사회가 돌봐줘야 한다고 생각했다. 하지만 이러한 가치관을 공화당에서는 찾을 수가 없었다.

실비아는 2000년 대선에서 민주당의 앨 고어 후보에게 표를 줬다.

이제 실비아는 자신을 민주당 지지자라고 말한다. 그녀는 사회에서 인종차별과 성차별이 사라져야 한다고, 사회가 그 구성원들을 보살필 때 더 나은 사회가 될 수 있다고 믿는다.

그녀는 심각하게 분열된 오늘날 미국의 상황을 매우 안타까워한다. 물론 다른 민주당 지지자들보다는 공화당에 대한 적대감이 덜하고 대부분의 공화당 지지자들의 견해도 상당히 합리적이라고 생각한다. 하지만 공화당 정치인들과 그들이 표를 얻기 위해서 시민들의 공포감을 이용한다는 사실에는 반발한다. 시골 마을에서는 지금도 기독교와 가족이 최고의 가치로 여겨진다. 그렇지만 우리 모두가 한 가족이고, 서로가 서로를 보살펴야 한다는 점을 망각하는 것 같다고 실비아는 생각한다.

좌파에서 우파로 변하다

—

디에고 마르티네스는 캘리포니아주 센트럴밸리에서 성장했다. 정확히는 모데스토로 샌프란시스코에서 동쪽으로 145킬로미터 정도 떨어진 이곳은 블루칼라 노동자들이 많은 세계 최대의 와인 생산지다. 비옥한 농토로 둘러싸인 이 지역에서는 아몬드와 호두를 비롯해 다양한 농산물이 생산된다. 삼분의 일 정도가 히스패닉계나 라틴계인 이곳 주민들은 캘리포니아주 도시보다는 덜한 편이긴 하나 그래도 보수 성향보다는 진보 성향을 더 강하게 보인다.

멕시코 이민자인 부모 밑에서 자란 디에고는 모데스토 주니어 컬리지에서 공부한 후 캘리포니아주 샌디에이고로 이주했다.

디에고는 첫 투표부터 대부분의 친구들처럼 민주당 후보들에게 표를 줬다. 민주당에서는 부부 평등을 강조했고, 사회적 약자를 도와야 한다고 했으며, 미국은 국외에서 일어나는 전쟁에 관여하지 말아야 한다고 목소리를 높였다. 이민자 출신에게 좀더 우호적이기도 했다. 이런 점들을 중시한 디에고는 계속해서 민주당 후보들에게 투표했다. 2008년과 2012년 대선에서는 오바마를, 2016년 대선에서는 힐러리를 지지했다.

하지만 2016년 말부터 디에고는 민주당에서 내세우는 정책들이 거슬렸다. 남녀 간 임금 격차에 관한 오바마 대통령의 발언에 동의할 수가 없었다. 남녀 간에 임금 격차가 존재하긴 하나 오바마 대통령이 지적하는 이유 때문은 아니라고 생각했다. 게다가 오바마가 주창하는 '사회정의'도 디에고로서는 동의하기 힘든 내용이 많았다.

주변 민주당 지지자들의 태도 역시 마음에 들지 않았다. 그 무렵에는 뉴욕시에 살았는데, 그가 아는 민주당 지지자들은 대부분 자신의 도덕적 우월감을 다른 사람들 앞에서 드러냈다. 그들은 자기네가 사회문제에 대한 모든 답을 알고 있다는 식으로 행동했다. 민주당이야말로 모든 사회문제를 누구보다도 더 잘 해결할 수 있다고 했다.

그러면서도 민주당 지지자들은 열린 토론을 허용하지 않으려는 듯했다. 디에고는 무엇보다 이 점이 마음에 들지 않았다. 민주당 지지자인 그의 친구들이나 동료들은 민주당의 진보적인 정책에 전적으로 동조하지 않는다면 인종차별자 혹은 편협한 사람이라고 여겼다. 디에고가 보기에 민주당 지지자들 중 상당수는 현실을 직시하지 못하는 듯했다.

그는 친구들과 동료들에게 배척당한다고 느꼈다. 당연히 그런 상황이 마음에 들지 않았다. 그래서 좀더 넓게 바라보기 시작했다.

그는 정치적 올바름을 비판하기로 유명한 조던 피터슨 토론토대 교수의 강연이나 책을 찾아보았다. 대학에서 학생들을 어떻게 세뇌시키는지에 대해 쓴 보수 성향의 정치평론가 벤 샤피로의 글도 찾아 읽었다. 나심 탈레브의 책에도 관심을 갖게 됐다. 디에고의 수용 영역에 들어 있는 이들의 주장과 저술은 서서히 그를 민주당에서 먼 쪽으로 끌어당겼다.

디에고가 보기에 이들의 주장은 설득력이 있었다. 미국 최고의 지식인들인 이들의 자유 언론, 책임, 자아실현, 역사 등에 관한 견해를 접하며 디에고는 조금씩 생각이 바뀌었다.

특히 나심 탈레브의 책을 읽자 민주당 지지자인 친구들을 향한 막연한 불만을 글로 구체화해준 것 같다는 생각까지 들었다. 탈레브는 인종차별을 하지 말자고 외치는 사람들 가운데 러시아인 택시 운전사와 술이라도 한잔 마셔본 사람이 얼마나 있느냐고 했다. 고상하고 추상적인 관념을 이야기하지만 현실에서 실제로 부딪혀본 사람이 얼마나 되느냐고 했다.

디에고는 민주당 지지자들이, 특히 진보적인 친구들이 다양성과 평등이라는 관념에 지나치게 매몰되어 있어서 국가의 경제나 안보 같은 더 크고 현실적인 문제들을 간과한다고 생각했다. 기후변화의 현실에 대해 이야기할 때는 과학적 증거를 제시하는 친구들이 생물학적으로 남녀가 서로 다르다는 과학적 사실을 애써 무시하자 더는 할말이 없었다.

디에고는 자신의 정치 성향이 보수 쪽으로 변해간다고 자각하게 되었다. 그리고 2017년 여름, 디에고는 공화당원이 되었다.

디에고는 공화당 지지자들과 보수적인 친구들이라고 해서 모두 다 옳다고 생각하지는 않았다. 트럼프의 대통령 당선에 대해서도 불편해했다. 그렇지만 트럼프의 승리가 미국을 망쳐놓는다는 진보 진영의 생각은 옳을까? 디에고 생각에는 그건 너무 과장된 이야기였다. 진보 진영에서는 여전히 정의를 외쳤지만, 그들 가운데 현실세계의 진짜 문제를 해결하기 위해 두 팔 걷고 나서는 사람들은 거의 없었다.

디에고는 해안에 위치한 부유하고 교육 수준 높은 도시만 미국에 속하는 건 아니라고 생각했다. 그는 공화당에서 강조하는 언론의 자유를 중시하는 입장이었다. 좌파 성향의 친구들은 자신과 이념이 다르다며 그에게 등을 돌렸지만, 자기네 정책에 반대해도 우파 성향의 친구들은 그를 인종차별자라고 비난하지 않았다.

실비아와 디에고는 서로 꽤 다른 삶을 살아왔다. 미국 중앙부 지역의 백인 여성인 실비아는 우파에서 좌파로 이동했다. 그리고 서부 해안도시 출신의 히스패닉계 남성인 디에고는 좌파에서 우파로 이동했다.

서로 다른 방향으로 이동했지만 둘 사이에는 상당한 공통점이 있다. 둘 다 곡창지대에서 자랐다는 사실 외에도 말이다.

우선 두 사람 모두 중요 인물에게 영향을 받아 견해를 바꾸게 되었다. 이들에게 영향을 끼친 사람들은 무엇을 하라고 그들을 강요하거나 변화하라고 밀어붙이지 않았다. 그저 리액턴스 효과를 줄여주어 실비아와 디에고가 그전까지 못 보던 것들에 눈을 뜨게 해주었고, 새로운 정보와 견해만 제시해주었다. 대학 교수들과 지식인들은 물론이고, 실비아와 디에고가 일상에서 새롭게 만난 친구들도 마찬가지였다.

게다가 두 사람 모두 서서히 변했다. 두 사람 모두 단번에 도약하지 않았다. 작은 걸음들이 쌓여 변화를 이뤄냈다. 많은 사람들과 몇 달 혹은 몇 년 이상 교류하고 정보를 입수하면서 점점 더 새로운 성향 쪽으로 향했다. 실비아는 이전까지 몰랐던 새로운 세상을 접하게 되면서, 디에고는 토론이 허용되지 않는 분위기에 실망하면서 서서히 변했다.

촉매의 방식으로 그들이 공통적으로 가진 것부터 시작해 거기서부터 길을 만들어 결국 성향을 바꾼 것이다.

이어지는 장에서는 거리감에 이어 변화를 가로막는 또하나의 요인인 불확실성에 대해 이야기할 것이다.

THE CATALYST

4장

불확실성

사람들은
불확실한 상황을 접하면
일시정지한다

Uncertainty

1998년의 어느 날, 전직 마이너리그 야구장 입장권 판매원인 닉 스윈먼은 샌프란시스코의 한 쇼핑몰을 이리저리 헤매고 다녔다. 그는 신발 한 켤레를 찾고 있었는데 그냥 아무 신발이 아니라 에어워크에서 나온 부츠 스타일의 신발이었다.

어떤 가게에는 그가 원하는 스타일은 있었으나 색이 달랐다. 다른 가게에는 원하는 스타일과 색이 있었으나 사이즈가 맞지 않았다. 그렇게 한 시간을 돌아다니다가 결국 지쳐서 집으로 돌아갔다. 빈손이었다. 스윈먼은 크게 실망했지만, 적어도 한 가지는 건졌다. '신발을 사는 더 나은 방법이 있을 거야'라는 깨달음이었다.

1998년 그러니까 인터넷 열풍이 샌프란시스코 일대에 휘몰아치던 때라 스윈먼은 신발 온라인 쇼핑몰을 만들어보기로 했다. 모든 브랜드, 스타일, 사이즈, 색상 등을 아울러 소비자들이 한곳에서 손

쉽게 신발을 찾을 수 있게 만들고자 했다. 얼마간 투자금을 모아 웹사이트를 개설했다. 그렇게 슈사이트닷컴shoesite.com이 시작됐다.

하지만 온라인 사업으로 수익을 창출하기란 쉽지 않았다. 결국 사이트를 개설하고 몇 달 후 회사의 현금이 바닥났다. 스윈먼은 추가로 투자금을 모아봤지만 쉽지 않았다. 매출 신장세가 지지부진한 슈사이트닷컴에 관심 갖는 벤처투자사는 어디에도 없었다.

간단히 말해 신발 온라인 쇼핑몰에 투자하려는 벤처 캐피털리스트는 없었다. 여기저기 찾아다녔지만 그때마다 같은 질문이 돌아왔다. "누가 인터넷에서 신발을 사죠?"

슈사이트닷컴의 유일한 강점이라면 경쟁사가 없다는 것 정도였다. 그만큼 인터넷에서 신발을 산다는 개념 자체가 생소했던 시절이었기에 사업자도, 소비자도 없었다.

오늘날에는 뭐든 인터넷으로 살 수 있다. 신발과 옷은 물론이고, 금융상품, 자동차, 의료 서비스, 심지어는 반려동물도 주문할 수 있다. 어렸을 때부터 스마트폰에서 필요한 정보를 찾으며 자란 요즘 청소년들에게는 인터넷에서 상품을 구입하고 무언가를 하는 상황이 당연하겠지만, 스윈먼이 슈사이트닷컴을 창업하던 시절만 해도 모뎀의 연결음을 들으며 인터넷을 했었다.

온라인 쇼핑이 빠르게 상승세를 타며 우리 일상을 파고들었다고 생각하는 사람들도 있지만, 사실은 전혀 그렇지 않다.

1990년대 말부터 2000년대 초만 해도 전자상거래 시장은 허우적대고 있었다. 사람들의 관심을 받기는 했지만, 매출은 미미했고 이익 창출은 요원했다. 미국에서 상품과 서비스의 거래에 100달러를 사용한다면 온라인을 통한 거래에는 겨우 5센트를 쓰는 상황이었다. 게다가 당시 온라인 거래는 대부분 기업 간 거래였다. 제조업자들이 생산해 도매 거래를 하는 정도였다.

값비싼 슈퍼볼 광고를 진행해 시장의 관심을 끈 펫츠닷컴pets.com은 직원들의 정리해고에 들어갔다. 온라인 기반의 식료품 배달 업체 웹밴Webvan은 기업 가치 10억 달러를 돌파했으나 18개월 만에 문을 닫았다. 2000년 10월부터 11월까지 6주 동안 거의 매일 유명 닷컴기업이 문을 닫았다는 소식이 전해졌다.

이 무렵에는 아마존마저도 비참한 상황이었다. 1999년 사분기에 아마존은 3억 2300만 달러 적자를 기록했고, 2000년에는 연중 고점 대비 83퍼센트 이상 하락한 주가로 한 해를 마감했다.

문제는 사람들이 직접 오프라인 매장에서 상품을 구입하려고 한다는 것이었다. 무언가가 필요하면 사람들은 차를 몰고 가까운 상점에 가서 진열대를 둘러보며 필요한 물건을 찾았다.

어쩌면 이는 최선의 쇼핑법이 아닐지도 몰랐다. 게다가 효율적이지도 않았다. 하지만 이러한 소비 습관은 사람들에게 익숙하면서도 안전했다.

슈사이트닷컴이 성공하려면 스원먼은 사람들의 소비 습관을 바

꿔야만 했다. 이를 위해서는 '불확실성세uncertainty tax'라고 불리는 무언
가를 이겨내야 했다.

불확실성세

—

몇 년 전 겨울, 내가 사는 미국 북동부 지역에 혹독한 추위가 찾아
왔다. 북극의 차가운 바람 때문에 기온이 계속 내려가자 따뜻한 남
쪽 지방에서 며칠 지내다 와야겠다는 생각이 들었다.

마이애미 정도가 딱 좋아 보였다. 2월에도 기온이 25도를 오르내
리고, 날씨는 맑은 지역이니까. 게다가 멋진 해변도 있고, 음식도 맛
있는 곳이라 마이애미로 정하고 호텔을 찾아보기로 했다.

여러 웹사이트들을 검색해본 뒤 최종 후보지로 호텔 두 곳을 추
렸다. 둘 다 발코니가 있는 바다 전망의 숙소였고 가격도 비슷했다.

호텔방의 상태 정도가 차이날 뿐이었다. A호텔은 10년이나 20년
쯤 전에 전체 리노베이션을 해서 방 상태가 대체로 괜찮았다. 경탄
할 정도는 아니었지만, 어쨌든 방 때문에 실망할 일은 없었다.

B호텔은 그보다는 최근에 부분적으로 인테리어를 새로 진행했
다. 새로 인테리어한 구역의 방들은 가구와 카펫도 고급스러웠고 제
품도 새것이 놓여 있었다. 하지만 다른 구역의 방들은 수리한 지 오
래돼 우중충해 보였고 가구와 침대도 한물간 제품이었다.

B호텔의 깨끗하고 고급스러운 방에 묵을 수 있다면 결정이 쉬울 터였다. 하지만 B호텔에 전화해보니 어떤 방에 묵게 될지는 어느 방 투숙객이 먼저 체크아웃하느냐에 달려 있다고 했다. 새로 인테리어 한 방에 묵고 싶다는 나의 요청을 기록은 해두겠지만 보장은 못 한다고 했다.

나는 고민에 빠졌다. A호텔에 예약을 하여 확실하게 깨끗한 방에 묵을 것인가, B호텔에 예약을 해서 도박을 할 것인가. 내가 원하는 방에서 묵을 수도 있지만, 여행 내내 마음에 안 드는 방에서 지낼 수도 있었다.

여러분이라면 비슷한 상황에서 어느 쪽을 택하겠는가? 확실한 것을 취하겠는가, 위험 부담을 떠안고 더 나은 것에 도전하겠는가?

지금까지 과학자들은 이와 같은 상황에서 사람들이 어떤 선택을 내리는지에 관하여 수백 건까지는 아니어도 여러 차례 연구해왔다. 사람들에게 좋은 것을 확실하게 취할 수 있는 선택지 혹은 불확실하나 더 좋은 것을 취할 수도 있는 선택지를 제시한 뒤 어떤 결정을 내리는지 관찰해보았다.

예를 들어 확실하게 30달러를 가져갈 수 있는 쪽인지 혹은 80퍼센트의 확률로 45달러를 가져가거나 20퍼센트의 확률로 한푼도 못 가져가는 쪽인지 고르게 했다.

마이애미 호텔에 대한 선택과 달리 이 경우 각 선택의 가치를 쉽게 계산할 수 있기에 '옳은' 답을 할 수 있거나 철저히 이성적인 사람이라면 어떻게 반응할지 예상 가능하다. 기대 이익은 도박하는 쪽이 더 크다. 후자를 선택해서 열 번 진행하는 경우 여러분은 45달러를 여덟 번 가져간다. 물론 두 번은 한푼도 가져가지 못하지만 대부분의 경우 보장된 30달러보다 이익이 크다.

몇 차례는 아무것도 못 얻는다는 점을 고려해도 도박을 하는 쪽이 여전히 더 낫다. 10회 진행하는 경우 도박을 하는 쪽은 45달러씩 여덟 번, 즉 360달러를 가져간다. 하지만 확실한 선택을 하는 쪽은 30달러씩 열 번, 즉 300달러를 가져간다.

여러분이라면 이런 상황에서 어떤 선택을 하겠는가? 보장된 30달러인가, 아니면 도박을 걸겠는가?

대부분의 사람들은 결과가 확실한 쪽을 선택한다. 보장된 30달러를 고른다. 심지어는 기대 이익이 작은데도 이쪽을 선택하는 사람들이 훨씬 더 많다.

왜 그럴까? 사람들에겐 위험 회피 성향이 있기 때문이다. 사람들은 자신이 하는 일의 결과가 확실한 편을 더 좋아하며, 일의 결과가 긍정적인 방향이라면 계속해서 그편을 선택하려고 한다.★ 위험을 감수하는 쪽의 기대 이익이 더 크더라도 그렇다.

★ 위험 회피 성향은 특히 긍정적인 결과나 이익을 확실하게 취할 수 있을 때 나타난다. 반면 부정적인 결과나 손해가 확실한 경우 사람들은 위험을 적극적으로 수용한다. 적은 액수의 돈을 확실하게 잃는 편을 선택하기보다는 돈을 전혀 잃지 않을 가능성을 위해 더 많은 액수의 돈을 잃을 위험을 감수한다.

최근에 인테리어를 진행한 B호텔의 방에 묵을 수만 있다면 더할 나위가 없다. 그렇게만 된다면 너무나 만족스러운 휴가가 될 것이다. 그러나 B호텔의 낡은 방에 묵는다면 매우 실망스러울 것이다. 이러한 위험을 떠안고 B호텔을 선택할 만한 가치가 있을까?

이와 같은 불확실성에 따른 평가 절하를 '불확실성세'라고 부른다. 불확실한 쪽이 선택을 받으려면 확실한 쪽보다 훨씬 더 큰 가치를 제공해야 한다. 인테리어를 새로 한 호텔방의 고급감과 만족감이 훨씬 더 큰 경우일 때만 불확실성을 떠안고 B호텔을 선택하게 된다. 도박을 하는 쪽의 기대 이익이 훨씬 더 큰 경우에만 사람들은 불확실성을 떠안고 도박을 선택한다.

이런 '불확실성세'는 대다수의 사람들이 상상하는 것보다 훨씬 더 클 수도 있다.

2000년대 초, 시카고대 연구원 세 사람이 한 그룹의 사람들에게 50달러짜리 기프트카드를 사는 데 얼마를 지불할 용의가 있느냐고 물었다.[1] 특정 쇼핑몰에서만 사용 가능한 기프트카드로 구입 후 2주 내로 사용해야 했다.

이에 사람들은 평균 26달러 정도라고 대답했다. 어떤 이들은 특정 쇼핑몰에서만 사용해야 한다는 점을, 다른 이는 2주 이내 사용이라는 제약을 꺼렸다. 이러한 점들을 고려해 액면가의 절반 정도만 지불하겠다고 대답했다.

이번에는 다른 그룹의 사람들에게 100달러짜리 기프트카드를 사는 데 얼마를 지불할 용의가 있느냐고 물었다. 마찬가지로 특정 쇼핑몰에서, 구입 후 2주 이내에 사용해야 한다는 제약이 있었다. 이번에도 사람들은 평균 45달러 정도라고 대답했다. 이보다 더 높은 가격을 말한 사람도, 더 낮은 가격을 말한 사람도 있었지만, 사람들은 이 기프트카드에 적용되는 제약이 마음에 안 든다며 액면가의 절반 정도를 지불하겠다 했다.

두 실험 결과 모두 그리 놀랍지 않았다.

연구원들은 세번째 실험에는 약간의 불확실성을 적용했다.[2] 세번째 그룹의 사람들에게는 50퍼센트의 확률로 50달러짜리 기프트카드를 따거나, 50퍼센트의 확률로 100달러짜리 기프트카드를 딸 수 있는 복권을 제시했다. 사람들은 이 복권을 구입하는 데 얼마를 지불하겠다고 대답했을까?[3]

결과를 보기에 앞서 여러분도 한번 생각해보라. 50달러짜리 기프트카드와 비교해볼 때 이 복권에 사람들은 얼마를 지불하려고 할까? 50달러짜리 기프트카드를 사는 값 정도를 지불할까? 아니면 그보다 조금 더 많이 혹은 더 적게 지불할까?

이와 같은 복권의 가격을 '합리적으로' 생각해보면 가장 낮은 기대 이익과 가장 높은 기대 이익, 그 중간 어디쯤에 가격이 형성된다고 예상할 수 있다.

중고차를 구매하는 경우를 생각해보라. 시장에서 1만 달러 정도에 거래되는 중고차가 있는데, 그 차를 구입하면 조만간 1천 달러를 들여 타이밍벨트를 교체해야 한다. 그렇다면 이 차를 구입하려는 사람은 대부분 9천 달러와 1만 달러 중간 정도 되는 가격을 지불하려고 할 것이다.

어떤 사람은 타이밍벨트를 언제 교체해야 할지 모르니 9500달러면 가격이 적정하다고 말할 수도 있다. 그리고 어떤 사람은 타이밍벨트를 교체해야 한다는 건 확실하니 9천 달러에 가까운 가격이(예컨대 9250달러가) 적정하다고 말할 수도 있다. 어쨌든 이 중고차 가격은 9천 달러와 1만 달러 그 사이에서 결정될 것이다. 최상의 결과와 최악의 결과 사이에서 말이다.

기프트카드 문제에도 같은 논리가 적용돼야 한다. 이 복권을 구입했을 때 50달러짜리 기프트카드가 나올 수도, 100달러짜리 기프트카드가 나올 수도 있다. 하지만 가장 낮은 기대 이익은 50달러 기프트카드니까 최소한 그에 해당하는 돈을 지불해야 할 듯하다. 최소한 그래야 합리적인 판단인 듯하다.

그러나 실험 결과는 예상과 달랐다.

연구자들이 데이터를 분석해보자 전혀 반대의 결과가 나왔다. 사람들은 복권에 돈을 더 내려 하지 않았다. 조금이라도 말이다. 심지어는 똑같은 금액을 지불하려고 하지도 않았다. 이 복권에 대해 사람들은 평균 16달러 정도를 내겠다고 했다. 100달러짜리 기프트카드에는 45달러를, 50달러짜리 기프트카드에는 26달러를 지불하겠

다고 했으면서 복권은 50퍼센트보다도 더 낮은 16달러 정도로 가격을 매겼다.[4]

연구원들은 이 같은 결과를 '불확실성세' 효과라고 해석했다.

기프트카드 구매에 값을 매긴 사람들은 자기네가 뭘 얻는지 정확히 파악하고 있었다. 이들은 일정 금액의 돈을 일정 금액의 기프트카드로 교환한 셈이었다.

그러나 복권을 구입하는 사람들에게는 이와 같은 확실성이 결여되어 있었다. 그들은 어떤 결과가 나올지 예측할 수 없었다. 둘 다 결과가 괜찮기는 해도 어쨌든 불확실한 거래였다. 이 때문에 사람들은 복권의 가격을 평가 절하했다.

변화는 거의 예외 없이 어느 정도는 불확실성을 수반한다. 온라인으로 신발을 구매해도 괜찮을까? 온라인 쇼핑이 나의 시간과 노력을 아껴줄까? 혹시 문제가 생겨서 더 골치 아파지지 않을까? 온라인으로 주문하면 나에게 맞는 사이즈의 신발이 올까? 컴퓨터 모니터로 본 신발이 정말로 내 마음에 들까? 확실하게 장담할 수 없다.

게다가 사람들은 불확실성을 싫어한다. 나쁜 기상상황이나 상한 우유, 그 밖의 다소 짜증나는 요소들처럼 싫어하는 게 아니다. 사람들은 불확실성을 정말로 싫어한다. 사람들은 불확실성을 피하기 위해서라면 상당한 비용을 기꺼이 지불한다.

사람들은 확실하게 발생하는 나쁜 결과보다도 불확실성을 더 싫어한다. 약속 시간에 늦는다는 게 확실해져도 기분이 별로지만, 약속 시간에 늦을지 아닐지 아직 불확실할 때 기분이 더 안 좋다. 직장에서의 해고되는 상황도 기분이 안 좋지만, 해고될지 아닐지 아직 불확실할 때 더 안 좋다.

결과적으로 어떤 변화가 더 많은 불확실성을 동반할수록 사람들은 이를 더욱 기피한다. 제품이든, 서비스든, 사업 구상이든, 더 애매할수록 사람들은 그를 더욱 낮게 평가한다. 기프트카드보다 복권을 더 낮게 평가하는 것처럼 말이다.

정원 관리 회사가 갈반병을 고칠 수 있는지 없는지 장담해주지 않는다면 어떨까? 사람들은 그 회사를 이용하지 않는다. '틀을 벗어난 사고방식'에 대해 보상을 할지 안 할지 경영진이 명확하게 밝히지 않는다면 어떨까? 직원들은 전부터 해오던 대로 업무를 계속할 것이다.

불확실성은 새로운 도전이나 새로운 구매의 가치를 낮춘다. 그렇기에 사람들은 변화를 기피하게 된다.

새로운 것의 가치를 낮추는 일이 충분히 이뤄지지 않는 경우, 불확실성은 또다른 장벽을 만들어낸다. 불확실성은 종종 의사결정 자체를 멈춰버린다.

일시정지 버튼 누르기
—

스탠퍼드대 학생들을 대상으로 이뤄진 유명한 심리학 실험이 있다. 연구원들은 실험에 참가한 학생들에게 어려운 자격시험을 막 치렀다고 가정해보자고 했다.[5]

지금은 학기말로 여러분은 매우 지쳐 있는 상태에서 자격시험 합격 소식을 들었다. 마침 초특가로 판매되는 괜찮은 구성의 닷새짜리 하와이행 크리스마스 여행 상품을 발견했다. 오늘까지만 유효한 특별가다. 여러분은 어떻게 하겠는가?

(a) 이 여행 상품을 구매한다.

(b) 이 여행 상품을 구매하지 않는다.

(c) 환불이 안 되기는 하나 하루 5달러씩 예약금을 걸어두고 여행 상품을 구매할지 말지 고민한다.

(a)와 (b)는 여행 상품 구매를 당장 결정한다. 그리고 (c)는 결정을 뒤로 미룬다. 행동하기보다는 판단을 유보하고 선택 혹은 행동을 연기한다.

대부분의 학생들은 여행 상품을 구매한다고 답했다. 구매하지 않는다고 하거나 나중에 선택하겠다는 이들도 일부 있었지만, 대다수는 여행 상품을 구매하겠다고 답했다.

두번째 그룹의 학생들에게도 비슷한 시나리오를 제시했다. 하지만 한 가지 차이가 있었다. 자격시험에 불합격했고, 크리스마스가 지나고 두 달 후 재시험을 봐야 한다는 시나리오였다.

자격시험에 불합격한 두번째 그룹 학생들도 대부분 똑같이 선택했다. 상당수가 여행 상품을 구매하겠다고 답했다.

이는 타당한 선택이었다. 자격시험에 합격한 학생들은 보상 차원에서 자축하기 위해 하와이 여행을 가겠다고 했다. 자격 시험에 불합격한 학생들은 위로 차원에서 하와이 여행을 결정했다. 휴식을 취하고 원기를 충전한 뒤 재시험을 준비하겠다고 했다. 이유는 달랐지만 둘 다 결국 같은 결정을 내렸다.

또다른 시나리오가 제시된 세번째 그룹 학생들도 있었다. 이들은 자격시험에 합격했는지 불합격했는지 그 결과를 몰랐다. 시나리오에 불확실성이 부여된 것이다. 만약 시험에 불합격한다면 두번째 그룹과 마찬가지로 두 달 후 재시험을 치른다고만 이야기해주었다.

자격시험에 합격을 해도 여행 상품을 구매하겠다고 답했고, 불합격을 해도 여행 상품을 구매하겠다고 답했다면 합격했는지 불합격했는지는 그리 문제되지 않는 게 아닐까. 시험 결과가 불확실하더라도 계속해서 휴가를 간다고 선택하지 않을까.

그러나 시나리오에 불확실성이 부여되자 학생들의 선택은 달라졌다. 대부분의 학생들이 시험 결과를 확인할 때까지 판단을 미루겠다고 했다. 행동에 옮기기보다는 아무것도 택하지 않기로 한 것이다.

이 실험에서도 나타났듯이 불확실성은 일시정지 버튼과 같다. 사람들의 판단과 행동을 멈추게 만든다.

그렇기에 현상황에서 혹은 사람들이 이전에 어떻게 했든 간에 불확실성이 클 때는 마음을 움직이기가 어렵다. 불확실성을 느끼면 사람들은 새로운 시도를 하거나 앞으로 나아가려 하지 않고 늘 하던 방식을 유지하며 상황을 지켜본다. 사람들이 움직인다고 해도 이는 불확실성이 해소된 다음의 일이다.

온라인 쇼핑이 더 나은 방식인지 불확실하다면 어떨까? 사람들은 전부터 해오던 대로 차를 몰고 상점가로 가서 쇼핑을 한다. 새로운 프로젝트가 추진할 만한 가치가 있는지 불확실하다면 어떨까? 더 확실해질 때까지 프로젝트는 보류된다.

새로운 것은 거의 예외 없이 불확실성을 수반한다. 그리고 새로운 방식이 더 낫다고 확신할 때까지 사람들은 지금까지와 같은 안전한 방식에 머물려고 한다.

자동차 경주에서의 주의 깃발 혹은 고속도로에서의 공사 신호처럼 불확실성은 변화의 속도를 크게 늦춘다.[6] 일단 액셀러레이터에서 발을 뗀 다음 잠시 쉬면서 상황을 파악하게 만든다.

그렇다면 사람들을 일시정지시키지 않으려면 어떻게 해야 할까?

직접 시험해보게 하라

―

불확실성을 없애거나 줄이려면 어떻게 해야 할까? 이 질문에 대한 답은 전혀 다른 분야인 잡종 옥수수 품종에서 찾을 수 있다.

에버렛 로저스는 1931년 아이오와의 한 농가에서 태어났다. 대공황시대 초입으로 모두가 어려움을 겪었던 시기였지만, 아이오와 농촌에서의 삶은 특히 더더욱 힘들었다. 로저스의 집은 난방도 못했고, 수도와 전기도 들어오지 않았다. 어린 로저스는 방과후 집에서 기르던 닭에게 먹이를 주고 소젖을 짜고, 그 외에 어린아이가 할 수 있는 허드렛일을 도맡으며 집안일을 도왔다.

그런 로저스에게 대학 진학은 인생의 우선순위에 놓이는 일이 아니었다. 하지만 고등학교 3학년 때 한 선생님 그리고 몇몇 친구들과 함께 아이오와주립대를 구경한 뒤 생각이 바뀌었다. 그때 대학교를 처음 구경해본 로저스는 그런 곳에서 공부해보고 싶다는 생각이 들었다. 결국 아이오와주립대에 진학해 농업을 전공하게 됐다.

대학생이 된 그는 방학이면 집에 돌아가 농사일을 도왔다. 그러면서 대학에서 배운 최신 농업기술과 정보, 그러니까 다양한 작물들을 바꿔가면서 재배하는 윤작의 장점이나 농업 생산량을 높여주는 효율적인 경작방식 등을 알려주었다.

그러나 사람들은 로저스의 조언을 대부분 무시했다. 가뭄에 강하고 생산량도 25퍼센트 더 많은 잡종 옥수수 품종으로 바꾸자고 제안도 했지만 그의 아버지는 받아들이지 않았다.

로저스는 왜 그러는지 이해할 수가 없었다. 어쨌거나 그는 공부를 계속하여 석사학위를 받았고, 아이오와주립대에서 박사과정을 밟게 됐다.

로저스가 박사과정에 들어가기 몇 년 전, 로저스의 아버지가 무시했던 바로 그 잡종 옥수수 품종에 대해 아이오와주립대의 두 교수가 연구를 진행했었다. 약 이백오십 명 이상의 아이오와주 농부들을 대상으로 조사해보니 잡종 옥수수 품종이 기존의 옥수수 품종보다 (조금 전에도 이야기했듯이 가뭄에 더 강하고 생산량도 더 많아) '훨씬' 괜찮은 선택이었음에도 조사 대상이었던 모든 농부들이 이 품종을 받아들이는 데는 무려 13년이 걸렸다. 게다가 농부들이 잡종 옥수수 품종만 재배할 때까지는 최초의 수용 이후 거의 10년이 더 걸렸다.

이 연구 결과에 큰 흥미를 느낀 로저스는 개선된 제초제의 농가 보급에 대해 비슷한 연구를 진행해보기로 결정했다.

그는 연구를 위해 참고 도서들을 읽으면서 농업 분야만이 아니라 다른 분야에도 비슷한 의문에서 시작된 연구가 여럿 존재한다는 사실을 알게 되었다. 새로운 교육 프로그램의 확산이나 신약의 시장 안착에 어떤 요소들이 영향을 미치는지에 관한 연구들이었다.

로저스는 다양한 분야에서 이러한 유사성을 보고는 이를 토대로 일반적인 '확산' 모델을 정립했다. 이 모델은 농업 개혁의 확산만이 아니라 새로운 혁신, 새로운 기술, 새로운 사상 등의 확산을 일반화해 설명해줬다. 소비자, 직원, 교사 등 누구든 이런 새로운 것의 보급 대상이 될 수 있었다.

그는 이 모델을 논문심사위원회에 제출했다. 하지만 회의적인 반응이 돌아왔다. 혁신의 내용도 다르고, 대상도, 장소도, 문화도 제각각인데, 어떻게 똑같은 요인들로 좌우되느냐는 반응이었다. 논문심사위원회에서는 로저스의 모델을 두고 지나친 일반화라고 했다.

바로 그날, 학교에서 나오던 로저스는 한 논문심사위원과 마주쳤다. 벤치에 앉아 책을 읽고 있던 그 교수는 로저스를 보고 이렇게 말했다. "위원회로서는 자네의 확산 모델이 갖는 그 일반성에 의문을 제기할 수밖에 없네. 하지만 그 이론을 정리해 책으로 낸다면 정말 재미있을 것 같네."

오늘날 에버렛 로저스가 쓴 『혁신의 확산 Diffusion of Innovations』은 사회과학 분야의 명저로 통한다. 사회과학 분야에서 두번째로 많이 인용된 책으로 마케팅, 경영관리, 공학, 경제학, 공공정책 등 수많은 분야에서 거의 10만 회가량 인용되었다고 한다.

이 책에서 에버렛 로저스는 새로운 혁신, 기술, 사상 등이 얼마나 빠르게 수용되는지는 다섯 가지 요소로 결정되며 이를 통해 확산의 최대 87퍼센트가 설명된다고 했다. 잡종 옥수수 품종, 현대 수학, 냉장고, 심지어 인터넷에 이르기까지 다양한 분야를 살피며 로저스는 왜 어떤 것들은 크게 성공하고 왜 어떤 것들은 천천히 확산되는지 설명한다.

로저스는 이 요소들 중에서도 새로운 것의 확산을 결정하는 가장 중요한 요소로 '시험 사용 가능성'을 꼽았다.

간단히 말해 '시험 사용 가능성'이란 얼마나 쉽게 어떤 상품이나 기술을 사용해볼 수 있느냐다. 제한적으로나마 말이다.

몇몇 상품, 서비스, 아이디어는 시험 사용해보기가 쉽다. 예를 들어 누군가가 여러분에게 새로 나온 블로그 서비스에 대해 알려주고 링크를 보내준다면 여러분은 비교적 손쉽게 해당 블로그 서비스를 살펴볼 수 있다. 클릭 한 번만 해도 디자인은 어떤지 해당 블로그 서비스로 무엇을 할 수 있는지, 그게 마음에 드는지 확인해볼 수 있다.

새로 나온 종이타월도 마찬가지다. 종이타월은 값싸고, 쉽게 구할 수 있고, 사용법을 따로 배우지 않아도 되기 때문에 부담없이 직접 사용해볼 수 있다.

반면 새로 출시된 재정자문가를 위한 관리 소프트웨어 같은 경우는 성격이 다르다. 재정자문가가 이런 소프트웨어로 바꾸려면 사전에 시간을 들여 정보를 수집하고 분석해야 하고, 고객들의 동의도 얻어야 한다. 게다가 이런 소프트웨어는 실제 업무에서 사용해봐야 정말로 시간과 비용을 절약해주는지 확인할 수 있다. 시험 사용을 해보기가 힘든 것이다.

'시험 사용 가능성'이 클수록 사람들은 좀더 많이 그걸 써보고 더 빠르게 확산된다.[7] 어떤 약물이 임상시험에 참여해 약물치료 프로그램에서 쓰인다면 해당 약물을 채택할 가능성이 통상적인 경우보다 다섯 배 높다고 한다. 새로운 교수법이 나왔을 때 교수들에게 이 교수법을 미리 해보게 하면 교수들이 이를 채택할 가능성은 매우 커진다고 한다. 인터넷 뱅킹, 클라우드 컴퓨팅, 농업 신기술, 컴퓨터 게임 등 다른 연구 분야를 살펴봐도 마찬가지로 '시험 사용 가능성'은 채택에 있어서 중요하고 의미 있는 요소다.

'시험 사용 가능성'은 불확실성을 줄이기 때문에 효과적이다. 새로운 것을 직접 경험하고 평가하면 이에 좀더 쉽게 접근하게 된다.

하지만 '시험 사용 가능성'은 고정적으로 나타나지 않는다. 다른 것보다는 더 쉽게 시도 가능한 특정 상품, 서비스, 계획, 그리고 아이디어가 존재하긴 하나 똑같은 것 내에서도 '시험 사용 가능성'을 높이는 방법이 있다. 사람들의 마음을 바꾸는, 사람들을 멈추지 않게 이끄는, 사람들이 새로운 것을 사용하고, 지지하고, 구입하게 이끄는 방법이 있다.

그렇다면 시험 사용을 통해 불확실성을 어떻게 줄일 수 있을까? 다음의 네 가지 방식을 제시한다. (1) 무료 비즈니스 모델을 활용하라 (2) 초기 비용 부담을 줄여줘라 (3) 모르는 사람들에게 알려줘라 (4) 취소를 허용하라.[8]

무료 비즈니스 모델을 활용하라
—

우버, 에어비앤비, 드롭박스처럼 기업 가치 10억 달러 이상의 비상장 스타트업을 '유니콘 기업'이라고 부른다. 파일 호스팅 회사인 드롭박스는 창업한 지 10년이 채 안 돼서 전 세계 오억 명 이상의 등록 유저를 보유하게 되었고, 이십만 개 이상의 기업과 조직에서 드롭박스를 사용해 기업 가치는 10억 달러 이상으로 평가된다.

하지만 드롭박스가 순조롭게 성장했던 것은 아니다.

창업하고 처음 서비스를 개시했을 때만 해도 고객이 그리 많지 않아 애를 먹었다. 드롭박스는 혁신적이고 편리한 솔루션을 제공했지만, 대부분의 사람들은 이를 알지 못했다. 드롭박스 창업 초기만 하더라도 사람들은 파일이나 사진과 각종 디지털 콘텐츠를 자신의 데스크톱에 보관했기에 이를 클라우드 기반의 서비스에 보관한다는 개념을 쉽게 받아들이지 못했다. 몇 시간 동안 작업을 해서 컴퓨터 문서를 완성했을 때, 사람들은 무엇보다도 파일을 날릴까봐 걱정한다. 소중한 가족사진도 마찬가지다. 그리고 이러한 파일을 컴퓨터 본체나 외부장치에 저장해둔다면 어느 정도 안심할 수 있지만 클라우드는 이해하기도 어렵고, 모호하기만 하다. 드롭박스는 물론 충분한 저장 공간과 쉬운 접근방식을 제공한다고 약속한다. 하지만 드롭박스의 서버에 문제가 발생하면 어떻게 되는 걸까?

드롭박스의 CEO는 마케팅 전문가를 고용하거나 인터넷 검색사이트에 광고를 내볼까도 고민했지만, 아직 드롭박스의 이익 수준은 미미했고 투자금도 많이 회수하지 못한 상황이었다. 그래서 드롭박스는 자기네 서비스가 얼마나 좋은지에 대해서 사람들을 설득하는 것 대신 다른 방식을 찾았다.

바로 서비스의 무료 사용이었다.

언뜻 생각해보면 부작용을 유발할 만한 방법이었다. 자사 서비스를 무료로 제공한다고? 성공적인 비즈니스의 기본 법칙에 위배되는 행동 같았다. 여덟 살짜리 꼬마라도 장사를 할 때는 자기가 만든 상품을 공짜로 베풀지 않는다. 이윤을 목적으로 하는 회사가 왜 자기네 제품이나 서비스를 무료로 나눠줄까?

하지만 드롭박스의 이 방법은 먹혀들었다.

서비스를 무료로 제공하자 두 달 만에 사용자가 두 배 이상 늘었다. 그리고 1년이 채 되지 않아 사용자가 거의 열 배 늘었다. 이내 드롭박스의 매출액은 폭발적으로 증가했다.

드롭박스가 사용한 방식은 일명 프리미엄freemium이라는 비즈니스 모델이다. 일단 가입을 하면 무료로 서비스가 제공된다. 파일을 저장하고 사진을 업로드하고, 다양한 부가 기능을 사용할 수 있다. 단 한푼도 내지 않고 말이다.

왜 소비자들이 프리미엄 비즈니스 모델을 좋아하는지는 명확했다. 세상에 공짜를 싫어할 사람이 어디 있겠는가?

하지만 기업 입장에서 프리미엄 비즈니스 모델은 기업 가치를 높일 수 있는 방법이다. 공짜로 제공하면 더 많은 사람들이 사용하게 되니 말이다.

드롭박스가 혁신적이고 편리한 서비스를 제공한다는 이야기를 듣더라도 매월 20달러 혹은 10달러 심지어는 5달러라도 사용료를 내야 한다고 말하면 사람들은 고맙지만 괜찮다고 사양할 것이다. 새로운 서비스를 사용하려면 노력을 들여 새로운 사용법을 익혀야 하는데, 여기에 매달 사용료까지 내야 한다면 고객 입장에서는 너무 부담스럽다. 아무리 현상황이 불만스럽더라도 말이다.

하지만 드롭박스는 무료로 서비스를 제공해주어 이러한 부담을 약간이나마 줄였다. 물론 여전히 모든 파일을 각자 업로드하고 새로운 시스템을 익혀야 하지만 무료 서비스니까 일단 가입해서 둘러보게는 되었다.

프리미엄 비즈니스 모델의 영향력이 이게 전부라면 아쉬울 수 있다. 새로운 고객을 늘리는 일도 중요하나 결과적으로 비즈니스의 최종 목표는 수익 창출이니 말이다.

그래서 프리미엄 비즈니스 모델은 서비스를 무료로 제공하는 데서 그치지 않고 두번째 단계로 넘어간다.

'프리미엄'은 '프리free'와 '프리미엄premium'의 합성어다. 기본적인 서비스는 무료로 제공하되, 업그레이드 서비스나 고급 버전은 결국 비용을 내야 이용 가능하다는 게 이 비즈니스 모델의 본질이다.

드롭박스의 경우 일반 사용자가 충분하게 이용할 만큼의 무료 저장 공간을 제공한다. 대용량 문서 파일과 파워포인트 파일은 물론이고, 사진과 동영상도 충분히 저장할 수 있다.

그렇기 때문에 일단 드롭박스 이용을 시작한 사람들은 계속해서 습관처럼 이를 사용한다. 예전에는 파일을 저장할 때 메모리스틱이나 외장하드를 사용했지만, 이제는 파일을 저장할 용량을 충분히 무료로 제공해주는 드롭박스를 애용한다. 그러다보면 드롭박스를 통해 파일 공유를 하고, 그룹 프로젝트의 웹호스트로도 사용하고, 가장 소중한 디지털 콘텐츠까지 드롭박스에 저장한다.

하지만 이렇게 드롭박스를 사용하다보면 결국 저장 공간이 부족해진다. 무료로 제공되는 용량만으로는 충분치 않아 저장 공간을 추가하려고 하면 혹은 추가적인 기능을 사용하려고 하면 사용료를 지불하고 유료 버전으로 업그레이드를 해야 한다.★

★ 프리미엄 비즈니스 모델은 이른바 전환 비용 때문에 이익을 본다. 시간과 에너지를 들여 일단 드롭박스에 방대한 자료를 저장해놓고, 드롭박스의 기능들을 사용하는 데 익숙해지면 다른 경쟁 서비스로 옮겨갈 가능성은 크게 줄어든다. 다른 경쟁 서비스에서 무료 저장 공간을 두 배 더 제공한대도 여간해서는 옮기지 않는다. 프리미엄 비즈니스 모델과 유사한 것으로 면도기-면도날 비즈니스 모델이 있다(물론 면도기-면도날 비즈니스 모델의 경우 초기 비용이 완전 무료는 아니다). 면도기 회사들은 자사 면도기를 매우 싸게, 때로는 무료로 소비자들에게 제공한다. 소비자들을 자사 플랫폼으로 유인하는 것이다. 일단 소비자들이 특정 회사의 면도기에 적응하게 되면 소비자들은 그 회사의 면도날을 사용할 수밖에 없다. 그대로 특정 플랫폼에 갇힌다. 그런 다음 면도기 회사들은 비싼 가격에 면도날을 판매한다. 질레트의 창업자 킹 캠프 질레트는 이런 말을 했다. "면도기는 그냥 주고, 면도날을 팔아라." 하드웨어-소프트웨어 호환도 마찬가지다. 새로운 비디오게임이 만들어지면 회사들은 자사의 플랫폼을 매우 싼 가격에, 심지어 손해를 보면서 판매한다. 자사의 플랫폼을 사용하는 비디오게임 소비자들을 많이 늘려놔야 게임을 팔아 많은 돈을 벌 수 있기 때문이다.

프리미엄 비즈니스 모델은 사용자에게 어떤 서비스가 제공되는지 경험해볼 시간과 공간을 제공한다. 물론 어떤 고객들은 파일 하나만 올리고 그만둘 수도 있다. 하지만 그 서비스가 마음에 든다면 고객들은 두 번, 세 번, 거듭 서비스를 재이용할 것이다. 그러다보면 서비스의 가치를 인정하게 된다.

드롭박스는 자신들의 서비스가 얼마나 훌륭한지 선전하며 사람들을 끌어모으지 않았다. 대신 사용자 스스로가 그 효용을 납득했다. 왜냐하면 그들은 이미 드롭박스 서비스를 사용해보고 이를 좋아했기 때문이다.

드롭박스만이 아니다. 수많은 기업들이 프리미엄 비즈니스 모델을 활용해 성공을 거뒀다. 캔디크러시라는 게임은 무료로 배포되지만, 일정 레벨 이상까지 게임을 하거나 게임에서 특정 기능을 이용하려면 요금을 별도로 내야 한다. 뉴욕타임스 온라인 서비스는 한 달에 기사를 열 개까지는 무료로 읽을 수 있지만, 더 많은 기사를 읽으려면 구독료를 내야 한다. 판도라, 스카이프, 링크트인, 이바이트, 스포티파이, 서베이몽키, 워드프레스, 에버노트 등도 이러한 비즈니스 모델을 통해 시장에서 자리를 잡고 성공할 수 있었다.[9]

프리미엄 비즈니스 모델이 소비자들을 기만하는 방식으로 진행되어서는 안 된다. 드롭박스는 처음에는 무료라고 소비자들을 유인해놓고 몇 개월 후에는 월 이용료를 부과하는 식으로 소비자들의 뒤통수를 치지 않았다. 낚시질을 좋아할 사람은 아무도 없다.

드롭박스에서는 사용자들이 업그레이드 서비스를 선택하는 경우에만 요금이 부과된다. 더 많은 저장 공간, 추가적인 기능, 더 넓은 확장성 등을 원할 때만 비용을 내고 이를 선택하면 됐다.

프리미엄 비즈니스 모델이 작동하려면 고객들이 유료 업그레이드를 진행하도록 설계해야 한다. 리액턴스 효과를 다룬 1장에서 논의한 내용과도 일맥상통하는데, 고객들에게 유료 서비스의 선택을 강요하기보다는 고객들이 원할 때 유료 서비스를 직접 선택하는 방식이어야 한다.

드롭박스가 처음부터 저장 공간을 유료로 제공했다면, 판도라 같은 회사에서 처음부터 광고가 나오지 않는 애드프리 버전을 출시해 이를 유료로 운용했다면, 대부분의 잠재적 사용자들은 이들 회사의 서비스를 이용하지 않았을 것이다. 사용자 입장에서는 이런 서비스에 돈을 지불할 만한 가치가 있는지 확신할 수 없기 때문이다. 하지만 프리미엄 버전을 통해 무료로 이용해보면서 이 서비스의 가치를 확인한 소비자들은 한 달에 몇 달러의 요금 정도는 기꺼이 지불하게 되었다.*

물론 모든 사용자가 유료 서비스로 업그레이드하지는 않는다. 하지만 무료 사용자를 더 많이 모을수록 이들 가운데서 유료 사용자가 나올 가능성이 더 커진다. 돈을 지불하기 전에 무료로 시험해보게 한다면 잠재 소비자를 더 많이 모을 수 있다.**

초기 비용 부담을 줄여줘라

—

프리미엄 비즈니스 모델은 디지털 상품과 서비스 분야에서 특히 효과적이다. 디지털상에서는 클릭 몇 번만 해도 쉽게 변경할 수 있고, 무료 기본 버전에서 유료 업그레이드 버전으로 매끄럽게 전환이 가능하다.

이러한 프리미엄 비즈니스 모델은 좀더 다양하게 응용할 수도 있다. 그리고 슈사이트닷컴 창업자 닉 스윈먼이 사업상의 문제를 해결할 때도 이 모델이 응용됐다.

벤처 캐피털리스트들에게 자금을 조달하지 못한 스윈먼은 창업 동료인 프레드 모슬러와 함께 대책을 강구했다. 그들은 빠른 매출

★ 프리미엄 비즈니스 모델에서 고객들이 유료 버전에 왜 돈이 드는지를 납득하면 더 좋다. 데이터 저장 공간의 경우는 비교적 이해하기 쉽다. '클라우드' 서비스라고 하면 어쩐지 파일이 공중에 떠다니는 것처럼 느껴지지만 대부분의 사람들은 자신들의 데이터가 어딘가에 있는 서버에 저장된다는 사실을 알고 있으며, 서버의 구입과 유지에는 돈이 든다는 사실도 이해한다. 물건이든, 데이터든, 무언가를 저장하려면 돈이 든다. 어떤 부가 기능이 왜 비용 부담이 되는지 명확하지 않을 때 이 부가 기능의 가치를 고객들에게 분명하게 인식시켜줘야 한다.
★★ 프리미엄 비즈니스 모델의 활용에 대해서는 부록 부분에 추가로 설명해놓았으니 참고하기 바란다.

성장세를 보여줘야 했다. 투자자들에게 빨리 뭔가를 보여주지 못한다면 슈사이트닷컴은 머지않아 시장에서 퇴출될 상황이었다.

그들은 일단 제품 할인 아이디어를 떠올렸다. 제품을 싸게 팔면 소비자들은 당연히 몰려든다. 이베이나 아마존 같은 대형 전자상거래 사이트들도 제품을 싸게 팔아서 새로운 소비자들을 유인하고, 매출을 올리고 있었다.

하지만 닉과 프레드는 슈사이트닷컴에서 신발을 할인하여 판매하면 파트너사인 신발 회사들의 이익과 상충된다고 생각했다. 신발 회사들은 무엇보다 브랜드 평판을 중시한다. 소비자들은 나이키 신발을 쿨한 고급 브랜드라고 생각하기 때문에 기꺼이 비싼 가격을 치르고 구매한다. 제품을 할인하면 브랜드의 가치가 훼손될 수 있었다. 만약 어느 판매점에서 자사 제품을 지나치게 할인 판매한다는 사실을 안다면 신발 회사들은 그 판매점을 피할 것이다.

게다가 할인 판매를 하면 단기적으로는 일부 소비자를 끌어들일 수는 있겠지만 슈사이트닷컴이 가진 근본적인 문제는 해결되지 않았다. 온라인 쇼핑에 대한 소비자들의 불안감은 해소할 수 없었다. 할인 판매는 큰 부상을 입은 상황에서 일회용 밴드 하나를 붙이는 처방과 다름없었다. 비효과적인 방법일 뿐이었다.

그래서 스원먼과 동료들은 다른 접근법을 찾았다. 적어도 스원먼이 아는 바로는 당시에는 사업상 이런 방법을 쓰는 곳이 없었다. 완전히 새로운 방식이었다. 바로 무료 배송이었다.

그때만 해도 무료 배송의 효과를 확신할 수 없었다. 게다가 무료 배송이 슈사이트닷컴에 어느 정도의 비용 부담을 유발할지도 예측할 수 없었다.

당시 대부분의 전자상거래 사이트들은 배송을 주요 수익원으로 인식했다. 제품 판매만이 아니라 배송을 하면서도 추가로 이익을 취하는 게 당연하다고 생각했다.

무료 배송을 한다면 주문이 들어오면 돈을 버는 게 아니라 잃는 셈이었다. 무료 배송은 고객이 주문을 할 때마다 슈사이트닷컴에서 추가로 비용을 지불한다는 의미였다. 예상되는 거래 건수를 고려하면 결코 적은 금액이 아니다. 게다가 재고관리가 힘들어질 수도 있고 거래 건수가 증가하면 그만큼 반품 건수도 증가할 터였다.

하지만 다른 선택지가 없었다. 현금이 빠르게 바닥나는 상황이었기에 슈사이트닷컴 입장에서는 시험 적용해보거나 실익을 따져볼 시간이 부족했다.

결국 슈사이트닷컴은 승부수를 던져보기로 했다. 1999년 11월 슈사이트닷컴은 홈페이지 메인 화면에 무료 배송 정책을 발표했다.

하지만 아무 일도 일어나지 않았다. 일단 무료 배송 정책의 시행 초기에는 그랬다.

그러다 매출이 증가하기 시작했다. 2001년에는 슈사이트닷컴의 연간 매출액이 수백만 달러에 이르렀고, 2004년에는 매출액이 스무 배로 뛰었다. 그후 수년 동안 매출은 계속해서 증가해 연간 매출액이 10억 달러를 넘어섰다.

오늘날 그들은 신발은 물론이고 의류, 보석, 액세서리, 심지어는 가방까지 포함해 천여 개에 달하는 브랜드의 제품들을 취급하고 있다. 그들의 물류센터에는 삼백이십만 개의 제품이 쌓여 있다고 한다. 여러분이 이 사이트를 이용해본 적이 없더라도 지인들 중에는 분명 그들의 고객들이 있다.

'슈사이트닷컴이라는 이름은 처음 들어보는데'라고 생각하는 분들도 있을 것이다.

당연하다. 슈사이트닷컴은 사이트를 론칭하고 몇 달 후 이름을 바꿨는데 이 이름이 더 익숙할 수도 있다. 스페인어로 신발은 자파토스zapatos라고 한다. 이제 슈사이트닷컴이 바뀐 이름이 떠오를지도 모르겠다. 그들은 현재 자포스zappos라고 불린다.

자포스가 무료 배송을 발표했을 때 많은 투자자들이 우려를 표했다. 투자자들은 무료 배송을 해봐야 매출 증대 효과는 거의 없을 것이고, 오히려 막대한 비용만 치를 거라고 예상했다.

그러나 무료 배송은 매출 증대로 이어졌다. 무료 배송으로 온라인 거래의 주요 장벽, 즉 불확실성이 크게 줄어들었기 때문이다.

스윈먼과 동료들은 신발을 미리 신어볼 수 없기 때문에 사람들이 온라인에서 신발을 사지 않는다고 판단했다. 오프라인 상점에서는 직접 신발을 만져보고 신어본 다음 구매를 결정하지만 온라인 상점에서는 일단 돈부터 내야 했다. 신발이 마음에 드는지, 발에 잘 맞는지 등을 직접 확인할 수 없는 상태에서 돈부터 지불해야 한다. 직접 확인하지 못하고 만족할지 아닐지 불확실한 상황에서 구매하는 셈이다.

이와 같은 불확실성 때문에 사람들은 온라인 쇼핑을 꺼린다. 게다가 온라인에서 구매한 물건이 마음에 들지 않아도 배송비는 소비자가 부담해야 한다.

"배송비를 없애준다면 신발 가게를 그대로 사람들의 집으로 옮겨주는 셈이다. 원하는 만큼 주문해서 직접 신어보고, 마음에 안 드는 신발은 돌려보내면 된다." 스원먼의 창업 동료 프레드 모슬러는 이렇게 말했다.

배송비를 없애자 사람들은 정말로 프레드의 말처럼 행동했다. (오늘날에도 그렇게 한다.) 사람들은 두 켤레, 세 켤레, 심지어는 열 켤레씩 신발을 주문해서 직접 신어보고, 마음에 드는 제품만 남기고, 나머지는 전부 돌려보냈다. 자포스의 고객 서비스 담당자들은 신발을 살 때 서로 다른 사이즈로 주문하면 고객에게 더 잘 맞는 사이즈를 고를 수 있다고까지 안내했다.

이런 사람들이 자포스에 배송비 부담을 안기고 추가로 신발을 샀을까? 당연히 그랬다.

그러나 시간이 지나자 평균 주문 수량의 증가가 가시화됐다. 사람들은 많이 주문하고 많이 반품했지만, 결과적으로는 일반 매장에서 구매하는 것처럼 많은 신발들이 고객들의 집에 남았다. 사람들은 신어보고 싶은 신발이 있으면 부담없이 여러 켤레를 주문했다. 마음에 들지 않거나 발에 맞지 않으면 돌려보내면 그만이었기 때문이다.

자포스 이후 많은 전자상거래 사이트들이 무료 배송을 시작해 오늘날 대형 전자상거래 업체에서도 이 방법을 사용한다. 아마존 프라임 정책처럼 말이다.[10] 전자상거래는 낮은 판매 가격이나 재미있는 광고 슬로건에서 비롯된 것이 아니라 전자상거래 이용을 막는 장벽을 치움으로써 성장할 수 있었다.

기회비용을 들이지 않고 사람들이 오프라인 상점에서 물건을 구매하는 것처럼 해주자, 무료 배송 정책을 통해 불확실성세를 제거해주자 사람들의 소비방식은 완전히 바뀌었다.

지금까지 이야기한 프리미엄 비즈니스 모델과 자포스의 무료 배송 정책을 관통하는 단어는 '무료'다. 시험 사용으로 장벽을 낮추는 일은 전부 돈과 관련된다고 보일 수도 있다. 물건을 좀더 저렴하게 혹은 무료로 제공하는 일에 따른다고 말이다.

그러나 비용 문제가 장벽의 크기를 결정하는 유일한, 혹은 가장 중요한 요소는 아니다. 일례로 많은 소비자들은 10달러를 할인해주는 것보다 5.99달러의 배송비를 무료로 해주는 걸 더 매력적으로 인식한다.[11]

비용은 진짜 장벽이 아니다. 진짜 장벽은 불확실성이다. 화면 속저 신발이 정말로 내 마음에 들까? 저 신발이 나에게 잘 맞을까?

분명히 숫자만 본다면 5.99달러보다는 10달러가 더 크다. 하지만 판매가를 10달러 할인해주는 것은 전자상거래의 불확실성을 없애주지 못한다. 상품 자체는 더 저렴해도 저 신발이 내 마음에 들지, 저 신발이 내 발에 맞을지와는 조금도 상관없기 때문이다.

전자상거래의 불확실성을 해결하기 위해 돈을 지불해야 한다면 사람들은 새로운 행동에 나서지 않는다. 차라리 행동을 잠시 멈추고 아무것도 하지 않는 쪽을 택한다.

자동차를 살 때 시승할 기회가 제공되지 않는다고 생각해보라. 새로 구입할 자동차의 운전석 착좌감은 어떤지, 핸들링과 주행감은 어떤지 불확실한 상태에서 수만 달러의 자동차 구입비를 내야 한다면 대부분의 사람들은 새 차를 구입하기보다는 지금 타는 자동차를 계속 탈 것이다.

자동차 대리점에서 시운전을 해보거나 애플스토어에서 신제품을 시험 사용해보는 등의 과정을 통해 새로운 제품을 구매하기 전에 확인할 수 있다. 시험 사용을 해본다고 해서 차를 더 싸게 사는 건 아니지만 많은 비용을 지불하고 새로운 제품을 구매하는 것이 합당한 결정인지 불확실성을 줄여준다.

처음부터 '온라인 마켓플레이스'를 표방했던 침대 매트리스 업체 캐스퍼 슬립Casper Sleep과 안경점 워비 파커Warby Parker에서 오프라인으로 제품 체험 기회를 제공하는 이유도 여기에 있다. 캐스퍼 슬립은 전통적인 판매방식을 피하고 온라인에서만 판매해 자신들의 비즈니스 모델을 만들었다. 그리고 이를 통해 비용을 줄이고 판매가를 낮추는 데 성공했다.

하지만 잠재 고객 중에는 매트리스를 직접 체험해보고 싶어하는 이들이 여전히 많았다. 이에 캐스퍼 슬립은 '냅모빌napmobile'이라는 일종의 침대차를 만들어 미국 전역에서 운행했고, 팝업 스토어를 진행했으며 나중에는 정식 오프라인 매장까지 열었다.★

방송사들은 파일럿 프로그램을 통해 시청자들의 반응을 시험하고, 투자 리스크를 최소화한다. 잠재적인 구매자들은 대여 서비스를 이용해 적은 비용으로 접근해보기도 한다. 스키를 처음 타려고 할 때 많은 돈을 들여 스키 장비를 갖추기보다는 일단 대여해서 사용해보는 식으로 말이다. 그렇게 대여해본 제품을 구매할 때 더 싸게 구매하는 건 아니나 대여를 통해 구매 전에 좀더 쉽게 판단을 내릴 수 있다.[12]

주로 요트에서 입는 세일링웨어로 유명한 프랑스의 기코탕Guy Cotton이라는 회사도 자사의 구명조끼 판매를 늘리기 위해 고객들에

★ 큰 단위의 대상을 작게 쪼개는 방식도 유용하다. 1년 단위로 계약하면 겁먹는 사람들도 있기 때문에 체육관들은 1년 단위가 아니라 한 달 단위로 이용권을 끊어준다. 대형 다국적 기업들은 인도 시장에 주목하고 있는데, 사실 인도인 중 상당수는 구매력이 낮다. 그래서 피앤드지의 경우는 자사의 헤드앤드숄더 샴푸를 700밀리리터짜리가 아니라 10밀리리터로 소포장하여 5루피(미국 달러 기준으로는 7센트 정도)에 판매한다. 이렇게 소포장을 하면 다양한 제품들을 경험해볼 수 있기에 구매층이 쉽게 바뀌는 제품 시장에서 최근 대부분 이 방식을 사용한다.

게 체험 기회를 제공한다.

배를 탈 때는 반드시 구명조끼를 입어야 한다는 걸 알면서도 여전히 많은 사람들이 이를 착용하지 않는다. 기코탕은 잠재 고객들에게 왜 구명조끼를 입는 게 중요한지 알리기 위해 초기 비용을 낮췄다. 제품 특성상 샘플을 제공하기는 어려웠기에 그들은 간접체험이라는 수단을 생각해냈다. 소르티앙메르라는 익사 시뮬레이터를 만들어 배포한 것이다.

1인칭 시점으로 진행되는 이 시뮬레이터는 친구와 함께 요트 항해를 떠나는 장면부터 시작한다. 바다는 평온하고, 분위기도 좋아 친구와 담소를 나눈다. 그러다 갑자기 움직인 돛대에 맞아 바다로 떨어진다. 구명조끼를 입지 않은 채 말이다. 요트 위에 남은 친구는 당신을 구하기 위해 요트를 돌리려 하지만, 때마침 불어온 강풍에 요트는 점점 멀어진다. 그리고 당신은 구명조끼 없이 바다에 떠 있기 위해서 안간힘을 쓴다.

이 시뮬레이터에서 바다에 계속 떠 있으려면, 그러니까 익사하지 않으려면 쉼없이 마우스 휠을 돌려야 한다. 스크롤을 멈추면 안 된다.

마우스 휠을 돌리는 게 뭐 그리 어려운 일이냐고 생각할 수도 있겠지만, 몇 분 하다보면 그런 생각은 사라질 것이다. 손가락에 힘이 빠지면서 결국 포기하게 된다. 그렇게 스크롤을 멈추면 당신은 천천히 바다로 가라앉는다.

이 시뮬레이터를 직접 경험해보면 꽤 끔찍하다. 그게 바로 이 시뮬레이터의 핵심이다. 몇 분 동안 마우스 휠을 돌리느라 힘들었는가? 그렇다면 구명조끼 없이 물에 몇 시간 떠 있는 일은 얼마나 힘들겠는가. 이 시뮬레이터를 체험한 사람들은 반드시 구명조끼를 입어야겠다고 생각할 것이다.

이처럼 뭔가를 경험하거나 사용하는 데 드는 초기 비용을 혹은 시간과 노력을 줄여준다면 효과적이다.[13] 신발 온라인 쇼핑몰에서 배송비를 없애주자 사람들은 신발을 주문하여 신어볼 수 있게 됐다. 자동차나 스키 장비처럼 비싼 물품은 대여를 해주자 구매 전에 사용해보고 자신에게 적합한 것인지를 확인할 수 있게 됐다. 익사 시뮬레이터는 구명조끼를 입지 않고 바다에 떨어졌을 때 살아남기가 얼마나 힘든지를 간접적으로 경험하게 해줬다. 구매나 변화가 유발할 수 있는 불확실성을 최대한 줄여줘야 사람들은 행동에 나선다.[14]

최근에 슈퍼마켓에 갔을 때를 떠올려보라. 어떤 과일을 샀는가? 어떤 아이스크림을 샀는가?

대부분의 사람들은 늘 사던 것을 산다. 언제나 사던 사과를 사고, 언제나 사던 아이스크림을 산다. 초콜릿맛, 바닐라맛, 좀더 대담한 선택을 하겠다면 민트초코칩 아이스크림을 고를 수도 있다. 이처럼 우리는 관성에 따라 움직인다.

하지만 아이스크림 전문점에서라면 다르다. 아이스크림 전문점에서는 완전히 새로운 맛까지는 아니어도 평소와는 좀 다른 맛의 아이스크림을 종종 사 먹는다. 약간의 모험이라고 할 정도의 맛을 고르기도 한다. 피스타치오맛이나 쿠키앤드크림맛 혹은 밀크초콜릿 헤이즐넛처럼 말이다.

집이 아니라 밖에서 아이스크림을 먹을 때는 더 도전적으로 행동하는 걸까? 아니면 더 기분이 좋아져서 변화를 기꺼이 수용하는 걸까?

아니다. 비밀은 아이스크림 전문점에서 제공하는 시식에 있다.

사람들을 변화시키고 싶은가? 사람들이 새로운 행동이나 새로운 선택을 하도록 이끌고 싶은가?

그렇다면 촉매가 되어서 시도에 대한 장벽을 낮춰줘야 한다. 슈퍼마켓이 아니라 아이스크림 전문점처럼 행동해야 한다.

모르는 사람들에게 알려줘라

프리미엄 비즈니스 모델을 활용하거나 초기 비용 부담을 줄여주는 방식은 우리의 제품이나 서비스에 관심을 가진 사람들에게는 유효한 전략이다. 하지만 이에 전혀 관심이 없는 사람에게는 어떨까? 심지어 존재 자체를 모르는 사람들에게는, 뭘 제공하는지 궁금해하지 않는 사람에게는 어떨까?

2007년 무렵 아큐라의 상황이 그랬다. 제품 문제는 아니었다. 아큐라에서 출시한 MDX는 『모터트렌드』에서 올해의 SUV로 뽑혔고,

TSX와 RSX는 『카앤드드라이버』 선정 10대 자동차로 여러 번 이름을 올릴 정도로 잘 만든 자동차였다.

문제는 소비자 인지도였다. 아큐라는 오래 탈 만한 고품질의 자동차를 생산했지만, 미국 내 거의 모든 소비자들은 아큐라를 구매 고려 대상으로 여기지 않았다. 사실 아큐라는 렉서스보다 먼저 미국 시장에 진출했지만, 렉서스가 상당 수준의 시장점유율을 차지하는 동안에 아큐라는 여전히 인지도 낮은 브랜드일 뿐이었다. 일본산 고급 승용차를 구매하려는 사람들은 맨 먼저 렉서스를 떠올렸다. 아큐라는 후보에 들어가지도 않았다.

아큐라는 일단 자신들의 차를 타보기만 하면 사람들의 생각이 달라질 거라고 믿었다. 실제로 아큐라 구매자들은 아큐라의 열렬한 팬이 된다. 이들은 내구성이 뛰어난 아큐라 엔진에 반해서 타던 아큐라가 수명이 다하면 아큐라를 재구매한다.

문제는 아큐라의 고객 자체가 소수라는 것이었다. 아큐라는 정말 맛있는 음식을 만들지만 사람들이 그 진가를 몰라줘서 언제나 한산한 레스토랑 같은 자동차 브랜드였다.

아큐라도 시승 기회는 제공했지만 그걸로는 충분하지 않았다. 시승은 해당 브랜드에 관심을 가진 사람들에게나 적용되는 마케팅 수단이라 인지도 문제를 해결해주지는 못한다.

시승을 누가 하는가? 해당 브랜드를 이미 아는, 그 브랜드의 구매를 고려하는 사람들이 한다. 아큐라는 구매 고려 대상이 아니며, 심지어 그 존재를 모르는데 자동차 대리점에 가서 시승하려는 사람은 없다.

이처럼 인지도 문제에 직면하면 기업들은 흔히 광고를 진행하려고 한다.

뷰익이 그랬다. 뷰익은 스스로를 프리미엄 브랜드라고 인식했지만, 자동차 소비자들의 생각은 달랐다. 소비자들은 뷰익을 할아버지가 몰 법한 따분하고 매력 없는 브랜드로 여겼다. 매출이 정체되자 뷰익은 많은 대기업들이 당연하다고 여기는 수단을 쓰기로 했다. 슈퍼볼 광고를 진행했다.

뷰익은 단발성 광고에 수백만 달러를 쓰면서 소비자들의 인식이 바뀌기를 기대했다. "이건 뷰익처럼 안 보이네"라는 메시지를 담은 캠페인을 진행하면서 샤킬 오닐을 비롯해 여러 유명인들을 자사 광고 모델로 기용했다.

그러나 이 광고 캠페인은 전부 참담하게 실패했다. 급기야 자동차에서 '뷰익'이라는 브랜드명을 제거하기에 이르렀다. 뷰익을 팔려면 자신들의 자동차가 뷰익이라는 사실을 소비자에게 드러내지 말아야 한다고 판단하게 된 것이다.

아큐라는 전통적인 광고 캠페인으로는 소비자들의 인식을 바꿀 수 없다고 판단했다. 아큐라로서는 효과도 없는데다가 비용도 많이 드는 전통적인 광고 캠페인을 진행할 이유가 전혀 없었다. 소비자들을 일단 자기네 자동차에 앉힐 수만 있다면, 사람들이 아큐라를 타보기만 한다면 상황은 달라질 거라고 믿었다.

그래서 그들은 사람들을 설득하는 대신 자기네 자동차를 사람들이 사용할 만한 장소에 가져다놓기로 했다.

아큐라는 럭셔리 호텔인 W호텔 체인과 손을 잡고 미국 내 W호텔에 자동차를 공급했다. W호텔의 컨시어지 서비스로 W호텔 투숙객이라면 누구든 아큐라 MDX를 타고 도시 어디든 갈 수 있도록 제공했다. W호텔의 모든 투숙객들은 서비스 예약만 하면 W호텔의 운전기사가 모는 차를 무료로 이용할 수 있었다.

아큐라를 좋아하지 않을 수도 있다. 아큐라를 시시하거나 지나치게 비싼 차로 인식할 수도 있다. 아큐라라는 브랜드를 처음 들어봤을 수도 있다. 하지만 W호텔에 투숙한 당신이 차로 어딘가에 가야 할 때 운전기사가 딸린 차량을 무료로 제공해준다는데 이용을 피할 리가 있을까? 거부할 이유가 없는 서비스였다. 그리고 W호텔에서 차량 제공 서비스를 이용해본 사람들 중에 아큐라를 긍정적으로 인식할 사람들도 생길 터였다.

이 프로젝트를 통해 백만 명 이상이 아큐라를 이용했다.

W호텔에서 아큐라를 이용한 사람들이 모두 아큐라의 고객이 되었을까? 물론 아니다. 그러나 그중 수만 명이 아큐라를 구매했다. 게다가 그들 가운데 80퍼센트는 다른 고급차량을 몰던 고객들이었다.

투자수익률ROI의 관점에서 본다면 어떤 쪽이 더 나은 방식일까? 수백만 달러의 광고비를 들여 사람들을 설득한 뷰익일까? 아니면 W호텔 체인에 차량을 몇 대 공급하여 고객들에게 자기네가 얼마나 팬찮은 차인지 직접 경험하게 해준 아큐라일까?

아큐라는 기발한 방법으로 시승 기회를 제공해 사람들의 마음을 움직였다. 제품이나 서비스의 존재를 사람들이 모르거나, 관심을 두지 않는다면 사람들이 보려고 하지도 않기에 마케팅 효과는 크게 떨어진다.

아큐라가 W호텔에서 일반적인 형식으로 시승 행사를 진행했더라면 효과는 크게 떨어졌을 것이다. 아큐라를 모르거나 구매 대상으로 고려해본 적 없는 사람이라면 바로 앞에서 시승 행사를 한대도 그냥 지나친다.

대신 아큐라는 시승 행사라는 시도를 배제했다. 그들은 자신들의 잠재 고객에게 아무것도 요구하지 않는 식의 기존과는 다른 새로운 방식으로 경험을 제공했다. 그렇게 함으로써 더 폭넓은 사람들이 자기네 브랜드를 고려하게끔 이끌었다.

슈퍼마켓에 가보면 소시지에 이쑤시개를 꽂아서 시식을 권하는 경우가 있다. 이렇게 하면 소시지를 좋아하는 사람들은 새 소시지를 시도해볼 수 있게 장벽이 낮아질뿐더러 소시지를 처음 구매하려던 사람들도 끌어들인다.

항공기 일등석에서 작은 크기의 치약을 제공해주거나 호텔에서 쉐이빙폼 샘플을 어메니티로 제공해주는 것도 마찬가지다. 이들이 집으로 돌아가서 당장 치약이나 쉐이빙폼 브랜드를 바꾸지는 않겠

지만, 샘플을 써보면 장차 브랜드를 교체할 가능성이 높아진다.[15]

기존 고객들이 브랜드의 전도사가 되어줄 수도 있다.

몇 년 전, 한 아파트 시행사의 마케팅을 도운 적이 있다. 우리는 더 많은 잠재 고객들에게 어떻게 이 아파트를 보여줄 수 있을까 고심하다가 간단한 해결책 하나를 떠올렸다. 아파트 입주민들이 지인들을 집으로 초대하면 어떨까?

우리는 아파트에서 주민들이 홈파티를 열거나 일정 규모 이상의 이벤트를 진행하는 경우 물품과 음식을 지원해주기로 했다. 아파트 모델하우스에서 직원이 안내해주는 방식도 좋지만, 실제 거주하는 사람이 자기 집에서 파티나 행사를 열면 좀더 아파트를 구석구석 보여줄 수 있을 터였다.

교육용 장난감 회사인 키위 크레이트도 비슷한 마케팅을 한다. 키위 크레이트는 구독자들에게 한 달에 하나씩 장난감을 보내주는데, 새로운 고객을 늘리기 위해 '생일 축하 상자' 프로그램을 시작했다. 부모가 자녀의 생일파티를 일정 규모 이상으로 계획할 때 신청만 하면 파티에 참석한 아이들이 가지고 놀 만한 장난감과 게임이 든 특별한 상자를 키위 크레이트에서 보내주는 서비스였다.

'생일 축하 상자'는 원래 이용하던 아이들을 계속 잡아둘 뿐 아니라 수십 명의 새로운 아이들에게 키위 크레이트 서비스를 알렸다. 집에 돌아간 아이들이 기념품을 보고 즐거운 기억을 떠올리게 해주는 식으로 장래의 새로운 고객을 늘릴 기회를 쌓는다.

취소를 허용하라

—

불확실성을 줄이는 마지막 방법은 취소를 허용하는 것이다.

전부터 개를 한 마리 키우고 싶었다. 어렸을 때부터 집에서 개들을 길렀고, 개들과 함께하는 시간이 행복했다. 워낙 개를 좋아해서 다른 사람이 기르는 개와 함께 놀기도 했고, 시간이 날 때면 동물보호소에 가서 봉사활동을 하곤 했다.

그러다보니 '우리집에 개를 들였으면' 하는 생각이 떠나지 않았다.

하지만 그러다가도 곧바로 이런 걱정이 뒤따랐다. '내가 선택하는 개가 나와 잘 맞을까? 내가 개를 잘 돌볼 수 있을까? 여행이라도 가면 개는 어떻게 해야 하지?'

이런 걱정이 너무나도 높은 장벽으로 작용했기에 언제나 '아직은 개를 기를 준비가 안 됐어'라고 결론을 내렸다.

그러던 어느 날, 여자친구와 저녁식사를 마치고 주차장으로 걸어가다가 어느 동물보호소 앞을 지나게 되었다. 그 동물보호소의 창 너머에는 생후 8주 정도 된 강아지 한 마리가 있었다. 그 강아지를 더 오래 보고 싶어서 동물보호소로 들어갔다. 정말로 귀엽게 생긴 핏불 믹스견이었다. 내 주변을 빙빙 돌길래 안아주자 내 손가락을 살살 물기까지 했다. 너무나도 사랑스러웠다.

당장 그 아이를 입양하고 싶었지만, 늘 하던 걱정이 뒤따랐다. '내가 이 아이를 잘 돌볼 수 있을까? 우리집에서 키우기엔 너무 덩치가 크지는 않을까?' 확실하지 않은 것들이 너무나도 많았다.

결국은 그 아이를 내려놓고 동물보호소를 나오려던 차에 친절한 봉사자가 말을 걸어왔다. "그 아이가 마음에 드시나봐요."

"예. 하지만 잘 돌볼 수 있을지 모르겠어요."

그러자 그는 이렇게 답했다. "그런 걱정은 하지 않으셔도 돼요. 저희는 2주 동안 시험 분양을 진행하니까요."

2주간의 시험 분양이라고?

그 동물보호소는 잠재적 입양자가 동물을 잘 돌볼 준비가 되었는지, 동물이 좋은 집을 찾았는지, 서로 확인할 기회를 주기 위해 2주간의 시험 분양 기간을 두었다. 2주 동안 개를 키워보고 적당한 상황이 아니라고 판단하면 입양한 동물을 다시 동물보호소로 데려다주면 된다고 했다.

그 말을 듣자 걱정이 싹 사라졌다.

나와 여자친구는 입양 서류를 작성했고, 강아지를 기르는 데 필요한 물품과 사료를 구입하여 그 강아지를 데리고 동물보호소를 나왔다.

몇 년이 지나 그 여자친구는 지금 내 아내가 되었고, 그 강아지 조는 여전히 우리 가족의 구성원으로 빼놓을 수 없는 존재다. 모두 다 2주간의 시험 분양 기간 덕분이다.

2주간 시험 분양을 한다고 해서 조를 키우는 비용이 줄어드는 것도 아니었다. 강아지에게 필요한 사료, 물품을 전부 다 사야 했고 예방접종도 했기 때문이다.

시험 분양을 한다고 초기 비용이 줄지 않았다. 어차피 데려오기 전에 이것저것 필요한 것에 비용을 지불했으니 말이다.

하지만 시험 분양 덕에 불확실성이 줄어들었다. 시험 분양은 취소 가능성이 있었기에 조를 행복하게 해줄 수 없을 것 같다고 판단하면 그 아이를 다시 동물보호소로 데려다줘도 괜찮았다. 이런 약속을 받았기에 마음놓고 조를 집으로 데려올 수 있었다.

판매자 입장에서 반품은 고민거리일 수밖에 없다. 미국 소비자들의 연간 반품 규모는 2500억 달러가 넘는다. 반품된 제품 가운데 절반 이상은 원래의 판매가를 받지 못할 상태라고 한다. 게다가 반품은 재고관리를 복잡하게 만든다. 판매자들은 반품된 제품들 가운데 재판매 가능한 것들을 가려내야 하고, 재판매할 수 없을 정도로 손상된 것들은 도매상이나 반품처리업자에게 보내야 한다.

최근 들어 많은 업체들이 반품 정책을 까다롭게 바꾸고 있다. 아웃도어 업체인 레이REI나 엘엘빈L. L.Bean 같은 업체들은 판매 제품에 대해 평생보증제도를 운용했으나, 최근 들어 보증제도의 대상 범위를 크게 줄였다. 오늘날 대부분의 회사들은 구매 후 30일 이내까지만 반품을 허용하는데 반품 허용 기간이 짧을수록 비용 부담이 줄고 이익이 늘기 때문이다.

언뜻 생각해보면 합리적인 선택이다. 반품 허용 기간을 길게 가져가면 재판매가 더 어려워진다. 의류나 전자제품의 경우 한참 뒤에 반품을 받았다가는 유행이 지날 수도 있다. 그렇기에 반품 허용 기간을 짧게 가져가면 반품도 줄어들고, 반품된 제품도 상태가 괜찮을 가능성이 높아 재판매도 용이하다.

그러나 몇몇 연구들에 의하면 이는 근시안적 논리다. 실제로 한 마케팅 연구진들이 엄격한 반품 정책과 느슨한 반품 정책을 비교해 봤다.[16] 엄격한 반품 정책을 적용한 그룹에서는 제품에 결함이 있거나 오배송된 경우에만 반품을 받았다. 느슨한 반품 정책을 적용한 그룹에서는 기한도 이유도 묻지 않고 반품을 받았다.

그랬더니 예상과 달리 느슨한 반품 정책을 적용하는 그룹이 실제로 더 많은 이익을 남겼다. 적은 차이가 아니라 무려 20퍼센트나 차이가 났다. 관대한 반품 정책의 적용이 반품만 늘린 것은 아니다. 반품 정책에 대해 입소문이 나면서 매출이 증가했다. 매출 증가에 따른 이익 증가는 반품 증가에 따른 비용 증가를 상쇄하고도 남았다. 만약 이 같은 결과를 그 업체의 전체 고객 규모로 따져본다면 관대한 반품 정책을 행하는 기업의 순이익은 연간 1천만 달러 이상 증가한다고 한다.[17]

취소의 허용은 고객들의 구매로 이어진다. 무료 배송이나 무료 시험을 통해 초기 비용을 줄여주는 것과 마찬가지로 관대한 반품 정책을 시행하면 새로운 시도에 대한 사람들의 걱정을 줄여준다. 뭔가를 사더라도 언제든지 반품할 수 있다면 구매로 인한 리스크는 줄어들고, 사람들은 안심하고 구매할 수 있다.

자포스의 경우는 배송료만이 아니라 반송료도 무료로 한다. 자포스의 고객들은 주문한 제품이 마음에 들지 않으면 한푼도 손해보지 않고 구매를 취소할 수 있다.

계약할 때 환불을 보장하거나 효과가 있을 때만 돈을 받겠다는 내용을 넣는 경우도 이와 같은 맥락이다. "마음에 들지 않는가? 그렇다면 우리가 고쳐주겠다." 어떤 변호사들은 패소하면 의뢰인에게 수임료를 받지 않겠다고 광고한다. 항공권 같은 경우는 출발 24시간 전까지는 환불이 보장된다. 이러한 정책들은 구매나 선택의 불확실성을 크게 줄여줘 사람들의 행동을 이끌어낸다.[18]

관성 이용하기

시험 사용 등을 통해 장벽을 낮추는 촉매로 불확실성을 극복하는 방법으로 한 가지 효과를 더 기대할 수 있다.

지난 2장에서 머그잔 실험을 통해 소유 효과에 대해 설명했었다. 똑같은 물건이라도 판매자는 구매자보다 물건의 가치를 더 높게 평가한다. 사람들은 일단 소유한 물건의 가치를 더 높게 인식하고, 의미를 부여해 쉽게 포기하지 않는다.

시험 사용 가능성을 높임으로써 일단 구매를 이끌어내면, 구매자는 구매한 물건을 계속 소유하려고 한다. 어떤 상품을 구매하기 전에는 판매 가격이 적정한지, 그 가격을 치르고 상품을 구매해도 될지 고심한다.

하지만 일단 상품을 구입하고 나면 다른 고민이 생긴다. 가령 어떤 잡지를 매월 5달러를 내고 구독하게 된 사람은 그다음부터는 계속 구독하면서 5달러를 내는 게 합리적인가를 고민하게 된다. 이는 완전히 다른 성격의 고민이다. 어떤 서비스를 누리기 위해 시장 가격을 치르는 일을 주저하던 사람도 일단 그 서비스를 누리고 나면 그를 잃지 않기 위해 기꺼이 가격을 치르려고 한다.

이런 식으로 상품의 시험 사용 가능성을 높이면 사람들을 머그잔 구매자가 아니라 머그잔 판매자로 이끌게 된다. 상품을 소유함으로써 소유 효과가 발생하는 셈이다. 무언가를 얻기 위해 얼마를 지불할 것인가에서 무언가를 포기하기 위해 얼마를 보상받을 것인가로 사람들의 생각이 바뀐다. 후자를 더 높게 인식하면 사람들은 가진 것을 더 유지하는 데 비용을 지불하게 된다.

실제로 환불이나 반품 기간을 길게 제시할수록 환불이나 반품의 비율은 더 낮아지는 양상을 보인다.[19] 반품 가능 기간을 제품 구매 시점으로부터 30일이 아니라 90일 정도로 제시하면 오히려 반품이 줄어든다. 사람들은 자신의 소유물에 대해서는 그 가치를 더 크게 인식하므로 그 상품을 포기하기가 더 어려워진다.

시험 사용을 통해 솜씨 좋게 관성을 이겨내게 만들 수도 있다. 신발의 경우도 사람들은 신던 신발을 계속해서 신으려고 한다. 선택권을 너무 많이 주면 과부하가 걸려 오히려 아무것도 택하지 않는다.

하지만 무료 배송이나 쉬운 반품 정책이 불확실성을 줄여주면 관성을 어기고 새로운 신발을 주문할 가능성이 전보다 훨씬 더 커진다. 그리고 새로운 신발을 주문하면 관성이 바뀌어 새로운 신발을 주문하느냐 마느냐가 아니라 주문한 신발을 공들여 반품하느냐 마느냐를 두고 고민한다.

일단 구입해서 소유한 신발을 반품하려면 번거롭다. 상자에 넣어 포장을 해야 하고, 택배 예약을 해야 하고, 택배원에게 상자를 전해주어야 한다. 무수한 선택지를 놓고 신발을 주문하는 과정보다 반품 과정이 더 수고스러울 수 있다. 사람들은 이와 같은 노력을 들여 반품하기보다는 일단 받아든 신발을 그냥 신으려고 한다. 그게 사람들의 관성이다.*

★ 시험 사용을 통해 사람들은 해당 제품에 집중하게 된다. 어떤 상품을 구입할지 혹은 어떤 서비스를 이용할지 아직 마음을 정하지 않은 상태에서는 끊임없이 비교를 한다. 이럴 때 다양한 대안을 제시하면 더 좋을까? 여러 상품들의 장단점, 구매 조건, 그 외의 다양한 특성들을 비교하면서 최선의 선택을 하려고 한다. 사람들은 그중에서 최고를 고르려 한다. 그러나 일단 어떤 상품을 사용해보면 다른 상품들과 더이상 비교하지 않는다. 그리고 자신이 사용해본 상품을 최종적으로 구매해야 할지 고민한다. 최고를 고르기보다 그 선택지가 충분히 괜찮은지 고려한다. 시험 사용해본 선택지가 만족스럽다면 구매를 결정한다. 사람들은 어떤 상품을 사용한 후 해당 상품의 구매 결정을 고민할 때는 다른 상품들에 대한 탐색은 하지 않는다. 무료 배송 및 반품 허용이라는 조건을 보고 어떤 신발을 주문했다면, 신발을 찾기 위한 웹서핑은 거기서 멈춘다. 자신이 주문한 신발이 마음에 드는지 발에

일단 사용해보면 구매 가능성은 커진다

—

무언가 새로운 것을 접했을 때 공포나 두려움을 느끼는 현상을 네오포비아라고 한다. 동물들은 처음 보는 물체나 익숙하지 않은 상황을 경계하고 아이들은 한 번도 안 먹어본 음식을 기피하는 푸드 네오포비아를 겪는다.

병원에 갈 정도는 아니지만 대부분의 사람들은 어느 정도 네오포비아 증상을 가지고 있다. 익숙하지 않은 것, 한 번도 해본 적 없는 것을 평가 절하하고 기피한다. 이렇게 되는 주원인은 새로운 것의 불확실성 때문이다.

그렇기 때문에 시험 사용은 구매를 촉진하는 강력한 수단이 된다. 이때 상대방이 어떤 사람인지, 의사결정 프로세스의 어떤 단계에 있는지를 파악하여 더 효과적으로 접근해야 한다.

어떤 상품에 대해 관심은 있지만 아직 구매를 확신하지 못한다면

도 잘 맞는지를 살펴본다. 일단 주문한 신발을 받아든 후에는 더 나은 조건과 더 나은 특성의 신발을 찾기 위해 탐색하지 않는다. 자신이 받아든 신발에만 집중한다. 이렇게 일단 주문을 하면 이 제품을 구매 확정할 가능성은 매우 높아진다.

이는 데이트에 있어서도 마찬가지다. 데이트 상대를 탐색할 때와 한 명과 데이트할 때를 생각해보라. 아직 싱글인데 데이트 상대를 찾고 있다면 마음에 쏙 드는 상대를 찾기 위해 많은 노력을 기울일 것이다. 많은 사람들을 만나려 하고, 그들의 장단점을 찾아 비교한다. 상대방에게서 자신이 추구하는 특성을 찾는데, 데이트 상대를 찾는 기간이 길어질수록 데이트 상대 선택에 대한 기준은 더욱 높아진다. 하지만 기준이 높아질수록 기준을 통과하는 사람을 만나기가 더욱 어려워진다. 그러다가 어쩌면 영원히 정착하지 못할 수도 있다.

하지만 한 명과 데이트를 시작하면 그때부터는 전혀 다른 유형의 사고와 판단이 진행된다. 더 나은 선택, 혹은 어딘가에 있을 최선의 선택을 추구하기보다는 데이트 상대에게 집중하게 된다. 그리고 데이트 상대가 어느 정도 마음에 든다면 계속해서 그 사람을 만나게 된다.

초기 비용 부담을 줄여주는 것이 좋다. 드롭박스처럼 무료 버전을 먼저 제공한 다음, 관여도를 높이면서 자연스럽게 유료 버전으로 업그레이드하도록 유도한다. 자포스의 무료 배송 정책이나 자동차 판매점의 시승 같은 방식으로 접근해 초기 비용을 낮출 수도 있다.

관대한 취소 정책을 제시하는 것도 좋다. 우리가 개를 입양했던 동물보호소처럼 말이다. 반품을 허용하고 시험 사용 기간을 제공해주면 사람들은 최악의 경우 반품하면 된다고 생각해 좀더 안심한다.

브랜드 인지도가 낮거나, 심지어 사람들이 브랜드의 존재 자체를 모른다면 브랜드부터 알려야 한다. 아큐라처럼 잠재 고객들이 모이는 장소에 자신들의 제품을 가져다놓거나, 키위 크레이트처럼 기존 고객들을 통해 브랜드 인지도를 높여갈 수 있다.

생소한 것을 기피하는 사람들에게 시험 사용의 기회를 제공함으로써 사람들의 구매를 이끌어낼 수 있다.

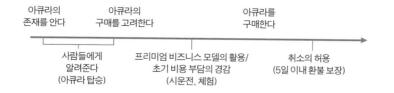

이번 장에서는 사람들의 물건 구매나 서비스 이용에 대해서 예를 들어 설명했지만, 같은 원리를 생각이나 생활방식을 변화시킬 때도

적용할 수 있다.

누군가를 채식주의로 이끈다고 생각해보자. 단번에 고기를 끊기란 쉽지 않다. 육즙이 흐르는 소고기 스테이크와 두툼한 돼지고기 베이컨을 좋아하는 사람에게 육류 섭취를 완전히 끊으라고 권해도 이를 받아들이는 경우는 거의 없다.

이때는 '월요일에만 금육' 같은 식으로 접근할 수 있다. 완전히 고기를 끊는 게 아니라 일주일에 하루만 고기를 피해 채식을 경험해보게 하는 것이다. 이렇게 초기 부담을 줄여주면 누군가는 완전한 채식주의로 돌아설 수도 있다.

잠재 고객에게 새로운 제품이나 서비스를 판매하려면 어떻게 해야 할까? 어떻게 해야 고객들이 이를 사용해볼까? 어떻게 해야 비용, 시간, 노력 등을 다 쏟지 않으면서 제품이나 서비스의 효과를 경험시켜줄까?

시험 사용 가능성을 높이고, 고객들이 제품이나 서비스를 조금이라도 이용해보게 제공하라. 그 과정에서 긍정적으로 판단한다면 고객들은 더 많이 이용하기 위해 다시 찾아올 것이다.

경영진의 마음을 어떻게 바꾸는가

___

행동의 불확실성을 완화하는 모습을 보려면 참신한 아이디어가 변화의 벽에 가로막히는 한 장소를 살펴봐도 유용할 듯하다. 바로 사무실이다.

제이체크 노워크가 제안한 새 프로그램의 운명은 그리 밝아 보이지 않았다. 회의실을 나서는 그의 귓가에 다른 동료들의 목소리가 맴돌았다. "왜 저런 걸 하려고 그러지?" "저건 시간 낭비야." 제이체크가 기획한 새로운 프로그램에 대해 듣자 사람들은 그게 고객 만족으로 이어진다는 보장이 있느냐고 반문했다. 지금까지 해오던 방식대로만 해도 고객들이 충분히 만족하는데, 왜 다른 프로그램을 도입하느냐고 했다.

은행의 고객 서비스 부문에서 10년 넘게 일해온 제이체크는 다른 직원들을 대상으로 워크숍도 진행했고, 교육 프로그램과 직원 채용 프로세스도 만들었다. 그렇게 경력을 쌓아 신규 직원을 교육하는 자리가 아니라 연수팀 관리자 자리까지 올랐다. 산탄데르은행 직원 연수팀의 책임자로서 각 지점의 고객 서비스를 위해 직원들을 대상으로 연수 프로그램을 개발하고 교육을 진행했다.

몇몇 미스터리쇼퍼들의 보고에 따르면 최근 산탄데르은행 지점의 고객 서비스는 우려스러운 상황이었다. 아직 구체적으로 불만이 접수되지는 않았지만, 간과할 수는 없었다. 산탄데르은행은 직원들의 근속 연수가 긴 편이라 다들 자기 업무에 익숙했다. 하지만 동일한 업무를 오래 반복하다보니 고객을 기계적으로 응대했다. 직원들은 고객들에게 미소를 지었으나 따뜻함 없이 의무감에 그런다는 티가 역력했다. 업무 매뉴얼대로 자리에서 일어서서 고객을 맞았지만, 너무 무뚝뚝했고 너무 일찍 자리에 앉았다.

기술적으로만 판단한다면 직원들은 고객 서비스 관련 규정을 철저하게 지켰다. 하지만 문제는 분명히 나타나고 있었다. 고액 대출, 보험, 장기 대출 같은 은행의 핵심 상품들의 판매가 목표치에 미달했다. 산탄데르은행과 거래를 중단하고 다른 은행으로 옮겨가는 고객들도 꽤 많았다. 고객들은 은행의 서비스에 대해 별다른 불만을 제기하지는 않았지만, 직원들과 깊이 있는 대화를 덜 나누자 자신에게 뭐가 필요한지를 직원들과 공유하지 않게 되었다.

제이체크는 이대로는 안 된다 싶었다. 고객 경험을 개선해 고객들과 더욱 끈끈한 관계를 맺고, 궁극적으로는 고객들에게 산탄데르은행 직원들이 금융 상품 판매원보다는 조언이나 도움을 주는 사람으로 다가갔으면 했다.

금융계만이 아니라 다른 업계에서 고객 서비스를 어떻게 제공하는지 조사한 제이체크는 의외성과 즐거움이 고객 경험을 개선해준다는 사실을 알게 되었다. 고객에게 예상하지 않던 작은 선물이나 행동을 해주면 고객은 자신이 인정받고 있다고 느끼거나 자신이 가치 있는 사람이라고 인식한다고 했다. 가령 어느 고급 호텔에서는 고객의 이름을 직원들이 기억해주고, 고객이 좋아하는 음료를 방에 미리 준비해두는 식으로 고객을 응대했다.

제이체크는 은행에도 이런 서비스가 필요하다고 생각했다. 고객들에게 생일 축하 카드를 보내주고, 고객들의 이름을 기억해주고, 주요한 경조사마다 적절한 메시지를 전하는 식으로 말이다. 이를 통해 고객과의 정서적 유대감을 끌어올리고, 고객 만족도를 높일 수 있다고 믿었다.

하지만 경영진에게 이런 계획을 제안하자 대부분 반대했다. 금융계는 매우 보수적인 업계다. 직원들은 언제나 정장을 차려입고, 은행 지점의 인테리어나 업무 공간도 20년 전과 달라진 게 없다. 그리고 계좌 관리와 이자율에 업무의 초점을 맞춘다. 고객 경험이나 고객과 직원들의 관계보다는 말이다.

고객들에게 자필로 생일 축하 카드를 써서 보낸다고? 산탄데르 은행의 경영진들은 제이체크의 계획에 회의적인 반응을 보였다. 그런다고 해서 효과가 있겠느냐며 반대했다. 게다가 지점에서 근무하는 직원들은 지금까지의 고객 응대 방식에 익숙할 텐데 이를 바꾼다면 영업 일선이 혼란스러워진다는 의견도 나왔다. 기존 방식도 충분히 좋은데 리스크를 감수하면서 변화해야 할 이유가 있느냐고 반문했다.

제이체크는 새로운 계획의 효과를 뒷받침하는 정보도 추가로 제시했다. 고객들이 결정을 할 때 비용만 따지는 게 아니라는 걸 보여주는, 고객들은 감정과 선호도를 더 중시한다는 걸 보여주는 연구 자료와 데이터였다. 고객 경험 분야의 외부 컨설턴트까지 초빙하여 이 최신 기법에 대해 경영진에게 프레젠테이션도 진행했다.

그러나 경영진들의 생각은 바뀌지 않았다. 금융계는 다르다는 이유를 들었다. 은행을 찾는 고객들은 은행원들과의 정서적 연대감보다는 빠르고 효율적인 서비스를 원한다고 경영진은 판단했다. 금융계에서는 숫자가 중요하다고, 다른 업계라면 몰라도 금융계에서는 아니라고 이런 반응만 돌아왔다.

이렇게 반응하는 경영진은 드물지 않다. 고맙지만 괜찮네, 상황이 바뀌면 다시 생각해보지. 다른 업계에서는 통할지 몰라도 여기서는 아니야.

회사 임원들은 "아니다"라고 말하도록 미리 프로그램된 사람들 같다. 사실 임원들은 바쁘기도 하지만 그 자리에 오를 때까지 자기만의 방식을 고수해왔고, 거기서 벗어나려고 하지 않는다. 그들에게는 자신들의 방식이 옳은 방식이고, 거기서 벗어나는 일은 불필요한 리스크를 유발하는 일일 뿐이다.

제이체크는 사람들을 끌어들여야 했다. 임원들과 직원들을 납득시킬 만한, 자신이 제안하는 새 계획이 효과적이라는 걸 보여줄 만한 방법이 필요했다. 자신이 제안하는 새로운 계획에 대한 사람들의 불확실성을 줄여야 했다.

하지만 더 강하게 설득할수록 사람들은 더 강하게 거부했다. 사람들은 제이체크의 계획에서 점점 멀어졌다.

반쯤 포기한 제이체크는 마지막이라고 생각하면서 자신의 계획을 주변 임직원들에게 실행해보기로 했다. 그는 산탄데르은행에서 오래 일해왔기에 임원들을 포함한 꽤 많은 동료들에 대해 알았다. 그들의 생일, 결혼기념일은 물론이고 그들이 어떤 휴가를 꿈꾸는지, 회사 근속 연수는 얼마나 되는지도 알았다. 좋아하는 음식이나 가족의 애경사 같은 정보 또한 알았다.

그는 이런 정보를 활용하여 사람들에게 의외성과 즐거움을 안겨주기로 했다. 생일을 맞은 한 지점장에게는 도시 내 다양한 장소에서의 보물찾기를 이벤트로 열어주었다. 힘든 하이킹 여행을 계획하던 두 명의 직원에게는 보온 모자를 보내주었다. 근속 10년이 된 직원에게는 이렇게 축하 편지를 직접 써서 보냈다. "우리 은행에서 함께한 지 3650일이 지났네요. 그 덕에 우리는 당신의 멋진 미소를 525만 6000번이나 볼 수 있었습니다. 그 미소가 없었다면 우리 은행은 두 배나 삭막해졌을 겁니다. 감사합니다."

다른 직원들도 특별한 선물이나 기념품, 따뜻한 마음이 담긴 편지 등을 받았다. 각자의 성향에 맞춘 것들이었고, 깊은 배려와 감사가 담겨 있었다.

한 직원의 아들이 교통사고를 크게 당했다는 걸 알게 된 제이체크는 자선 단체의 도움을 받아 페이스북에서 치료비를 모금했다. 몇 시간 동안 수많은 사람들이 참여해 치료비가 충분히 모이자 이를 그 직원에게 전달했다.

값비싼 선물을 싫어하는 사람은 없다. 하지만 이런 건 돈만 내면 쉽게 전달할 수 있다. 하지만 개인의 기념일이나 경조사에 맞추어 직접 쓴 편지는 많은 비용을 들이지 않고서도 감동을 전한다.

제이체크에게 이런 대접을 받은 사람들은 전부 크게 기뻐했다. 누군가가 자신에게 관심을 가진다는 사실에, 자신을 위해 상당한 정성을 들였다는 사실에 감동했다.

얼마 후, 정기 임원 회의에 다시 참석한 제이체크는 이렇게 물었다. "세심하게 기획되고 정성이 들어간 대우를 받으셨을 때 기분이 어떠셨습니까?"

사람들의 대답은 분명했다. 제이체크의 선물과 편지에 사람들은 크게 감동했다.

제이체크가 고객 경험의 중요성과 가치에 대해 이야기하자 이번에는 사람들이 지지를 보냈다. 그는 그게 통하겠느냐는 반응을 두려워하지 않고 자신의 계획을 설명했다. 그 자리에 있는 사람들이 이미 그 효과를 직접 경험했기 때문이다.

그후 몇 년이 지난 지금도 산탄데르은행에서는 제이체크의 계획을 실행중이다. 직원들은 고객들의 생일이나 결혼기념일만 챙기는 게 아니라, 고객들과 속 깊은 대화를 나눈다. 고객들이 어떤 문제를 겪고 있는지 파악해 이에 대한 해결책을 제시한다.

이 계획의 효과에 대해 인정한 임원들은 고객 경험 관리팀을 신설해 제이체크를 팀장으로 임명했다.

하지만 이보다는 제이체크가 실패할 뻔한 프로젝트를 살려냈다는 사실이 중요하다. 그는 상사들이 처음에는 반대했던 것을 믿게끔 만들었을 뿐 아니라 이를 진심으로 받아들이게 했다.

그는 고객 경험이 얼마나 중요한지 강조하며 설득하기보다는 사람들의 불확실성을 제거했다. 더 많은 연구 자료와 데이터를 기반으로 밀어붙이기보다는 촉매의 힘을 이용해 사람들이 직접 경험하게 이끌었다. 그러자 반대의 벽이 허물어지고 사람들은 그의 의견에 동조하게 되었다.

많은 경우 직원은 임원의 마음을 바꿀 수 없다고 생각한다. 하지만 촉매의 방식으로 불가능을 가능으로 바꿀 수 있다.

지금까지 리액턴스 효과를 낮추고, 소유 효과를 통제하고, 거리감을 좁히고, 불확실성을 없애는 방법에 대해 논의했다. 5장에서는 변화를 가로막는 마지막 장벽인 충분한 증거의 부재에 어떻게 대응하는지 논하려고 한다.

THE CATALYST

5장

보강
증거

사람들은
더 많은 증거를
원한다

Corroborating
Evidence

필은 젊었을 때만 해도 자신이 훗날 마약 중독자와 알코올 중독자를 대상으로 카운슬링 회사를 운영할 거라고는 상상도 못했다. 자신이 헤로인 중독자가 될 거라고도 생각하지 못했다.

필은 그럭저럭 성실하게 성장기와 청년기를 보내왔다. 그는 재무학 학사학위를 받아 『포춘』 500대 기업에 속하는 한 통신사에서 사회생활을 시작했다. 뛰어난 업무 능력을 인정받아 미국의 빅파이브 회계 회사로 이직해 모범적인 직장인의 삶을 살았다.

겉보기에는 괜찮았지만 그는 어렸을 때부터 중독에 취약했었다. 열아홉 살 때 한 친구에게 바이코딘을 두 알 받아먹었는데 그 몽롱한 느낌에 빠져 그 약을 계속 복용했다. 가짜 처방전으로 약국에서 사기도 하고, 다른 친구에게 구하기도 하고, 심지어 다른 사람의 약통을 뒤져 훔치기까지 했다.

그는 마음만 먹으면 약물 복용을 중단할 수 있다고 믿었다. 대학에 들어가면 약을 끊겠다고 결심했고 실제로 대학에 입학하자 약물 복용을 단번에 중단했다. 그리고 아무 문제도 일어나지 않았다. 스스로를 통제할 수 있었다.

대학을 졸업할 때까지는 모든 게 괜찮았다. 그러다 대학을 졸업하던 무렵 지인에게 졸업 선물로 마약성 약물을 받고는 다시 약물에 손을 대기 시작했다.

처음에는 가끔씩 복용했다. 그러나 얼마 지나지 않아 그의 약물 복용 습관은 위험한 수준에 이르렀다. 그의 일상은 마약성 약물을 중심으로 돌아갔다. 마약성 약물을 구하기 위해서라면 뭐든 하려고 했다. 그는 모두에게 별일 아니라고 하면서 다시 가짜 처방전까지 마련했다.

필의 가족은 그의 약물 복용에 대해 알고는 있었지만, 그를 마약 중독자라고 생각하지는 못했다. 가족들은 마약 중독자라고 하면 직업이 없거나 약물 때문에 도둑질을 하는 사람을 떠올렸다. 하지만 필은 직업이 있었고, 잠깐 그러다가 말 거라고 생각했다. 좋은 여자 친구만 만나면 금세 약을 끊을 거라고 믿었다.

그러나 미국에서 중범죄로 여기는 처방전 위조로 체포돼 회사에서 해고당했고 결국 필은 집에 틀어박히게 되었다. 그러다 어느 순간부터 헤로인에 손을 댔다.

헤로인을 시작한 후 필은 금세 나락으로 떨어졌다. 그는 다시 경찰에 체포당했고, 교도소에 90일 동안 수감되었다. 출소 이후 돈이 떨어지자 마약을 구하기 위해 가족과 친구들에게 돈을 빌렸다. 심지어는 도둑질까지 시작했다.

필의 가족은 필을 바꿔보려 했다. 아버지는 그에게 소리를 질렀고, 어머니는 눈물을 흘렸다. 그들은 필을 타이르기도 하고, 집에서 쫓아내겠다고 경고도 했다. 부모는 필을 근처 중독치료센터에 보냈지만, 필은 번번이 치료에 실패했다. 그렇게 열아홉 곳의 중독치료센터를 전전했지만, 모두 소용이 없었다.

필은 언제나 가족에게 마지막으로 한 번만 더 믿어달라고 했다. 이번만은 다르다고 설득했다. 하지만 일단 중독치료센터를 벗어나면 원래대로 돌아갔다. 필은 점점 더 그럴싸한 거짓말쟁이가 됐다.

필의 가족은 모든 방법을 동원했지만, 필의 인생은 점점 더 나락으로 떨어졌다. 필은 계속해서 마약을 찾으면서도 여전히 스스로를 통제할 수 있다고 믿었다.

약한 의견과 강한 의견

약물 중독을 치료하는 카운슬러들이 어떤 방식으로 중독자들을 변화시키는지를 이해하려면 '약한 의견'과 '강한 의견'의 개념과 그 차이부터 이해해야 한다.

'주발라무'와 '차카카'라는 단어가 있다고 해보자. 여러분은 둘 중 어떤 단어가 더 마음에 드는가?

(대부분의 사람처럼) '주발라무'가 더 좋다고 하는 사람들도 있고 '차카카'가 더 좋다는 사람들도 있다. 뭐가 됐든 여러분은 이런 결과를 그리 신경쓰지 않을 것이다.

이런 허튼 단어에 대한 의견 같은 게 약한 의견이다. 사람들이 중요하게 여기지 않아서 별로 개의치 않는 대상에 대한 선호도나 의견은 쉽게 변화시킬 수 있다.

'주발라무'가 더 좋다고 말하는 사람에게 그게 어느 나라의 독재자 이름이라고, 그는 자신의 정적들을 함부로 죽이는 사람이라고 말해주면 더이상 '주발라무'라는 단어를 좋아하지 않을 것이다. 이 정도의 짧은 정보만 제시해도 충분히 관점을 바꿀 수 있다.

소나무는 어떻게 생각하는가? 수학의 소수는? 세리프체와 산세리프체 중에서 어떤 서체가 더 좋은가? 대부분의 사람들은 이런 것들에 대해 약한 의견을 갖는다. 선택지가 주어져도 그리 중요한 문제가 아니기 때문에 의견을 쉽게 바꿀 수 있다.

하지만 지지하는 정당이나 응원하는 스포츠팀에 대해서는 어떻게 생각하는가. 또 좋아하는 맥주 브랜드에 대해서는 어떤가? 임신 중절에 대해서는 어떻게 생각하는가.

이와 같은 것에 대한 의견은 강한 의견이다. 많은 관심을 가진 분야나, 강한 도덕적 신념과 관련된 주제, 문제 혹은 대상에 대해서는 강한 의견을 갖는다. 이에 대해서는 단순한 의견이 아니라 옳고 그름의 문제로 판단한다.

그렇기에 강한 의견은 좀처럼 변하지 않는다.

어떤 신문에 여러분이 너무나도 좋아하는 유명인이 인종주의자라는 보도가 실렸다고 해보자. 여러분은 어떻게 반응하겠는가? 아마 그 보도를 믿지 않거나 부정할 것이다. 그 사람이 인종주의자일 리 없다고 믿을 것이다.

주발라무가 정적을 죽이는 독재자라는 이야기를 들었을 때와 달리 강한 의견에 대해서는 이를 지키고자 하는 방어체계가 발동한다. 사람들은 자신의 강한 의견을 쉽게 포기하거나 바꾸기보다 오히려 기존의 관점에 반하는 의견을 무시하거나 이에 꼬투리를 잡는 편을 선택한다.

정말 지독한 두통에는 센 약을 처방하는 것처럼 어떤 이슈나 상품에 대해서 사람들의 의견을 바꾸려면 많은 노력이 필요하다. 더 많은 정보와 증거가 뒷받침되어야 한다.

새로 생긴 웹사이트가 괜찮다고 친구에게 추천을 받으면 그냥 둘러볼 겸 가벼운 마음으로 방문해본다. 친구의 안목을 믿고, 어떤 웹사이트를 잠시 방문하는 일은 의심하거나 확인할 필요가 없기 때문이다.

그러나 친구가 태양광 발전판 설치를 추천한다면 이야기는 달라진다. 소득 불평등 해소를 위한 활동에 참여해달라거나 위험한 치료를 권하거나 신선식품의 온라인 구매를 권유받는 경우도 마찬가지다. 이런 제안도 쉽게 수용할까?

아마 아닐 것이다.

이를 회사에 적용해본다면 직원 훈련 프로그램이나 새로운 경영 전략이 강한 의견이 된다. 다른 회사에서 이를 도입해 효과를 거뒀다고 하여도 그 정도 정보만으로 직원 훈련 프로그램과 경영 전략을 바꾸는 회사는 없다.

강한 의견을 바꾸려면 높은 한계점을 넘어서야 한다. 더 많은 것이 필요하다. 더 많은 정보와 더 많은 구조적 요소, 혹은 더 많은 확신이 필요하다. 사람들을 변화시킬 더 많은 증거가 필요하다.

의견을 갖는다는 것은 시소의 한쪽이 내려가 있는 상황과 같다.

이때 시소의 한쪽에 무거운 물체가 있다면 그 반대편을 내리기 위해서는 더 무거운 물체나 증거가 필요하다. 가벼운 물체를 들어올리려면 많은 것이 필요하지 않다. 약간의 증거만 더해주면 바로 움직인다. 변화가 일어난다.

반면 무거운 물체를 움직이려 한다면 많은 노력이 필요하다. 더 많은 증거가 있어야 사람들은 변화한다.

해석의 문제

—

　강한 의견을 마주하게 되면 대부분의 사람들은 이를 깨부수려 한다. 어떻게 행동하는 게 옳은 길이라며 사람들을 설득하기 위해 강하게 주장한다. 속담에도 이르듯이 열 번 찍어서 안 넘어가는 나무가 없다고 일반적으로 믿는다.

　배우자가 여름휴가 비용이 비싸다고 반대한다면 어떨까? 계속해서 배우자를 설득하는 게 일반적인 대응이다. 우리가 제안하는 상품의 구매를 고객이 미룬다면 어떨까? 계속해서 고객에게 전화를 걸어 구매를 이끄는 게 일반적인 대응이다.

　그리고 이런 방식이 효과를 보기도 한다. 가끔은 말이다.

　다양한 홍보 채널을 통해 지속적으로 노출을 하면 고객들이 구매하게 된다는 조사 결과도 있다.[1] 어느 한 채널에서 어떤 광고를 처음 봤을 때는 별로 관심을 갖지 않다가도 이 광고를 두 번, 세 번, 심지어 네 번 이렇게 여러 채널에서 계속 접하면 고객들은 그 상품에 관심을 갖게 되고, 정보를 수집하는 등 그전과는 다른 태도를 갖게 된다고 한다.

　하지만 똑같은 텔레비전 광고를 셀 수 없이 보면 대부분의 사람들은 거부반응을 일으킨다. 똑같은 이야기를 보고, 또 보고, 또 보면 지겹다못해 짜증이 난다. 사람들은 그 광고가 어떻게 전개되는지 알기 때문에 채널을 돌리거나 아예 꺼버린다.

고객들을 설득하려는 사람들은 광고를 변형하는 식으로 이 문제를 해결하려 한다. 같은 제품이라도 한 광고에서는 A라는 특성에 대해, 다른 광고에서는 B라는 특성에 대해 소개하는 식으로 말이다. 판매원들은 고객에게 처음 전화를 할 때는 제품의 이런 이점에 대해 설명하고, 다음에 전화할 때는 다른 이점에 대해 설명한다.

불행히도 이와 같은 접근법은 대체로 실패한다. 판매원 입장에서는 제품의 다양한 특성을 다양한 방식으로 설명했다고 여기지만, 듣는 사람 입장에서는 똑같은 이야기를 다르게 했을 뿐이다. 그저 또다른 설득 시도일 뿐이다. 처음에 설득되지 않았는데 추가로 설득을 시도하면 그다음에는 더 듣기 싫어할 가능성이 크다.

하지만 다양한 방식으로 반복적으로 설득하는 일이 실패하는 이유는 또 있다. 다소 난해한 개념일 수도 있는데, 해석의 문제가 발생하기 때문이다.

같은 사무실에서 일하는 직장 동료가 월요일 아침에 출근해서는 지난 주말에 본 텔레비전 드라마 이야기를 한다. 줄거리도 흥미롭고, 출연자들의 연기도 뛰어나고, 대사도 아주 날카롭다고 한다. 그 드라마가 너무 재미있다며 당신도 그 드라마를 봐야 한다고 추천한다.

동료의 이야기는 시소의 반대편에 약간의 무게를 더한 정도다. 변화에 대한 당신의 임계에 따라서, 그러니까 동료가 추천한 것과 같은 텔레비전 드라마에 대한 선호도에 따라서 동료의 이야기는 당신의 시청을 결정하게 하기에 충분할 수도 있고 그렇지 않을 수도 있다. 그 동료가 추천한 것과 같은 텔레비전 드라마에 관해 가벼운 물체 정도의 의견을 가졌다면, 동료가 추천했다는 사실 정도로 시소는 내려가기 때문에 당신은 그 드라마를 볼 것이다. 반면 무거운 물체 정도의 의견을 가졌다면, 동료의 추천을 고려는 하겠지만 그 정도로는 움직이지 않기 때문에 아무런 변화가 일어나지 않는다.

이제 목요일이 되었다. 동료는 수요일 밤에 자신이 추천했던 드라마의 다음 화를 봤고, 더 빠져들었다. 그래서 목요일에 출근해서 당신에게 이렇게 말한다. "2화도 너무 재미있더라고! 벌써 다음 화가 기다려져!"

그 동료의 열정적인 반응은 눈여겨볼 만하다. 어쨌든 그 드라마는 2화도 잘 만든 것이다. 일반적으로 드라마 제작사들은 시청자를 끌어모으기 위해 1화에 총력을 쏟는다. 그렇기에 종종 1화가 그 드라마 시리즈 가운데 가장 완성도가 높아서 2화부터는 실망하는 경우도 적지 않다. 그런데 2화도 너무 재미있다고 추천하는 걸 보니 그 드라마는 괜찮은 작품일 가능성이 크다.

그렇지만 그 드라마 2화가 너무 재미있었다는 동료의 정보는 그리 새롭지가 않다. 동료가 그 드라마를 좋아한다는 사실을 이미 알기에 2화를 칭찬해도 그리 놀랍지 않다. 2화에 대한 평은 드라마를 봐야 한다는 증거로 큰 무게감을 갖지 못한다. 동료가 처음 추천했을 때 드라마를 찾아보지 않았다면 두번째로 추천한대도 행동에 옮길 가능성은 별로 없다.

왜냐하면 어떤 사람이 무언가를 보증하거나 추천할 때 언제나 그에 대한 해석의 문제가 발생하기 때문이다. 이는 꽤 복잡한 문제다.

동료가 괜찮다고 추천한 드라마는 정말로 훌륭한 작품일 수도 있다. 그러나 동료가 그 드라마의 특정 요소들을 좋아해서 그랬을 수도 있다. 동료가 모든 시트콤을 가리지 않고 좋아할 수도 있고 여성 서사물을 좋아할 수도 있다.

사람들은 누군가에게 추천을 받으면 이를 해석하려고 한다. 추천에 담긴 의미를 찾으려 한다. 누군가가 추천을 한다는 건 정말로 추천의 대상을 순수하게 추천하는 경우일 수도 있다. 하지만 추천하는 사람의 선호도나 철학이 추천의 실체일 수도 있다.

설령 추천하는 사람이 평소 드라마를 많이 추천하지 않는 사람이라 해도 또다른 의문이 생긴다. '그래, 그 사람은 정말로 그 드라마를 재미있게 봤을 수도 있어. 그렇다고 해서 나도 그 드라마를 재미있게 볼까?'

왜냐면 이런 영향은 단순한 신뢰도의 문제가 아니라서다. 취향의 문제 또한 엮인다. 물론 상대방은 합리적인 기준으로 정확히 판단해 추천할 수도 있지만, 취향은 사람마다 너무나도 다르다. 누군가는 시트콤을 좋아하지만, 누군가는 시트콤을 싫어할 수도 있다. 누군가는 로맨틱코미디를 좋아하지만, 누군가는 이를 못 견딜 수도 있다.

그래서 어떤 대상에 대해 누군가가 추천을 하거나 뭔가를 권하거나 뭔가를 좋아하는 걸 보면 사람들은 이를 해석하려고 한다. 그게 그들에게 실제로 어떤 의미인지를 알아내려고 한다. 거기에 상대방의 견해는 얼마나 들어가 있을까? 그리고 그에 대한 상대방의 견해는 무엇일까?

드라마를 추천한 동료가 당신과 똑같은 사람이라면 별문제는 없다. 일란성쌍둥이라는 말이 아니라 말 그대로 또다른 당신이라면 말이다. 당신과 선호도와 호불호가 같다면, 선호도, 욕구, 관심사, 가치관 등이 여러분과 동일하다면, 그렇다면 문제될 것은 없다.

또다른 당신이 어떤 드라마를 좋아한다면 어떨까? 그렇다면 여러분도 그 드라마를 좋아할 것이다. 또다른 당신이 자기 집에 태양광 발전판을 설치하고 이를 만족스럽게 사용한다면 어떨까? 그렇다면 여러분도 태양광 발전판 설치에 만족할 것이다. 또다른 당신이 드라마를 좋아하거나 태양광 발전판을 설치해 만족한다면 당신도 똑같이 그럴 터이기 때문이다.

그러나 이와 같은 도플갱어는 현실에는 없다. 그렇기에 필연적으로 추론과정이 이어진다. 상대방이 무언가를 좋아한다는 게 무슨 의미일까? 상대방이 좋아하는 저걸 나도 좋아하게 될까? 다른 회사에서는 효과를 봤다는 게 무슨 의미일까? 다른 회사에서는 효과적이라는 그 방식이 우리 회사에서는 어떤 결과를 만들어낼까?

물론 해석의 문제가 항상 발생하지는 않는다. 상대방이 스포츠 경기의 결과나 선거 결과를 알려주는 경우에는 어떨까? 이 경우 해석의 문제는 일어나지 않는다. 이런 정보를 누군가가 공유한다고 해도 전달자의 가치관이나 취향은 정보와 상관이 없다. 스포츠 경기의 점수도 선거의 당선자도 변하지 않는다. 객관적인 사실일 뿐이다.

그러나 누군가가 설득이나 추천을 할 때는 해석의 문제가 뒤따른다. 모든 사람이 같은 걸 믿거나 좋아하지 않기 때문이다. 누군가 혹은 어떤 조직에 통했다고 해서 다른 경우에도 그런 건 아니다. 설득이나 추천은 객관적으로 이뤄지기보다 주관적인 견해가 들어갈 여지가 많다.

그렇다면 이런 해석의 문제를 어떻게 해결할 수 있을까?

약물 중독의 치료
—

2005년의 메모리얼 데이, 아침 일찍 일어난 필은 마약을 하기 위해 집을 나섰다.

정오 무렵 헤로인에 흠뻑 취해 집으로 돌아오자 어머니와 아버지를 비롯해 온 가족이 거실에서 그를 기다리고 있었다. 형제자매 외에 심지어 이웃들도 몇 명 거실에 있었다. 열두 명 모두 필과 가까운 사이였다.

그리고 필이 처음 보는 두 사람이 더 있었다. 한 명은 개입치료사라고 했다.

필은 배신감에 분노가 치밀었다. 그대로 집밖으로 뛰쳐나갈까 싶었다.

그 순간 가족들이 먼저 말을 걸어왔다. 가족들은 필을 얼마나 사랑하는지, 그를 얼마나 걱정하는지 그리고 그의 행동이 얼마나 모두를 가슴 아프게 하는지 편지로 썼다고 말했다.

그들이 편지를 읽자 필은 듣기 힘들어졌다. 진심이 담긴 감동적인 편지였다. 가족들은 필을 얼마나 사랑하는지, 현재 필의 모습 때문에 얼마나 슬픈지도 이야기했다. 예전의 필을 얼마나 그리워하는지, 필이 다시 예전 모습처럼 돌아오기를 바라는지 이야기했다.

필에게 가족은 삶의 전부였다. 그러나 필은 그런 가족을 산산조각 내고 있었다. 부모님은 걱정에 빠져 지냈고, 형제와 누이들은 그런 집안 분위기가 싫어서 필이 있을 때는 집에 오는 걸 꺼렸다.

필이 계속해서 마약 중독자나 알코올 중독자로 지내겠다면 자신들로서는 말릴 방법이 없다고 가족들은 말했다. 하지만 앞으로는 마약에 취한 모습으로는 집에 있지 말아달라고 간청했다. 더이상은 안 된다고 했다.

필은 덩치가 크고 힘이 셌다. 그런 필이 모두를 두들겨팰까봐 부모님은 걱정했다. 필의 어머니는 그가 재활치료소에 돌아갈 리 없다고 했다. 필은 누구보다도 고집스러웠다. 개입치료사는 필의 어머니에게 한 달 동안 쉰 명의 중독자에게 들은 변명보다 더 많은 변명과 사과를 들었다.

필은 치료를 받을 생각이 없었다. 그는 계속 마약을 하고, 도둑질을 하고 마약 중독에 뒤따르는 온갖 끔찍한 일을 저질렀다. 그는 치료소에 갈 생각이 없었다.

그러나 모두가 함께한 모습을 보자 이번만큼은 필도 느끼는 바가 컸다. 자신을 사랑하고 걱정하는 가족들의 마음을 분명히 알게 되자 필은 앞으로는 달라져야겠다고 결심했다. 자신의 행동이 가족과 주변 사람들에게 상처를 준다는 사실을, 자신이 중독자라는 사실을 새삼스럽게 인식하게 되었다.

그전까지 그를 변화시키기 위해 그의 어머니가 셀 수 없이 노력했지만 소용이 없었다. 하지만 이번에는 달랐다. 필은 진심으로 반성했고, 치료를 받겠다고 했다.

개입치료사들은 중독치료에 있어서 최후의 방어선 같은 존재들이다. 그들은 가장 까다로운 상황일 때만 개입한다. 중독자들이 그들을 만난다는 것은 다른 모든 치료 시도가 실패했다는 것을 의미할 정도이다. 쉽게 치료 가능하다면 개입치료사들은 관여하지 않는다. 그들을 만나기 전에 이미 약을 끊었을 테니 말이다. 그전까지 가족들과 다른 많은 상담사들과 치료사들이 변화를 요청하고, 설득하고, 소리치고, 위협까지 했음에도 소용없었다면 결국 개입치료사가 등장한다.

그렇다고 해서 개입치료사가 만능인 건 아니다. 중독치료가 성공하기 위해서는 중독자를 둘러싼 환경이 모두 변해야 한다. 그러지 않으면 가족들과 친구들이 무심결에 문제를 일으킬 수 있다. 그렇기에 중독자의 주변 사람들과 생활환경이 변해야 중독치료가 성공할 수 있다.[2]

더 폭넓은 해결책의 일환으로 개입치료사는 적절한 상황에서 개입해 건강한 삶으로 가는 길의 첫걸음을 도울 수 있다. 왜냐하면 개입치료사들은 치료를 시작하는 중독자들이 자신의 상황을 분명하게 인식하도록 만들기 때문이다. 사실 대부분의 경우에 중독자들은 자신에게 문제가 있다고 믿지 않는다.

오늘날 미국인 중 거의 절반이 약물 중독자인 친인척이나 가까운 친구가 있다. 중독자들이 이렇게나 많지만, 중독자들은 대부분 이 사실을 부정한다. 그리고 자신에게 치료가 필요하다고 생각하지 않는다.

알코올 중독자나 약물 중독자들은 본인의 행동을 기억하지 못하기 때문에 치료가 힘들다. 약물 중독자에게 "너 좀 문제가 있는 것 같아. 지난밤에 나한테 소리질렀잖아. 자동차로 가로등도 들이받았고"라고 말해줘도 약물 중독자는 전혀 모르는 일이라고 대답하곤 한다. 거짓말을 하는 게 아니다. 블랙아웃 현상 때문에 자신의 행동을 기억하지 못한다.

이게 전부가 아니다.

무슨 일이 있었는지 기억하더라도 그다음에는 믿음의 문제가 발생한다. 개입치료의 개발자인 버넌 E. 존슨 박사는 이런 말을 했다. "화학 물질에 의존하는 사람들은 자기합리화와 투사 작용을 통해 자신에게 문제가 있다는 사실을 받아들이지 않는다. 이 때문에 알코올 중독자나 마약 중독자는 현실을 깨닫지 못해 자신에게 문제가 있다고 인식하지 못한다."[3]

다시 말해 대부분의 중독자들은 자신에게 문제가 있다고 생각을 못하거나 자신의 상태를 정상이라고 믿는다. 중독자가 아무 문제가 없다고 인식하는데 어떻게 변화의 필요성을 느끼겠는가.

어떤 한 사람의 견해를 묵살하기란 쉽다. 그 사람이 미쳤다고 치부해버리면 끝난다. 누군가 나에게 알코올 중독 문제가 있다고 말했다면, 그 사람만 그렇게 말한다면, 그건 그 사람만의 생각이다. 나와 그 사람 중에서 누구 말을 믿어야 하겠는가? 당연히 나 자신이다.

그러나 여러 사람이 똑같은 소리를 한다면 묵살하기가 어렵다. 많은 사람들이 같은 순간에 한목소리를 낸다면, 받아들일 수밖에 없다.

그래서 약물 중독 치료를 시작하기 위해서는 주위 사람들이 한목소리를 내어야만 한다. 가족들과 친구들이 한자리에 모여 나에게 문제가 있다고 한목소리로 말한다면 그들 모두가 이상한 소리를 한다고 치부하기는 어렵다. 당장에는 그 이야기를 인정하기 어려울지 몰라도, 적어도 그 이야기를 듣고 고민하게 된다.

그리고 결국에는 치료를 받겠다고 결정한다.[4]

숫자의 힘

—

약물 중독이든, 섭식 장애든, 도박 중독이든, 알코올 중독이든 개입치료사들은 맨 먼저 중독자들에게 그들의 문제를 직면하게 만든다. 현실 부정의 상태를 깨고, 중독자들에게 그들의 행동이 부정적인 결과를 낳을 수 있다고 알려주면서 치료를 시작한다.

잘못 쓰일 때도 있으나 숫자에는 힘이 있다. 기업 이사회에서는 새로운 사업방식이 나타나더라도 다른 몇몇 기업들이 이를 적용할 때까지 일단 지켜본다. 의사들은 신약이 나오더라도 여러 동료 의사들이 그 신약을 사용할 때까지 일단 지켜본다. 새로운 공급망 관리 기법이나 경영 전략도 일반적으로는 다른 회사에서 시험 사용할 때까지 지켜본다.[5]

다수의 사람들이 동일한 이야기를 하거나 동일한 행동을 취하는 경우 해석의 문제는 사라진다. 반면 앞서 언급했듯이, 한 사람이 하는 말이나 행동에는 까다로운 해석이 뒤따른다. 그 사람의 견해가 개입됐을 수도 있고, 그 사람과 당신의 반응도 다르기 때문이다.

하지만 여럿이 이야기하거나 행동하는 경우에는 그를 무시하기가 어렵다. 보강 증거로 그런 이야기나 행동이 강하게 뒷받침되기 때문이다. 다수가 동의하는 관점이나 반응, 선호에 대해서 당신 또한 그렇게 받아들일 가능성이 높다.

단 한 명의 의사만 신약을 처방한다면 어떨까? 그럼 그 의사가 제약사 영업사원에게 설득을 당해서일 수도 있고, 특정 유형의 환자들이 계속해서 그를 찾아서일 수도 있다. 하지만 다수의 의사들이 신약을 처방한다면 어떨까? 그럼 그 신약의 효과에 대해 좀더 유심히 살펴볼 만하다.

다수의 사람이 동일하게 행동한다면 그들 모두가 틀렸다고 말하기는 힘들다. 또한 그들의 제안이나 추천을 받아들였을 때 좋지 않은 일이 일어날 거라고 생각하지 않는다.

출처가 다수인 경우 신뢰성과 적합성도 수반된다. 많은 사람들이 동일한 이야기를 하거나 동일한 행동을 취하면 다른 사람들은 이를 괜찮다고 여기고 자신이 당혹스러워지거나 처벌받을 위험이 덜하다고 믿게 된다.

어느 한 명이 그런다면 취향이나 사고방식이 특이하다고 여길 수 있다. 그러나 두 명이라면 어떨까? 다섯 명이라면? 혹은 열 명이라면? 더 많은 사람이 같은 목소리를 낸다면 맞는 말일 가능성이 더 높다. 그런 행동이나 추천은 특정인의 취향이나 가치관에 영향을 받지 않았을 가능성이 높다. 그리고 그런 말일수록 받아들여도 무방할 가능성이 크다.[6]

옛말에 이런 게 있다. "한 사람이 당신에게 꼬리가 달렸다고 말을 한다면 당신은 그 사람을 비웃고 그 사람이 미쳤다고 할 것이다. 그러나 세 사람이 그렇게 말한다면 당신은 뒤를 돌아볼 것이다."

더 많은 사람이 똑같이 말하고 행동할수록 힘이 있다. 하지만 그 숫자를 구성하는 사람이 누구인지, 그리고 그들이 언제 어떤 방식으로 말을 하는지도 중요하다.

이제부터 보강 증거를 찾아 많은 이들을 설득하려 목소리를 낼 때, (1) 어떤 사람들이 관련되는 게 효과적인지(혹은 어떤 출처가 가장 효과적인지) (2) 언제 보강 증거를 꺼내는 게 효과적인지 (3) 어떤 방식으로 이를 배치하는 게 효과적인지 알아보겠다.

어떤 사람들이 목소리를 낼 때 효과적인가?

—

보강 증거는 사회적인 압력을 만들어내 누군가의 생각을 바꾸는 힘으로 작용한다. 하지만 어떤 사람이 목소리를 내는 게 유용할까? 모든 사람들의 목소리가 지닌 힘이 동일할까? 아니면 다른 사람보다 더 확신을 주는 사람이 있을까?

지난 2001년, 호주 멜버른의 라트로브대에서 사람들이 오디오로 공연을 듣고 어떤 반응을 보이는지 실험을 진행한 적이 있다.[7] 연구자들은 실험에 참가한 학생들에게 헤드폰을 주고는 이제부터 나오는 방송 프로그램을 평가해달라고 요청했다.

하지만 이 실험은 방송 프로그램을 평가하려는 게 아니라 무엇이 사람들을 웃게 만드는지에 대한 것이었다. 특히 사회적 영향력이 웃음에 어떤 영향을 미치는지 알아보고자 했다.

실험 참가자들은 헤드폰을 통해 스탠드업 코미디 공연의 녹화방송 같은 걸 들었다. 이때 한 그룹의 참가자들은 공연만 녹음된 버전을, 다른 그룹의 참가자들은 청중의 웃음소리가 함께 녹음된 버전을 들었다. 재미라는 감정은 다분히 주관적인 부분이지만, 코미디와 함께 청중의 웃음소리를 녹음해두면 사람들의 웃음을 자극한다고 알려져 있다. (실제로 이 때문에 〈사인펠드〉나 〈프렌즈〉 같은 유명 시트콤들은 청중의 웃음소리를 넣어 방청객과 시청자의 웃음을 유발한다.)

연구자들은 두 그룹을 분리해 그들이 얼마나 많이 웃는지를 관찰했다. 예상대로 청중의 웃음소리가 녹음된 버전을 들은 참가자들이 코미디언의 농담에 더 많이 웃었다.

실험은 여기서 끝나지 않았다. 연구자들은 웃음소리의 유무뿐 아니라 참가자들이 그걸 누구의 웃음소리라고 생각하느냐에 따라 웃음의 빈도가 달라지는지도 관찰했다.

한 그룹의 참가자들에게는 같은 사회집단인 라트로브대 재학생들의 웃음소리라고 이야기해줬다.

반면 다른 그룹의 참가자들에게는 사회집단이 다른 어느 정당 당원들의 웃음소리라고 말해줬다.

똑같은 웃음소리를 들었음에도 청자들의 반응은 달랐다. 자신들과 다른 사회집단의 웃음소리라고 인식했던 두번째 그룹의 경우 녹음된 웃음소리를 들어도 별 반응이 없었다. 그들의 행동은 바뀌지 않았다. 그들은 녹음된 웃음소리가 전혀 없을 때와 비슷한 빈도로 웃었다.

반면 공연에서 나오는 웃음소리를 자신들과 같은 사회집단의 웃음소리라고 인식했던 첫번째 그룹의 경우 행동이 바뀌었다. 그들은 네 배나 더 많이 웃었다.

사회적 동질성에 대한 인식은 매우 중요하다.[8] 나와 동질적인 사람이 어떤 농담을 재미있어한다면 어떨까? 그렇다면 나 역시 재미있어할 가능성이 크다. 반면 나와 동질성이 거의 없는 사람이 무언가를 재미있다고 여긴다면 이는 나에게 큰 의미가 없다. 무언가에 대한 평가는 경험, 선호도, 가치관 같은 것들에 영향을 받기 때문에 상대방이 나와 동질적이어야 그러한 평가가 유의미해지기 때문이다.

트립어드바이저에서 호텔을 검색한다고 해보자. 이때 무작정 고객 별점이 높은 호텔을 찾지 않을 것이다. 자신과 동질적인 고객들 사이에서 평점이 높은 호텔을 찾을 것이다. 만약 여러분이 두 자녀와 함께 가족 여행을 떠난다면 트립어드바이저에서 호텔을 찾을 때도 4인 가족 사이에서 평가가 높은 호텔 위주로 볼 것이다. 이 경우 힙스터인 이십대 사이에서 평점이 높은 숙소는 그리 큰 의미가 없다.

오히려 힙한 이십대 사이에서 높게 평가받는 호텔이라면 자녀와 함께하는 가족 여행객은 피해야 할 수도 있다. 마찬가지로 가족 여행객 사이에서 높게 평가받는 호텔을 힙한 이십대들도 똑같이 느낄 가능성이 크다.

다시 말해 자신과 동질성이 높은 사람들의 평가를 참고하는 경우 해석의 문제가 발생할 위험이 낮다. 또다른 내가 없다면 그나마 동질성이 높은 사람이 나와 가깝다. 동일한 상황에 접근하거나 동일한 문제를 겪는 사람이 나와 가깝다. 동일한 상품이 필요한 다른 사람들, 동일한 시장상황을 겪고 있는 다른 회사들. 이들이 우리와 더 비슷할수록 이들의 평가와 선택은 더욱 확고한 증거로 작용하며, 더 큰 영향력을 갖는다.

당신이 최근 대학을 졸업하고 좋은 직장에 취업했지만, 알코올 남용 문제를 겪고 있는 애슈턴이란 청년이라고 가정해보자. '알코올 중독자'라고 하면 술 때문에 직업도 잃고, 집도 잃고, 그리고 가족과 친구도 없는, 그야말로 완전한 실패자의 모습이 떠오른다. 그렇기에 당신은 자신이 알코올 중독자가 아니라고 생각한다.

그런 모습은 자신의 삶과는 완전히 달랐다. 당신에게는 사랑하는 가족이 있고, 좋은 친구들도 많고, 보장된 미래도 있다. 이런 모습은 '알코올 중독자'의 모습과는 다르다. 최근 음주운전 단속에 적발된 적도 있고, 가끔 술 때문에 블랙아웃도 겪고, 취해 있지 않을 때는 왠지 짜증스럽기도 하다. 하지만 다들 그런 거 아닌가?

그러니 치료를 위해 익명의 알코올 중독자들 모임에 나가는 것은 시간낭비라고 생각한다. 그런 모임에는 당신과는 전혀 다른 사람들이 모일 게 분명하니 말이다.

그러던 중 부모님이 하도 성화라서 마지못해 익명의 알코올 중독자들 모임에 한번 나가봤다. 예상대로 실패자 같은 사람들이 모여있었다. 어떤 사람은 노숙자처럼 보였고, 어떤 사람은 손까지 떨었다. '나와는 전혀 다른 사람들이잖아. 나는 저 사람들처럼 알코올 중독자가 아니야.'

그런데 잠깐, 저 사람이 의사라고? 그런데 여기서 뭐하는 거지? 저 사람은 판사라고? 뭐야 이거! 이 모임에는 사회적으로 '성공한' 사람들도 꽤 있었다. 박사학위 소지자들, 고소득 전문직 종사자들, 모두가 부러워하는 지위에 오른 사람들, 당신과 비슷한 사람들이 그곳에 있었다.

자신과 같은 사람들이 혹은 자신이 추구하는 자리에 오른 사람들이 알코올 중독 문제를 겪는다면, 그들의 이야기에 귀기울이게 된다. 그 결과 당신의 태도도 변한다.

설득이나 변화는 동질성만이 아니라 다른 요소로도 유발된다.

최근 네덜란드의 한 연구자가 자발적 정치 후원에 사회적 관계가 어떻게 영향을 미치는지 연구했다.[9] 정치인들의 활동에 있어서 정치 후원 문제는 매우 중요하다. 선거에 출마해서 홍보를 하려면, 선거운동원들에게 임금도 지불하려면, 여기저기 다니려면 돈이 필요하다. 하지만 정치 후원금을 내게 이끌기란 쉽지 않다. 사람들은 사느라 바쁘고, 선거에서 질 것 같은 정치인에게는 돈을 후원하는 걸 꺼린다. 이러한 상황에서 어떻게 하면 사람들이 자발적으로 정치 후원금을 내게 될까?

이 네덜란드 연구자는 오만 명 이상의 잠재적 후원자들을 대상으로 주변 사람들의 정치 후원이 개인의 정치 후원에 얼마나 영향을 끼치는지를 조사했다. 어떤 사람의 친구, 친인척, 직장 동료들이 정치 후원을 하는 경우 그 사람이 대선 후보에게 정치 후원금을 기부할 가능성이 얼마나 높아지는지를 살폈다.

예상대로 주변 사람들이 정치 후원을 하면 개인의 정치 후원 가능성은 더 높아졌다. 사람들은 주변의 누군가가 정치 후원을 했다는 사실을 알자 자신도 정치 후원을 해야겠다고 생각하게 됐다.

그리고 정치 후원을 한 사람이 주변에 많으면 많을수록 자신도 정치 후원을 해야겠다는 생각이 더 강해졌다. 즉 정치 후원을 하는 주변 사람들의 숫자가 정치 후원이 필요하다는 보강 증거로 작용했다. 주변에 정치 후원을 하는 사람이 딱 한 명 있을 때보다 두 명일 때 정치 후원을 할 가능성은 더 커졌다. 주변 정치 후원자들이 많아질수록 정치 후원을 할 가능성은 훨씬 더 커졌다.

하지만 여기서 정치 후원자들이 주변에 얼마나 있느냐 하는 숫자만큼이나 그 정치 후원자들과 어떤 관계인지도 중요하다.

여러분은 최근 후원을 할까 말까 고민중인데 지인 두 사람이 정치 후원중이라는 사실을 알게 되었다고 해보자. 이때 그 두 지인이 같은 사회집단에 속해 있으며 서로 아는 사이인 경우, 서로 다른 사회 집단에 속해 있고 서로 모르는 사이인 경우, 이 둘 중에서 어떨 때 정치 후원 가능성이 더 높아질까?

알다시피 마음을 바꾸는 데는 동질성만큼이나 다양성 또한 중요하다. 이 네덜란드 연구자가 알아낸 바에 의하면 두번째 경우일 때 정치 후원의 가능성이 더 높았다. 정치 후원을 진행한 지인 두 명 모두가 같은 가족이거나 같은 직장 동료인 경우보다는 한 명은 가족이고 한 명은 직장 동료인 식으로 사회적 관계가 더 다양할 때 정치 후원 가능성이 훨씬 높아졌다.[10]

이는 얼마나 많은 주변 사람들이 무엇을 하느냐만이 아니라 이 주변 사람들이 추가적인 정보를 주느냐 아니냐가 중요했기 때문이다.

어떤 행동을 하는 사람들의 숫자가 많을수록 이는 그 행동을 뒷받침해주는 증거가 된다. 하지만 동일 사회집단 내에서 나오는 숫자는 중복해서 셈하지 않기도 한다. 코미디를 좋아하는 두 사람이 동시에 어떤 텔레비전 드라마가 재미있다고 말하면 특정 집단에서만 인기 있는 것이라고 간주하기 쉽다. 두 사람이 서로 친하니까 한 사람이 다른 사람에게 영향을 받아 그런 의견을 갖게 되었을 거라고 여겨 두번째 의견은 셈하지 않는다.

하지만 두 사람이 서로 다른 사회집단에 속해 있거나 서로 취향이 다르다면 두 개의 평가를 좀더 신뢰하게 된다.

다수의 평가가 단일 그룹으로 묶여 하나의 평가로 간주되는 일은 우리 주위에서 흔하게 일어난다. 회계팀의 팀원 두 사람이 동일한 외부 공급자를 추천한다면 그들의 의견은 여러 직원의 의견이 아니라 '회계팀의 의견'으로 간주된다.

출처가 좀더 독립적일수록 좀더 확증이 많이 생긴다.

언뜻 생각해보면 동질성과 다양성은 서로 상충된다. 일단 그 단어의 의미부터 상반된다. 복수의 출처가 비슷한 개인이나 조직에서 나왔다면 다양성이 덜하다는 의미로 받아들여진다.

하지만 반드시 그렇지는 않다.

여러분의 친구들을 한번 생각해보라. 여러분과 친구들은 어떤 면에서는 비슷하지만, 모든 면에서 관점이 일치하지는 않는다. 한 친구와는 음악적 취향이 같을 수도 있고, 다른 친구와는 정치적 성향이 같을 수도 있다. 둘 다 당신과 비슷한 성향이지만 어느 정도는 다르다.

조직도 마찬가지다. 어떤 회사들은 규모가 같고, 어떤 회사들은 업종이 같다. 둘 다 비슷하면서도 다른 양상이 동시에 존재한다.

즉 동질성과 다양성은 동시에 작용할 수 있다.

잠재 고객을 설득할 때 똑똑한 기업들은 기존 고객들의 입을 통해 메시지를 대신 전한다. 명사 초청강연, 제품 시연회, 파티 등의 이벤트를 열어 잠재 고객들이 기존 고객들과 대화하는 기회를 만들어주고 이를 통해 잠재 고객들이 다양한 사회집단에 속한 사람들에게 제품에 관한 정보나 평가를 청취할 수 있도록 이끈다. 이때 잠재 고객들은 다양한 사회집단에 속한 기존 고객들의 의견을 편향되지 않은 관점, 신뢰할 수 있는 관점으로 인식할 가능성이 높다.

하지만 이와 같은 이벤트를 진행할 때는 자리도 신경써서 배치해야 한다. 잠재 고객들이 접하는 기존 고객들의 동질성과 다양성을 고려해야 한다. 예를 들어, 잠재 고객의 왼편에는 잠재 고객과 같은 업종의 회사에서 일하는 기존 고객을 배치하고, 오른편에는 업종은 다르지만 잠재 고객과 비슷한 규모의 회사에서 일하는 기존 고객을 배치할 수 있다. 잠재 고객이 자신과 비슷한 기술적 필요를 가진 사람이나 똑같은 분야에 근무하는 사람과 대화하게끔 이끌어준다.

어떤 대상을 설득해야 할 때 의견을 제시하는 사람들이 속해 있는 사회집단의 동질성과 다양성을 동시에 고려하면 설득의 가능성을 크게 높일 수 있다. 동질적인 사람들을 통해 의견의 타당성이 높아지고, 다양한 사회집단의 사람들을 통해 의견의 중복 삭제를 막아 의견의 설득력이 더욱 강화된다.

언제 목소리를 낼 때 효과적인가?

—

상대방을 설득하기 위한 증거로 다양한 출처의 목소리를 모을 때 증거의 효과는 극대화된다. 하지만 언제 이런 목소리를 낼 때 효과적인지도 중요하다.

중독 문제를 치료할 때 개입치료는 치료를 받거나 약을 끊기 위한 마지막 수단이자 가장 강력한 수단이다. 하지만 여기에는 흥미로운 질문이 따른다.

개입치료사를 찾기 전까지 중독자의 거의 모든 가족이나 친구들이 중독자에게 약물이나 알코올에 의존하는 성향에 대해 셀 수도 없을 정도로 말을 한다. 다만 그 시점은 제각각 다르다. 한번은 친구가, 한번은 가족 중 누군가가, 우려도 표하고, 부탁도 하고, 경고도 한다. 서로 표현방식이나 표면적인 내용은 다르지만 가족이나 친구들이 무슨 말을 하는지는 중독자 본인도 잘 안다.

하지만 이렇게 다양한 방식으로 중독에 대한 이야기를 이미 들었음에도 왜 중독자들은 변하지 않을까? 그리고 개입치료의 방식은 왜 그토록 효과적인 걸까?

우선 첫번째 이유는 개입치료사의 존재 때문이다. 개입치료사들은 치료의 효과를 극대화하는 방법을 찾도록 훈련받은 사람들이다. 그들은 중독치료를 위한 계획을 수립하고, 적절한 팀을 짜고, 중독자의 가족과 친구들에게 그들이 어떤 역할을 수행해야 하는지 알려준다.

두번째 이유는 주변 사람들이 감정을 전달하는 방식 때문이다. 개입치료를 하기 전까지는 대부분 중독자에게 화를 내거나 중독자와 대립하는 식으로 다소 추상적으로 감정을 전달한다. 하지만 개입치료사는 참가자가 현실을 받아들이게끔 유도한다. 중독자에게 소리를 지르고 야단을 치거나, 중독자의 잘못을 지적하지 않는다. 대신 주변 사람들이 중독자를 얼마나 우려하는지, 얼마나 사랑하는지를 전달한다.

이 두 가지도 중요하나 세번째 이유 또한 주목할 만하다. 개입 치료사들은 약물이나 알코올에 의존하는 행동을 그만두라고 수개월, 심지어 수년에 걸쳐 간헐적으로 전달하지 않는다. 개입치료를 할 때는 주변 사람들의 뜻을 중독자에게 한 번에 전달한다. 주변 사람들 모두가 중독자에게 바라는 바를 드문드문이 아니라 단번에 전달한다.

몇 년 전, 동료인 라구 이엔가르와 함께 새로 개설한 어느 웹사이트의 사용자 증가 속도의 분석을 진행했다.[11] 새로 만든 웹사이트들이 으레 그렇듯 그 웹사이트도 광고비로 많은 금액을 책정하지 않았기에 기존 사용자들을 통해 새로운 사용자들을 끌어들였다. 기존 사용자들이 페이스북을 통해 다른 사람들을 그 웹사이트로 초청했는데, 우리는 그 초청으로 새 사용자가 어느 정도나 유입되는지를 분석했다.

당연하게도 초청을 더 많이 받을수록 그 웹사이트에 가입할 가능성이 더 커졌다. 초청을 한 번만 받은 사람과 비교했을 때 초청을 두 번 받은 사람이 웹사이트에 거의 두 배 더 많이 가입했다.

얼마나 많이 초청을 받느냐도 중요했지만, 언제 초청을 받느냐도 중요했다. 서로 다른 사람들에게 집중적으로 초청을 받을수록 웹사이트 가입 가능성은 더 커졌다.

직장 동료의 텔레비전 드라마 추천에 대한 예시를 다시 생각해보자. 직장 동료가 어떤 텔레비전 드라마를 추천했는데 바로 다음날 다른 동료가 그 텔레비전 드라마를 또 추천한다면, 대부분 사람들은 최소한 그게 무슨 드라마인지 확인이라도 해본다. 여러 사람들이 거의 동시에 추천했다면 요즘 유행하는 드라마이거나 정말로 재미있는 드라마일 가능성이 크다고 판단하기 때문이다.

하지만 동료들이 띄엄띄엄 추천한다면 그 효과는 매우 낮다.

한 직장 동료가 어떤 텔레비전 드라마를 추천하고, 삼 주일 뒤 다른 동료가 그 드라마를 추천한다고 해보자. 이 경우 사람들이 드라마를 시청할 가능성은 매우 낮다. 그렇게 띄엄띄엄 추천됐다면 그 드라마를 사람들 사이에서 폭넓게 사랑받는 드라마라고 여기기 어렵다. 게다가 삼 주일이라는 시간은 많은 일들이 일어나기에 충분한, 처음 그 드라마를 추천받았던 걸 거의 잊을 법한 간격이다.

중독치료를 연구하는 사람들에 따르면, 주변 사람들이 중독자를 설득하더라도 이는 대개 넓은 시기에 분산된다고 한다. 중독자의 변덕스러운 행동을 알아챈 한 친구가 지나가는 말로 뭐라고 한다. 그러고 두 달쯤 지나 다른 친구가 또 뭐라고 한다. 그러다가 중독 때문에 사고를 내거나 경찰에 체포되는 좀더 심각한 상황이 발생하면 그

때는 좀더 직접적으로 말을 한다.

하지만 이렇게 의견을 분산해서 전달하면 별다른 힘이 실리지 못한다. 만약 두 사람이 서로 다른 시기에 서로 다른 의견을 전달하면 서로 무관한 의견이라고 대수롭지 않아 하거나 중복된 의견으로 여길 수도 있다. 전자의 경우라면 앞서 전달된 의견은 잊히고, 후자의 경우라면 앞서 전달된 의견은 중복 삭제를 당한다.

라구 이엔가르와 공동으로 진행했던 웹사이트의 사용자 증가 속도에 대한 분석에서도 비슷한 현상이 나타났다. 웹사이트에 대한 각각의 초청은 그 웹사이트가 괜찮은 곳이라는 어떤 증거가 된다. 하지만 뜨겁게 달궈진 도로에 떨어진 물이 증발하듯 두번째 초청을 받기까지 간격이 길어질수록 최초의 증거에 대한 사람들의 인식은 증발돼버렸다. 우리가 분석한 바에 의하면 최초의 초청을 받고 한 달이 지나면 초청 효과는 겨우 20퍼센트 정도만 남았다. 그리고 두 달이 지나면 초청의 효과는 거의 다 사라졌다. 그런 초청을 받아본 적도 없는 것처럼 말이다.[*]

반면 초청이 집중적으로 이뤄지면 감소 현상이 줄어들었다. 한자리에서 여러 구성원에게 동시에 행동 변화의 필요성에 대해 듣는 것처럼, 짧은 기간에 다수에게 웹사이트 초청을 받으면 그 웹사이트에

---

[*] 달리 말해 초청의 효과는 빠르게 감소돼 한 달에 80퍼센트씩 사라졌다. 그래서 한 달이 지났을 때는 초청의 효과가 겨우 20퍼센트 남아 있었고, 두 달이 지나자 겨우 4퍼센트 남아 있었다.

더 많이 가입했다.

분석 결과, 두 번 연달아 초청받은 사람들이 한 달이나 두 달의 간격을 두고 두 번 초청받은 사람들보다 그 웹사이트에 가입할 확률이 50퍼센트 이상 더 높았다.

설득할 때 모든 증거는 똑같이 작용하지 않는다. 짧은 기간 내에 집중적으로 제시되는 증거가 설득 효과는 더 크다.

새로운 서비스 혹은 중요한 사회적 의제에 사람들의 관심을 집중시키고 싶은가? 그렇다면 짧은 기간 동안 다양한 매체를 통해 잠재적인 지지자들에게 이에 대한 정보를 많이 노출해야 한다.

실제로 우리가 진행했던 다른 연구에서도 성폭행 같은 긴급한 사회 문제에 대해서 사람들이 다양한 매체를 통해 단기간에 집중적으로 노출될수록 더 많은 사람이 그 문제를 해결하고자 나섰다. 더 많은 사람들이 성폭행 피해자를 돕기 위해 청원에도 참여하고 소송을 돕기 위해 기부금도 더 많이 냈다. 같은 내용의 기사를 반복해서 보도하는 경우보다 제때 집중적으로 다양하게 소개하는 게 지지를 북돋웠다.

회사 임원을 설득하고 싶은가? 그때도 마찬가지다. 일단은 임원 사무실을 찾아 제안을 하고, 얼마 후 다른 동료가 찾아가 같은 제안을 한다면 설득의 가능성을 높일 수 있다. 단기간에 집중적으로 이루어지는 제안이나 설득은 변화 가능성을 크게 높인다.[12]

어떤 방식으로 목소리를 내는 게 효과적인가?
—

누군가의 마음을 움직일 때도 집중적으로 설득하는 방식이 유용하지만 대규모의 변화를 이끌 때도 도움이 된다. 조직의 변화를 추구하거나, 사회 운동을 일으키거나, 제품이나 서비스의 매출을 높이거나, 새로운 아이디어를 전파하는 등의 변화를 이끌고자 할 때도 이와 같은 원리가 활용될 수 있다.

가정용품을 판매하는 스타트업이 있다고 가정해보자. 스타트업이니까 시장을 개척해야 하는데, 시장 개척에 사용할 만한 시간, 돈, 인력 같은 자원은 매우 제한적이라 여러 시장을 공략할지 한 곳에 집중할지 선택해야 한다. 당연히 마케팅 비용도 얼마 없기 때문에 결정을 해야 한다.

이 경우 마케팅 자원을 열 개의 시장에 분산하여 투입해서 각각의 시장에 존재하는 일부 잠재 고객에게만 접근하는 편이 더 나을까? 아니면 마케팅 자원을 하나의 시장에만 집중적으로 투입해 해당 시장에 존재하는 다수의 잠재 고객들에게 접근하고, 그 시장에서 확고한 교두보를 마련하는 편이 더 나을까?

사회 운동을 추진할 때도 마찬가지다. 어떤 사회 운동을 처음 추진할 때는 모든 주요 도시에서 대대적으로 행사와 집회를 열 정도로 자원이 충분치 않기 때문에 선택을 해야 한다. 한 도시에서 다양하게 행사와 집회를 여는 편이 나을까, 아니면 다수의 도시에서 한 차례씩 행사와 집회를 여는 편이 나을까?

여기서는 이 접근법을 스프링클러 전략과 소방호스 전략이라고 부르겠다.

스프링클러는 물을 흩뿌린다. 스프링클러는 물을 여기 조금 저기 조금 뿌리며 넓은 범위를 비교적 빠르게 적신다. 스프링클러로 물을 뿌리면 특정 지점에 물이 많이 투입되지는 않으나 많은 지점이 물에 젖는다. 범위 내의 잔디는 약간씩 촉촉해진다.

반면 소방호스는 좀더 집중적이다. 물을 널리 퍼트리기보다는 한 구역에 쏟아붓는다. 따라서 동시에 진행하기보다는 여러 지점을 순차적으로 공략한다. 한 지점을 충분히 적신 후 다른 지점을 적시는 식으로 진행된다.

경험적으로 보면 스프링클러 전략이 더 낫다. 넓은 범위에서 인지도를 높일 수 있고, 리스크를 분산할 수 있고, 선발자 이익을 누릴 가능성도 더 크기 때문이다.

예시로 든 가정용품 스타트업이 최종적으로 열 개의 시장을 목표로 삼는다면 처음부터 열 개의 시장에 진입하는 게 더 괜찮을 것 같다. 우선 한 개의 시장만, 가령 뉴욕만 타깃으로 정하고 거기에 자원을 집중하면 보스턴이나 워싱턴에는 한참 후에야 진입할 테고, 로스앤젤레스에는 언제 진입할지 가늠할 수도 없다. 교우관계나 사회관계는 기본적으로 지역을 기반으로 형성되기 때문에 입소문 효과가 보스턴과 워싱턴을 넘어 로스앤젤레스까지 도달하려면 한참 걸린다.

하지만 경험적인 지혜라는 게 옳은 걸까? 스프링클러 전략이 언제나 효과적인 전략일까?

상황 나름이다. 접근하는 대상이 약한 의견을 가지고 있느냐, 강한 의견을 가지고 있느냐에 따라 스프링클러 전략이 나을 수도 있고, 소방호스 전략이 나을 수도 있다. 다시 말해 시소의 한쪽에 가벼운 물체가 올려져 있느냐 아니면 무거운 물체가 올려져 있느냐에 따라 효과적인 전략은 달라질 수 있다.

뉴욕 시장과 로스앤젤레스 시장에 접근하는 경우, 편의상 각각 네 명의 잠재 고객들이 있다고 가정해보자. 뉴욕에는 A, B, C, D라는 잠재 고객들이, 로스앤젤레스에는 E, F, G, H가 있다. 현실에서 보더라도 사람들은 지리적으로 가까울수록 더 밀접하게 교류하기 때문에 여기서도 그렇게 가정했다. 같은 도시의 잠재 고객들끼리는 서로 긴밀한 사회관계를 형성하고 있지만, 다른 도시의 잠재 고객들끼리는 교류가 없었다. 그리고 사람들은 사회관계망 내에서는 다른 이들과 정보를 주고받기에 누구 한 명이 어떤 정보를 입수하면 다른 사람들과 그 정보를 곧바로 공유했다.

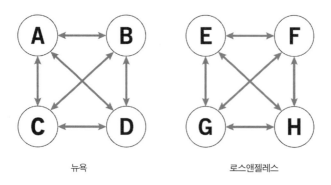

뉴욕   로스앤젤레스

현재 어떤 기업이 두 명의 잠재 고객에게 접근할 만큼만 마케팅 자원을 가진 상황이라면 어떤 전략이 더 효과적일까? 뉴욕과 로스 앤젤레스에서 각각 한 명의 잠재 고객을 타깃으로 삼는 편이 더 나을까? 아니면 한 도시에만 집중해 두 명의 잠재 고객에게 접근하는 편이 더 나을까?

접근하는 대상이 약한 의견을 가진 경우라면, 즉 약간의 증거만으로도 설득할 수 있는 경우라면 스프링클러 전략이 최선의 선택이다. 잠재 고객들은 자신의 사회관계망에 정보를 전달하기 때문에 각 시장에서 한 명씩 잠재 고객을 설득하면 결국 모두에게 정보가 퍼지니 그걸로 충분하다. 그러니까 뉴욕에서 A만 설득하면 A가 나머지 B, C, D에게 전달하고, 로스앤젤레스에서 E만 설득하면 나머지 모두가 정보를 접한다.

약간의 증거만으로도 사람들을 설득 가능한 시장이라면 A나 E 한 사람이 제시하는 증거로도 충분히 변할 수 있다. 그렇기 때문에 자원을 분산하여 각 시장에서 한 명만 타깃으로 삼아 접근할 수 있다.

이런 경우 자원을 집중하는 전략은 자원 낭비나 다름없다. 잠재 고객들은 변화를 일으키는 데 필요한 것 이상으로 설득을 듣게 되고, 다른 곳에 투입될 수도 있었던 자원이 한곳으로 몰린다.

결국 소방호스로 물을 쏟아부으면 필요 이상의 물이 낭비될 뿐이다.

약한 의견을 가지고 있는 시장에 대한 스프링클러 전략의 효과

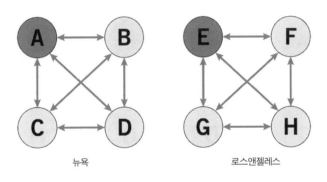

뉴욕   로스앤젤레스

마케팅 수용자의 총합 = 8

하지만 접근하는 대상이 강한 의견을 가진 경우라면 어떨까? 그러니까 잠재 고객을 설득하려면 여러 명이 설득해야 하는 경우라면 어떻게 해야 할까?

'무거운 물체'처럼 강한 의견을 가진 경우에는 더 많은 증거가 필요하므로 스프링클러 전략으로는 견인력이 충분하지 않다. 뉴욕의

A에게, 그리고 로스앤젤레스의 E에게 접근하면 이들은 자신의 사회 관계망 내에 있는 다른 사람들에게 자신이 알게 된 정보를 전달한다. 하지만 다른 사람들은 다양한 경로로 이에 대해 들어야 변화한다. 한 사람의 말만으로는 충분하지 않다. 각 시장에서 딱 한 명만 타깃으로 삼으면 그들이 다른 이들에게 전달은 하겠지만 누구도 변하지 않는다.

강한 의견을 가지고 있는 시장에 대한 스프링클러 전략의 효과

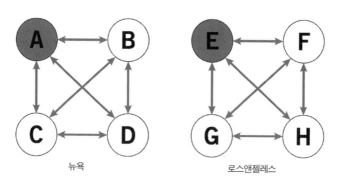

마케팅 수용자의 총합 = 2

따라서 접근하는 대상이 강한 의견을 가진 상황이라면 소방호스 전략이 더 효과적이다. (뉴욕의 A와 로스앤젤레스의 E처럼) 두 시장에서 각각 한 명의 잠재 고객에게 접근하는 게 아니라, 한 시장에 마케팅 자원을 집중하여 (뉴욕의 A와 B처럼) 한 시장에 있는 두 명의 잠재 고객들에게 접근한다. 마케팅의 대상이 된 두 명의 잠재고객들은 자

신들의 사회관계망에 있는 나머지 두 사람에게 정보를 전달하고, 그
러면 그 나머지 두 사람들도 변한다. 물론 이 경우 다른 시장은 한동
안 방치될 테지만, 변화하기 위해서 충분한 증거를 필요로 하는 이
들에게는 소방호스 전략이 더 효과적이다.

강한 의견을 가지고 있는 시장에 대한 소방호스 전략의 효과

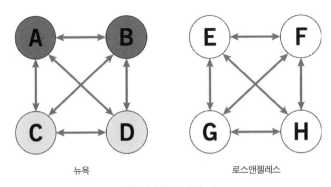

뉴욕   로스앤젤레스

마케팅 수용자의 총합 = 4

이와 같은 원리는 집단에도 그대로 적용된다.

개인과 조직은 서로 다른 부분으로, 그러니까 각각 다른 유형의
그룹이나 집단으로 분류된다.

그리고 사회적 유대관계를 공유하는 사람들끼리는 더 큰 연대감
을 갖고 더 많이 교류한다. 십대 학생들은 십대 학생들끼리 어울리
고, 학부모들은 다른 학부모들과 어울린다. 회사에서도 회계팀은 마
케팅팀보다는 자기네 팀끼리 어울리고 인사팀은 IT팀과 시간을 보

내기보다는 자기네 팀끼리 어울린다.

조직이나 사회집단에서 변화를 이끌어내고자 할 때도 그 내부의 한 집단에만 집중하여 접근하는 편이 효과적일지, 둘 혹은 여러 집단에 분산하여 접근하는 편이 더 효과적인지가 다르다.

설득 대상이 작은 증거만으로도 움직일 수 있는 약한 의견을 지닌 경우라면 스프링클러 전략으로 접근하는 게 바람직하다. 깊이 파고들지 않고 동시에 다수의 집단에 분산하여 접근하는 것이다.

하지만 설득 대상을 움직이기 위해서 강한 증거가 필요한 경우라면 자원을 집중할 필요가 있다. 처음에는 학생들을 설득하는 데 자원을 집중하고, 그다음에는 학부모들을 설득하는 식으로 말이다. 혹은 처음에는 회계팀을, 그다음에는 마케팅팀을 공략할 수 있다. 설득 대상이 강한 의견을 가지고 있어서 쉽게 변하지 않는 경우, 여러 출처에서 계속해서 그에 대해 듣게끔 사회적 인큐베이터를 만들어야 그들 역시 변화할 가능성이 높아진다.

약한 의견일까, 강한 의견일까?
—

사람들의 마음을 변화시킬 때 그들의 의견이 약한 의견인지, 강한 의견인지부터 파악해야 한다. 가치관이나 의견이든, 제품이나 서비스든, 행동, 아이디어, 어떤 계획이든 어떤 경우든 작은 증거라도 한

쪽에 더 많은 정보가 제시되어야 한다.

단순한 취향에 대한 의견보다는 정치적 성향에 대한 의견을 더 바꾸기 어렵다(거의 모든 사람의 경우에는 그렇다). 복사용지에 대한 의견보다는 소프트웨어 시스템에 대한 의견을 훨씬 바꾸기 힘들다. 브랜드 선호도조차도 제품의 유형에 따라 다르게 나타난다. 즐겨 마시는 음료수 브랜드는 좀처럼 바꾸지 않지만, 주방세제 브랜드는 상대적으로 쉽게 바꾼다. 자동차 브랜드보다는 종이타월 브랜드를 쉽게 바꾼다.

무엇이 약한 의견인지 강한 의견인지 파악하려면 그게 얼마나 변하기 쉬운지를 고려해야 한다. 구입 가격이 비쌀수록, 전환 비용이 많이 들수록, 리스크가 클수록, 논란의 여지가 많을수록, 설득의 대상은 약한 의견보다는 강한 의견이 되기 쉽다. 이런 강한 의견을 바꾸기 위해서는 더 많은 증거를 제시해야 한다.

비용 문제도 그렇다. 9달러짜리 스테이플러를 사게 만드는 건 어렵지 않다. 동료의 추천 한마디에 혹은 블로그 포스트 하나에도 마음이 바뀐다. 하지만 900만 달러짜리 컴퓨터 시스템을 구매할 때라면 어떨까? 구매 책임자의 마음을 움직이려면 많은 증거가 제시되어야 한다.

위험성의 경우도 마찬가지다. 누군가에게 라식 수술을 권한다고 해보자. 라식 수술은 지금까지 수백만 건 이상 시술됐기에 위험성이 전혀 없다고까지는 말할 수 없겠지만, 어느 정도는 검증받은 수술이라 사람들을 설득할 수 있다. 하지만 아직 충분히 검증되지 않은, 새로운 수술을 권하는 상황이라면 어떨까? 사람들이 이런 수술을 선택하려면 그들을 안심시킬 만한 충분한 증거가 제시되어야 한다.

재정적으로 크게 손실이 나거나, 평판에 심각한 타격이 가해질 수도 있는 어떤 일의 진행을 설득하려면 그에 상응하는 많은 증거가 필요하다.

강한 의견을 바꾸는 일은 힘들긴 하다. 하지만 불가능하지는 않다. 더 많은 보강 증거를 갖춰 그 무게를 극복하면 되기 때문이다. 그리고 더 많은 증거가 다양한 출처에서 비롯되어야 한다는 사실을 기억해야 한다. 같은 맥락의 증거를 제시하는 사람들을 다양한 사회집단에서 더 많이 찾아내고, 이들이 제시하는 증거를 제때 제시해 설득의 가능성을 극대화할 수 있다. 한 개인이 아니라 넓은 범위에서의 변화를 이끌어낼 때는 제한된 자원을 분산 투입할지, 집중 투입할지를 판단해야 한다. 변화의 대상이 강한 의견을 가진 경우라면 스프링클러보다 소방호스가 더 나은 선택이 된다.

자신의 중독을 치료한 이후 필은 다른 중독자들의 갱생을 돕는 데 인생을 바치고 있다. 개입치료사가 된 필은 지금까지 수백 명의 약물 중독자들이나 알코올 중독자들의 인생을 되찾아주었다.

중독 증세가 심한 경우 중독자 혼자서는 치료하기가 매우 어렵다. 다른 사람들의 도움이 필요하다. 필은 이렇게 말했다.

"저희가 만나는 사람들 중 상당수는 대학 학위가 있고, 자신의 분야에서 어느 정도 성취를 이루어낸 훌륭한 사람들입니다. 똑똑하다고 평가받고, 인격적으로도 훌륭하고, 사랑하는 사람을 둔 그런 사람들도 마약이나 알코올에 중독됩니다. 가족들은 인생의 다른 분야에서는 유능한 사람이 어떻게 중독 문제를 이겨내지 못할까 의아할 겁니다.

하지만 그건 혼자서 당뇨병이나 암을 못 이겨내는 일과 같습니다. 중독, 그건 질병입니다. 혼자서는 이겨낼 수 없는 질병이요."

필의 이 말을 사람들의 마음을 움직이는 일에 똑같이 적용할 수 있을 것이다.

소비자들의 식습관을 어떻게 바꾸는가

　지금까지 사람들의 변화를 가로막는 다섯 가지의 장벽들과 이를 허무는 방법을 이야기해왔다. 이 책을 마무리하면서 그 다섯 가지의 장벽들을 모두 허문, 미국 역사상 가장 돋보이는 마케팅 캠페인으로 꼽히는 사례를 소개하고자 한다. 바로 부속 고기 섭취 캠페인이다. 부속 고기 섭취는 그리 매력적인 선택지는 아니다. 그러나 제2차세계대전이 한창이던 1943년 미국 정부는 고기를 좋아하는 국민들에게 스테이크 섭취를 줄이고, 뇌나 신장 같은 부속 고기를 구워 먹으라고 설득해야 했다. 그러한 식습관의 변화를 국민들이 자랑스러워하도록 만들어야 했다.

　1943년 1월, 미국의 전임 대통령 허버트 후버는 한 식품 관련 잡지에 미국의 육류 공급상황을 우려하는 글을 기고했다. 그는 그 기고문을 통해 다음과 같이 이야기했다. "이번 전쟁에서 고기와 지방은 전차와 항공기만큼이나 중요한 군수품이다… 그러나 우리의 농가에는 가축을 돌볼 일손이 부족한데다가 우리는 영국과 러시아에도 식량을 공급해야만 한다."[13]

식량은 사람들의 생명을 유지시키는 물자이기도 했지만 국가 안보의 문제이기도 했다. 제1차세계대전 당시 미국식량청을 이끌었던 허버트 후버는 종종 전쟁터에서 아주 먼 곳에서 승패가 갈리기도 한다는 사실을 잘 알았다. 전쟁에서 승리하기 위해서는 연합군 병사들을 잘 먹여야만 했다. 게다가 전쟁 때문에 유럽의 식량 공급망이 붕괴됐기 때문에 미국은 미군뿐 아니라 연합군까지 책임져야 했다.

하지만 이 모든 병사들에게 식량을 공급한다는 것은 후방에 남은 국민들에게 돌아갈 몫이 줄어든다는 것을 의미했다. 소고기와 돼지고기의 상당량이 유럽의 전선으로 공급된다면 치즈와 버터처럼 고기도 곧 미국에서는 배급해야 할 수밖에 없었다.

미국인들의 식습관에 큰 타격을 주는 상황이었다. 그전까지만 해도 붉은 고기는 미국인들 특히 노동자들에게 주요한 에너지 공급원이었다. 식탁에 붉은 고기가 올라야 제대로 된 식사라고 여기는 경우가 많았다.

누군가가 고기 섭취에 대한 미국인들의 인식을 바꿔야 했다. 스테이크와 로스트, 폭찹이 아니라, 군인들이 덜 먹는 부위인 췌장, 심장, 간, 혀 같은 다른 부속 고기를 후방에 있는 국민들이 소비해야 했다.

미국 정부는 광고사들에 의뢰하여 부속 고기 섭취 캠페인을 진행했다. 지식인들은 소와 돼지의 부속 고기는 저렴하면서도 영양학적 가치가 높다고 강의했다. 그리고 애국심에 호소하는 알록달록한 포스터와 팸플릿도 등장했다. "미국인이여! 전장의 군인들에게 고기를 양보해주세요" "우리가 적게 먹으면 그들이 충분히 먹는다" 같은 문구가 포스터에 적혀 있었다. 평범한 미국인도 고기만 적게 먹으면 전쟁에서 이기는 데 기여할 수 있다고 홍보했다.

이 호소는 아름다운 모습을 보여줌으로 사람들을 고무시켰다. 소나 돼지의 간으로 식사 준비를 하는 엄마의 모습을 담은 포스터나 부속 고기의 섭취를 독려하는 화려하고 예쁜 포스터들이 계속해서 만들어졌다.

그러나 이렇게 다각도로 노력했음에도 미국인들의 식습관은 달라지지 않았다.

평범한 미국인들도 전장의 청년들을 당연히 걱정했다. 부속 고기의 섭취가 영양 면에서도 나쁜 선택이 아니라는 점도 이해했다.

하지만 신경을 쓰고 이해를 한들 식습관을 바꾸기란 쉽지 않았다. 관성 때문에 혹은 비위가 약해서 부속 고기를 먹지 않는 사람들을 비난하는 목소리도 나왔다. 하지만 간이나 혀나 췌장에는 좀처럼 손이 가지 않았다.

육류 공급이 부족한 상황에서 국민들이 어떻게 부속 고기를 섭취하게 움직일 수 있을까?

미국 국방부는 미국인들의 고기 섭취 습관을 변화시키고자 '식습관위원회'라는 위원회를 출범시켰다. 그리고 식습관위원회는 쿠르트 레빈이라는 심리학자에게 미국인들의 식습관을 바꿀 방안을 요청했다.[14]

사회심리학의 창시자로 통하는 쿠르트 레빈은 독일에서 공부했으나, 나치당의 독재를 피해 1933년 미국으로 이주했다. 그는 일상적으로 일어나는 문제를 교묘하게 심리 실험으로 바꾸는 마법사였고, 세상을 얼마나 더 개선할 수 있는지를 보여주었다.[15]

1942년 전까지만 하더라도 대부분은 감성에 호소하거나 교육을 통해 대중의 의견을 바꿀 수 있다고 믿었다. "정확한 사실을 분명하게 알려준다면 틀림없이 대중은 관심을 갖게 되고, 설득당해서 의견을 바꿀 것이다."[16] 사람들에게 애국심처럼 그들이 신경쓰는 무언가와 그들이 어떻게 행동해야 하는지를 연결해 알려주면 대중이 움직일 것이라고 생각했다.

그러나 레빈은 일련의 조사를 통해 다른 접근법을 취했다. 부속 고기를 먹는 것이 영양 면에서 손색이 없고, 애국자가 되는 길이긴 하다. 하지만 이 사실을 알려줘봐야 사람들은 행동을 바꾸지 않았다. 레빈은 "어떻게 해야 사람들이 부속 고기를 먹게 설득할까?" 하고 질문을 던지지 않고 다르게 접근해보기로 했다. 이 책을 통해 얘기해온 내용들과 비슷하게 사람들이 부속 고기를 섭취하지 않게 막는 장벽이 무엇인지, 어떻게 하면 이를 멈출 수 있는지부터 찾았다.

레빈은 면담, 관찰, 자료 조사 등을 통해 사람들의 부속 고기 섭취를 가로막는 주요한 장벽들부터 찾았다.

일단 캠페인의 방식이 문제였다. 앞서 진행된 캠페인은 "전쟁에서 승리하려면 고기를 양보하라"라는 식으로 사람들에게 무엇을 하라고 지시했다. 애국심에 호소해 사람들에게 선택권을 준다는 분위기를 덜 풍겼기에 사람들의 행동 변화를 이끌어내는 데 실패한 듯했다.

둘째로 미국인들은 기존의 식습관을 너무나도 중시했다. 미국인들은 스테이크와 폭찹을 먹는 식습관에 너무 애착을 가져 이를 포기할 수 없는 소중한 무언가로 인식하고 있었다.

셋째, 국민들에게 너무 큰 요구를 했다. 부속 고기 섭취 캠페인 초기에는 살코기 섭취를 중단하고 부속 고기 위주로 식단을 짜라고 했다. 하지만 대부분의 미국 가정에서는 이런 드라마틱한 변화를 받아들이기 힘들어했다.

넷째, 불확실성이 너무 컸다. 대부분의 미국 사람들은 부속 고기를 집에서 먹어본 적이 없었다. 주부들은 부속 고기를 어떻게 요리해야 하는지, 부속 고기의 맛이 어떨지, 가족들 입맛에 맞을지 잘 몰랐다. 가족들에게 부속 고기 요리를 차려준다는 것은 상당히 위험부담이 큰 일이었다.

마지막으로 대부분의 사람들은 부속 고기는 먹는 게 아니라고 생각했다. 어떤 사람들은 부속 고기를 깡촌 사람들 혹은 하층민들이나 먹는 부위라고 생각했다. 어떤 사람들은 못 먹고 버리는 부위라고 생각했다.

이러한 사실을 파악한 레빈과 식습관위원회는 구닥다리 방식으로 전개된 부속 고기 섭취 캠페인을 중단했다. 그리고 자신들이 찾아낸 장벽을 없애는 데 역량을 집중하기로 했다.

불확실성을 없애기 위해 그들은 부속 고기를 판매하는 점포들을 늘렸고, 부속 고기 판매점에서 요리법을 알려주는 식으로 캠페인을 진행했다. 그들은 기존의 식단에 부속 고기 요리를 몇 가지 넣어보라고 제안하여 사람들의 불안감을 줄여줬다. 당시 한 신문에 다음과 같은 논설이 기고되기도 했다. "스테이크에 콩팥 파이를 곁들이면 남편들이 좋아할 것이다." 간 같은 경우는 미트로프에 살짝 집어넣으면 아이들이 모르고 먹을 거라고 제안하기도 했다.

그런가 하면 국민들에게 하는 요구의 크기를 줄여 국민들의 현재 식습관과 정부의 지향점 사이의 간극을 좁히는 작업도 진행했다. 미국인들에게 매일 부속 고기 위주로 식단을 짜라고 하기보다 가끔 부속 고기를 먹어보라고 제안했다. 그리고 소고기를 갈아서 쓰거나 소시지를 만들 때 부속 고기를 조금 넣어보라고도 권했다.

기존 식습관의 소유 효과를 줄이기 위해서 레빈은 변화하지 않았을 때 미국이 치러야 하는 비용을 강조했다. 후방의 국민들이 계속해서 스테이크와 폭찹을 먹으면 전방에 있는 군인들이 제대로 힘을 못 쓴다고 강조했다.

부속 고기 섭취의 필요성을 전파하면서 국민들의 리액턴스 효과를 줄이고 캠페인에 자율성을 부여하기 위해 레빈은 부속 고기 섭취에 관한 강의가 아니라 시민 참여 토론으로 형식을 바꿨다. 주부들에게 뭘 해야 한다고 말해주는 게 아니라 주부들을 토론회에 참여시켜 직접 부속 고기 섭취에 관해 의견을 나누게 했다. 주부들은 '자신과 같은 주부들이' 변화를 이끌고 미국의 승리에 기여할 수 있음을 토론회를 통해 인식하게 되었다.

토론회에서 나온 보강 증거는 부속 고기의 섭취에 대한 긍정적인 인식으로 이어졌다. 토론회에 참석한 주부들은 저마다 부속 고기를 어떤 식으로 요리하고 있는지 어떻게 섭취하는지를 공유했다. 이런 과정을 통해 전쟁에서 이기기 위해 다들 부속 고기를 먹고 있다고 인식하게 됐다.

토론회가 끝나면 토론회 리더들은 토론 참석자들을 대상으로 다음 토론 모임 때까지 부속 고기 요리를 해보겠느냐고 즉석에서 물었다.

그러면 대부분의 참석자가 부속 고기 요리를 만들어보겠다고 대답했다.

토론회의 효과는 놀라울 정도였다. 토론회에 참석한 주부들이 평균치보다 30퍼센트 이상으로 부속 고기 이용에 긍정적인 반응을 보였다.[17] 그뿐이 아니었다. 토론회 이후 미국 내의 부속 고기 소비량이 삼분의 일가량 증가했다. 특히 간 요리가 인기였다.

레빈과 식습관위원회는 단순히 소비자들을 움직인 게 아니다. 이들은 거의 불가능해 보이던 변화를 이끌어냈다. 국민 대다수가 먹을 것으로 인식하지 않는 식재료를 국가적인 별미로 바꾸기란 결코 쉽지 않다. 이 책에서 소개한 원리들이 바로 이런 일을 가능하게 만들었다.

THE CATALYST

에필로그

무언가를
변화시키고자 한다면
제대로 이해하라

Reactance effect
Endowment effect
Distance
Uncertainty
Corroborating **E**vidence

이스라엘-팔레스타인 분쟁은 우리 시대의 가장 까다로운 문제로 꼽힌다. 지난 수십 년 동안 협상은 계속해서 실패로 돌아갔고, 시간이 흐를수록 서로를 향한 폭력이 가속화돼 고질적인 불신과 증오가 이어졌다. 이스라엘과 팔레스타인 지역에서는 자살 폭탄 테러나 로켓포 공격 등 온갖 잔혹한 대립이 일어나며 많은 시민들이 생명의 위협을 느끼며 살아간다. 정착촌의 확장, 이주 제한, 극심한 경제 제재 등으로 많은 사람들이 더욱더 빈곤해지고, 최소한의 권리도 누리지 못한다.

상황이 이러니 서로에게 적의를 키워가는 것도 어찌보면 당연하다. 이들은 서로를 적이라 부르며, 어떤 수단을 써서라도 물리쳐야 할 대상으로 인식한다. 이제 이스라엘과 팔레스타인 사이의 우정이나 신뢰는 불가능해 보인다.

하지만 희망이 보이던 시절도 있었다. 1993년의 어느 화창한 아침, 워싱턴에서는 당시 대통령이던 빌 클린턴이 백악관에서 유명 인사들이 참석한 자리에서 오슬로협정의 공개 서명을 발표했다. 오슬로협정은 이스라엘의 라빈 총리와 팔레스타인해방기구PLO의 아라파트 의장 간에 이뤄진 협정이었다.

이스라엘의 정치 수장과 PLO의 정치 수장 사이에 이루어진 최초의 협정인 오슬로협정은 중동의 평화를 위한 역사적인 사건이었다. 오슬로협정에 따라 앞으로 PLO는 국가로서 이스라엘의 존재를 인정하고, 이스라엘을 상대로 폭력 투쟁을 멈추기로 했다. 그리고 이스라엘은 가자지구 및 서안지구에서 군대를 철수하고, 팔레스타인 자치 정부를 인정하기로 했다. 이후 라빈 총리와 아라파트 의장은 평화에 기여한 공로를 인정받아 노벨평화상을 수상하기도 했다. 오슬로협정을 발표하던 자리에는 라빈 총리와 아라파트 의장을 지지하기 위해 미국의 전임 대통령들과 주요 정치인들이 한자리에 모여 있었다.

그런데 연설 도중 클린턴 대통령은 특별히 어느 단체를 거론하며 "여기 모인 모든 분들 가운데 누구도 이 단체만큼 중요한 역할을 해내지는 못했습니다"라고 찬사를 보냈다.

세계적인 명사나 유력자들로 구성된 단체도, 전임 대통령이나 주요 언론인들이 있던 단체도 아니었다. 그날 그 단체의 회원들은 녹색 티셔츠와 청바지를 입고서 전문가들 사이에서 지극히 평범한 모습으로 자리하고 있었다.

그들은 여름캠프를 운영하는 어느 단체에서 온 사람들이었다.

'평화의 씨앗Seeds of Peace'이라는 이 단체는 매해 여름 이집트, 이스라엘, 팔레스타인의 십대 청소년들을 미국 메인주의 한 호숫가로 모아 캠프를 운영한다.

이 캠프에 참가하는 청소년들은 잠도 함께 자고, 식사도 함께 하고, 여느 여름캠프와 마찬가지로 다양한 프로그램들을 함께 수행한다. 특히 캠프 참가자들이 서로를 더 잘 알 수 있도록 북돋우는 프로그램이 많이 포함되어 있다.

평화의 씨앗 캠프 참가자들은 대부분 타국 청소년들과 긍정적인 관계를 형성할 기회가 전혀 없던 이들이다. 평화의 씨앗 캠프 참가자들은 각국 정부의 협조하에 대표성을 지닌 청소년들로 선발된다. 정착촌 출신도 있고, 자신과 종교관이 다르면 이단이라고 생각하는 청소년도 있다. 대부분 신념이 강한 이들로 선발된다.

이집트인으로 이 캠프에 참가했던 하비바라는 청소년은 이렇게 말했다. "저는 상당한 증오감을 품고 캠프에 참가했습니다. 저는 그 캠프에서 이집트인의 입장을 설파하려고 했어요. 다른 사람의 말을 듣거나, 뭔가를 배울 생각은 없었죠."* 하비바는 이스라엘 참가자들에게 이스라엘 정부가 얼마나 나쁜지를 알려주고 이스라엘 사람들

★ 이스라엘 청소년들도 똑같이 말했다.

은 남의 땅에서 사는 셈이라고 말해줄 작정이었다. 아랍인으로서 그렇게 하는 게 애국이라고 믿었다.

많은 청소년들이 캠프 참가를 꺼렸다. 그들은 캠프에 참가하면 조국을 배신하는 것처럼 여겨질까봐 걱정했다. 이집트와 팔레스타인 청소년들은 '이스라엘 청소년들과 같은 숙소에서 자다가 밤 사이에 공격당하면 어쩌지' 하고 두려워했다. 이스라엘 청소년들은 팔레스타인 청소년들과 같은 테이블에서 밥을 먹는다는 사실 자체를 못 견뎌 했다.

캠프에서 미술활동 같은 몇몇 활동들은 마음 맞는 사람들끼리 팀을 이루어 진행할 수 있지만, 암벽 등반 같은 활동은 상대를 싫어하든 좋아하든 피할 수가 없었다. "위로 올라가려면 누구의 손이라도 잡아야 했습니다. 그렇게 도움을 좀 받는다고 해서 곧바로 적대감이 사라지지는 않았어요. 오히려 거부감이 들더라고요. 정말 힘들었어요. 기분이 좋지 않았어요." 한 캠프 참가자의 말이다.

그렇게 삼 주가 지나면 원수같이 지내던 이 청소년들 사이에 놀라운 일이 일어난다.

그전과 생각이 달라지는 것이다.

캠프 프로그램 중에는 암벽 등반과 미술활동 외에 '그룹 챌린지'라는 활동이 있다. 여기에는 다양한 활동이 포함되는데 긴 밧줄로 어떤 모양을 만드는 활동을 하기도 한다.

밧줄로 동그라미나 별을 만드는 일은 꽤 간단해 보이지만, 얼마

전까지만 하더라도 영토와 정치에 관한 이견으로 언쟁하던 청소년들끼리 한 그룹으로 묶인다면 이야기는 달라진다. 청소년들은 다른 쪽 사람과 함께 뭔가를 하는 상황 자체를 거부한다. 많은 이들이 반대파와 협력하는 데 관심이 없는 자기주장이 강한 리더들이었다.

그룹 챌린지 중에는 하이로프라는 활동도 있다. 참가자들은 두 명씩 짝을 이뤄 한 명이 밧줄을 붙잡고 전신주를 오르는 사이 다른 한 명이 9미터 아래의 지상에서 어떤 식으로 움직여야 하는지를 알려주는 활동이다. 하이로프 활동을 좀더 모험적으로 구성하기 위해서 심지어 눈을 가리고 진행하기 때문에 전적으로 짝에게 모든 행동을 의지해야만 한다.

이 프로그램은 서로 협력하지 않고서는 수행할 수 없게 구성되어 있다. 때로는 짝이 된 두 사람 모두가 눈을 가리고 함께 9미터 상공으로 올라간다. 이때 두 사람은 서로 손을 잡고 서로 대화하면서 밧줄을 더듬거려 이동해야 한다.

하비바는 하이로프에서 자기주장이 매우 강했던 이스라엘 참가자와 짝이 되었다. 앞서 진행됐던 대화 프로그램에서 너무 완고하게 이스라엘의 입장을 대변하던, 하비바와는 어떤 공통점도 찾기 힘든 참가자였다. 하비바는 그를 신뢰하지 못했지만 눈을 가리고 지상 9미터 위치에 오르자 그 이스라엘 참가자의 말에 의지해 균형을 잡을 수밖에 없었다.

하비바에게는 다른 선택지가 없었다. 이스라엘 짝의 말을 무시한다면 9미터 아래로 떨어질 터였다.

하이로프가 진행되는 동안 그 이스라엘 짝은 충실하게 하비바를 인도해주었다. 하비바는 뭔가 달라지고 있다고 느꼈다. 그녀로서는 전혀 예상치 못했던 전개였다. "그 아이도 저와 똑같은 사람이었어요. 그 높은 장소에 눈을 가리고 올라가보니 그 친구가 이스라엘 사람이고, 우리가 서로 의견이 다르다는 사실은 전혀 중요하지 않았어요. 떨어지지 않으려면 그 아이를 전적으로 믿어야 했죠."

하비바의 변화는 더 폭넓은 깨달음으로 이어졌다. "캠프에서 이주를 보내자 국적만으로 상대를 판단하지 않게 됐어요. 그 사람 자체로 판단하게 되었죠."

하비바만 이러한 변화를 겪은 게 아니었다. 시카고대 연구진은 평화의 씨앗 캠프 참가자들 가운데 이스라엘 참가자들과 팔레스타인 참가자들을 대상으로 서로에 대한 태도 변화를 장기간 추적해보았다.[1]

연구 결과 캠프 참가자들 사이에서 변화가 분명하게 관찰되었다. 캠프가 끝나자 양국 참가자들은 서로에게 더 호감을 갖게 되었고 서로를 더 신뢰하게 되었다. 더이상 상대방을 무조건 적이라고 인식하지 않았다. 또한 양국 사이의 평화 가능성에 대해 전보다 더 낙관적으로 기대하게 되었다. 평화의 필요성도 더욱 분명하게 인식하게 되었다.

캠프를 마치고 어느 정도 시간이 지나면 참가자들의 태도가 다시 예전처럼 돌아갈 거라고도 예상됐다. 상호 적대적인 분위기가 흐르는 고향에서 얼마간 지내다보면 다시 휩쓸릴 거라고 말이다.

하지만 그렇지 않았다. 캠프를 마치고 1년이 지나서도 달라진 인식과 태도는 유지되었다.

평화의 씨앗 캠프는 그저 참가자들의 태도만 변화시킨 게 아니었다. 캠프 참가자들 가운데 많은 이들은 양국의 평화를 위한 행동에도 참여했다. 평화의 씨앗 캠프 참가자들을 추적 조사한 결과,[2] 캠프 참가자들 중 상당수가 성인이 된 이후 양국의 평화 증진과 사회 변화를 위한 활동에 참여했다. 캠프에 다녀온 지 10년 혹은 그 이상 됐음에도 말이다.

1993년 연설에서 평화의 씨앗 캠프 참가자를 '중동 평화를 위한 미래'라고 일컬었던 클린턴 대통령의 시각은 옳았다.

국가 간의 분쟁을 보도할 때 언론에서는 종종 어느 한 면만을 중점적으로 부각한다. 그래서 유대인들은 아랍인들의 땅과 집을 빼앗고 그들을 내쫓는 괴물로, 팔레스타인인들은 자신들의 신앙을 맹목적으로 따르는 자살 폭탄범으로 인식된다. 이와 같은 정형화된 인식에 배타적 민족주의가 더해지면 상대방을 같은 인간이 아니라 '적'으로 인식하게 된다. 마주할 일 없는 먼 사람으로 여긴다.

하지만 평화의 씨앗 캠프는 이와 같은 인식을 바꿨다. 서로를 괴물이나 적으로 인식하던 청소년들이 캠프를 통해 서로 상당한 공통점을 가졌다는 사실을 깨닫게 되었다. 캠프 참가자들은 비슷한 또래였다. 다들 저마다의 취미나 관심사를 가진, 학교에 다니는 자신과 같은 사람이었다.

"저와 같은 테이블에 있던 이스라엘 아이는 오렌지를 좋아하면서 껍질 까는 법을 잘 모르더라고요. 그 아이에게 오렌지 껍질 까는 법을 알려줬어요. 함께 생활하니까 그런 게 보이더라고요. 이스라엘 아이들이 어떤 샴푸를 쓰는지도 알게 되었고요. 그런 걸 보면 상대도 나와 똑같은 인간이었구나 하고 깨닫게 돼요." 하비바가 했던 말이다.

평화의 씨앗은 정말로 놀라운 변화를 만들어냈다. 그들은 이스라엘-팔레스타인 분쟁을 겪는 당사자의 생각을 크게 뒤바꿨다. 그리고 이와 같은 일은 이 책에서 말하는 촉매의 방식으로 그들이 접근했기에 가능했다.

이러한 변화에 대해 이야기해주면 어떤 사람들은 그건 특별하고 예외적인 경우라고 넘겨버린다. 회사 입장에서는 삼 주일 동안 여름 캠프에 전 직원을 보낼 수도 없고, 몇몇 영업사원들과 고객들이 함께 하이로프 같은 프로그램을 수행할 수도 없기 때문이다.

이런 프로그램은 물론 쉽게 접할 수 없다. 하지만 이 책에서 살핀 것과 기본 원리가 같은 방식이 왜 활용될 수 있었는지를 들여다볼 수는 있다.

평화의 씨앗 캠프에서는 팔레스타인 참가자들에게 이스라엘 참가자들과 친구가 되라고 강요하지 않았다. 왜 서로를 믿어야 하는지 잔뜩 나열하지도 않았다. 학생들을 앉혀놓고 무엇이 '옳은 생각'인지 쉴 새 없이 강연하거나 선언하지도 않았다. 그저 분쟁 당사국 국민들의 인식 변화를 가로막는 핵심 장벽들을 낮추려고 노력했을 뿐이었다.

평화의 씨앗 캠프는 사람들을 설득했지만 이는 참가자들의 리액턴스 효과를 유발하는 방식으로 이뤄지지 않았다. 물론 주최측이 추구하는 목표 혹은 지향점은 있었다. 하지만 이 방향으로 캠프 참가자들을 몰아세우는 게 아니라, 참가자들 스스로 생각하고 판단하도록 했다. 참가자들이 직접 자신의 길을 찾도록 프로그램을 구성했다.

평화의 씨앗은 단번에 큰 변화를 주문하지 않았다. 대신 점진적으로 거리감을 줄여나갔다. 첫날부터 각국 참가자들에게 서로 친구가 되어야 한다고 말하지 않았다. 그저 처음에는 같은 숙소에서 잠을 자도록 했고, 그다음에는 같은 식탁에서 식사하도록 했고, 그다음에는 같은 팀에서 활동하도록 했다. 그러자 각국 참가자들은 서로 대화를 시작했다. 같은 팀으로서 수행하는 프로그램 활동은 참가자들에게 공감대를 형성하는 토대가 되어주었다.

이런 식으로 캠프를 진행해나가자 참가자들 사이에서 불확실성이 줄어들었다. 주최측에서는 초기 비용을 줄일 뿐 아니라 여름캠프의 환경을 중립적이면서 안전하게 유지하기 위해 많은 노력을 기울였다. 그 결과 서로를 적으로 인식하던 청소년들이 자연스럽게 상호작용할 수 있었다. 즉 가만히 앉아서 청소년들이 상호작용을 하기를 바라는 게 아니라 자연스럽게 상호작용하는 상황을 만들어냈다. 여름캠프가 삼 주일 동안 짧게 진행된다는 점도 참가자들의 불안감을 줄여줬다. 최악의 경우라 하더라도 참가자들은 곧 전과 같은 일상을 되찾을 수 있었다.

마지막으로, 평화의 씨앗 캠프는 참가자들에게 다른 그룹 사람들에 대한 인식을 변화시키는 보강 증거로 작용했다. 만약 하비바가 어떤 계기로 어떤 이스라엘 사람을 만나 그와 친구가 되었다고 해보자. 이 경우 하비바는 그 친구가 여느 이스라엘 사람과는 다르다고 생각했을지도 모른다. 그 친구가 이스라엘인이긴 하지만 다른 이스라엘 사람과는 다르다고 생각할 수도 있다. 그렇기에 하비바가 괜찮은 이스라엘 사람을 한 명만 만나는 경우 이스라엘 사람 전체에 대한 하비바의 인식은 달라지지 않는다. 그러나 평화의 씨앗 캠프를 통해 다수의 이스라엘 청소년들과 친구가 된다면 이스라엘 사람들에 대한 인식은 전반적으로 달라질 가능성이 높다. 이 경우 하비바는 앞으로 다른 이스라엘 사람들을 만나도 이들을 신뢰할 가능성이 전보다 훨씬 더 커진다.

변화의 진짜 장벽을 파악하라

—

행동과학자 쿠르트 레빈은 이렇게 말했다. "무언가를 정말로 이해하고 싶다면 그것을 변화시켜보라." 나는 그 역도 성립한다고 생각한다. 무언가를 변화시키고자 한다면 그것을 제대로 이해해야 한다.

상대방을 변화시키려고 할 때 우리는 너무 자기중심적으로 행동한다. 우리가 추구하는 목표나 변화만 생각하고, 그런 목표나 변화가 모두에게 옳고 좋은 것이라고 맹신한다. 그렇기에 우리가 아는 정보와 사실을 상대에게 제시하고 논리적으로 설명하면 상대가 우리를 따를 거라고 생각한다.

그러나 그런 일은 거의 일어나지 않는다. 우리는 우리의 목표와 지향점에 몰입한 나머지 변화를 위해 필요한 가장 중요한 부분, 즉 변화 대상을 이해하는 일을 간과한다.

그들이 누구인지는 물론이고, 그들이 원하는 것과 우리가 원하는 것이 어떻게 다른지, 왜 그들은 아직까지 변하지 않았는지, 그들의 변화를 어떤 장벽이 가로막고 있는지, 혹시 단순히 주차 브레이크가 잠겨 있는 상황은 아닌지 등을 고려하지 않는다. 이러한 점들에 대해서는 지금까지 이 책에서 주요하게 다루었다.

사람들의 변화를 가로막는 장벽이 무엇인지를 더 정확히 파악할

수록 더 쉽게 사람들을 변화시킬 수 있다. 그리고 이 변화가 제로섬을 의미하는 게 아니라는 사실을 사람들에게 인식시켜줘야 한다.

사람들은 무언가가 변하면 누군가는 손해를 본다고 생각한다. 자신이 변하면 손해보지 않을까 걱정한다. 흑백논리 혹은 두 가지 길밖에 없다는 식으로 받아들인다.

하지만 실상은 이보다 더 복잡하다.

어떤 음식점의 주방에서 두 명의 셰프가 하나 남은 오렌지를 두고 서로 싸우고 있다. 둘 다 서둘러 주문 들어온 요리를 만들어야 하는데, 둘 다 자기 요리를 만들려면 오렌지가 꼭 필요하다. 그래서 누가 그걸 쓰느냐를 두고 티격태격한다.

그렇게 다투다가 결론이 나지 않자 결국 오렌지를 반으로 갈라서 나눠 쓰기로 했다. 두 사람 다 필요한 오렌지 양의 절반만 쓰게 됐다.

하지만 두 셰프가 조금만 더 깊게 대화를 나눴다면 더 좋은 결과를 얻었을 것이다. 왜 오렌지가 필요한지 서로 이해했더라면 말이다. 왜냐하면 한 사람은 소스에 넣을 오렌지 과즙이, 다른 한 사람은 케이크에 들어갈 오렌지 껍질이 필요했기 때문이다.

요리를 하든, 정원의 잡초를 제거하든, 이스라엘 사람들과 팔레스타인 사람들의 상호이해도를 높이려고 하든, 무엇을 하든 간에 근본적인 뿌리를 파악해야 한다.

변화를 가로막는 진짜 장벽을, 주차 브레이크를 확인하라. 그러면

변화가 뒤따를 것이다. *

촉매의 힘

—

평화의 씨앗 여름캠프 이야기에서 몇 가지 중요한 시사점들을 찾을 수 있다.

첫째, 누구든 변할 수 있다. 무언가의 구매에 관한 것이든(아큐라의 사례), 투표에 관한 것이든(심도 있는 청취의 사례), 금연에 관한 것이든, 농부들에게 혁신적인 농업 기술을 수용시키는 일이든(잡종 옥수수 품종의 사례), 소비자들에게 새로운 서비스를 이용시키는 일이든(드롭박스의 사례), 아이들에게 채소를 먹이는 일이든, 누구의 생각이나 태도든 변화시킬 수 있다. 마약 중독자가 치료를 받게 하고, 은행 강도가 투항하게 이끌고, 보수주의자가 트랜스젠더의 권리 보호를 지지하게 이끌고, 이스라엘 사람들과 아랍 사람들이 서로 신뢰하게 만들고, 고기를 좋아하는 사람을 채식주의로 이끌고, 기업의 조직 문화를 바꾸는 등의 변화도 마찬가지다.

이와 같은 변화가 쉽다는 말도, 사람들의 마음을 하룻밤 사이에 바꿀 수 있다는 말도 아니다. 커다란 변화는 그렇게 하루아침에 이

★ 변화의 장벽들을 파악하는 데 '역장 분석'을 활용할 수 있으며, 이에 대해 부록 부분에 소개해놓았다.

루어지지 않는다.

세계에서 가장 거대한 협곡인 미국의 그랜드 캐니언은 그 길이만 450킬로미터에 이르고, 협곡 꼭대기에서 바닥까지 걸어 내려가려면 네 시간 이상 걸릴 정도로 깊이도 깊다. 미국의 로드아일랜드주가 통째로 들어갈 정도로 큰 협곡이라 그랜드 캐니언에서 자체적으로 기상 현상이 발생할 정도다.

그렇다면 이 그랜드 캐니언은 어떻게 생긴 걸까? 혹자는 그랜드 캐니언의 모양을 보고 '큰 지진이나 지각 변동의 결과가 아닐까' 하고 예상한다.

그랜드 캐니언은 그렇게 단번에 생겨나지 않았다. 그랜드 캐니언은 수백만 년에 걸쳐 물이 바위를 천천히 깎으며 오늘날과 같은 모습이 되었다. 그랜드 캐니언을 만든 물은 꾸준히 흘러 결국 콜로라도강이 되었다.

지지 정당을 바꾼 사람에게 어떻게 그렇게 되었느냐고 물어보라. 어느 날 갑자기 어떤 영감을 받아서 지지 정당을 바꿨다고 답하는 사람은 없다. 갑자기 어떤 영감을 받아서 위대한 영화나 소설 작품은 만들 수 있지만 실생활에서 커다란 변화가 갑자기 일어나는 경우는 거의 없다.

대신 우리 삶의 커다란 변화는 그랜드 캐니언처럼 만들어진다. 다수의 중대한 계기들에 의해 오랜 시간에 걸쳐 서서히 바뀐다. 대학에서 교수와 대화를 하거나 동급생과 긴 토론을 함으로, 큰 병을 겪으면서 의료체계를 다시 보게 됨으로, 그전까지 지지하던 정당이나 지도자가 자신의 정체성과 다른 방향으로 나아간다는 걸 인식함으로 변화한다. 이런 식으로 아주 오랜 기간 서서히 변화한다.

커다란 변화는 이렇게 몇 주, 몇 달, 심지어 몇 년이 걸린다. 하지만 왜 사람들이 변화하는지, 그리고 왜 사람들이 변화하지 않는지를 이해함으로써 촉매의 힘을 통해 변화를 더욱 촉진할 수 있다.

둘째, 변화를 이끌어내는 더 나은 방법이 있다. 더 강하게 밀어붙이는 게 아니라, 변화를 가로막고 있는 장벽들을 낮추거나 제거하는 촉매가 되어 변화의 가능성을 크게 높일 수 있다.

입시 학원을 경영하는 나피즈 아민은 공부를 더 많이 해야 한다고 학생들을 설득하지 않았다. 그는 리액턴스 효과를 낮춰 학생들 스스로 최선의 길을 찾도록 이끌었다. 시민 단체 활동가인 데이브 플라이셔 역시 트랜스젠더의 권리를 옹호해야 한다고 강요하지 않았다. 그는 거리감을 줄이고, 사람들이 트랜스젠더들의 권리에 대해 스스로 생각하도록 만들었다. FBI의 위기 대응 협상가 그레그 베치는 용의자들에게 "손을 들고 나오지 않으면 쏘겠다"라고 말하지 않는다. 대신 그는 대화를 통해 용의자들의 상황과 그들이 정말로 원하는 바를 알아내 용의자가 경찰에 투항하는 것이 현재로서는 최선의 선택이라고 판단하게 유도한다.

이 책의 각 장에서 논해진 다섯 가지 원리들은 사람들의 생각을 바꿀 때, 사람들의 행동을 변화시킬 때, 사람들의 행동을 이끌어낼 때 효과적으로 활용될 수 있다. 이를 다음의 표에 개괄적으로 정리해놓았다.

리액턴스 효과	압박을 받으면 사람들은 저항한다. 그러니 사람들에게 무엇을 하라고 요구하거나 강압적으로 설득하기보다는 스스로 판단하고 행동하도록 만들며 의도하는 쪽으로 이끌어야 한다.
소유 효과	사람들은 현상 유지를 바란다. 이러한 소유 효과를 극복하기 위해서는 변화하지 않았을 때 치러야 하는 비용을 알려줘 변화하지 않는 것이 생각보다 비싼 대가를 치를 수 있음을 보여줘야 한다.
거리감	사람들은 자신의 인식 영역에서 멀리 떨어져 있는 견해에 대해서는 좀처럼 동의하지 않는다. 기각 영역에 있는 견해에 대해서는 평가절하하거나 거부하므로 작은 것부터 부탁해서 거리감을 좁히거나 공감대를 기반으로 인식의 판을 바꾸는 식으로 접근할 수도 있다.
불확실성	불확실성은 변화의 속도를 늦춘다. 변화 앞에서 사람들이 멈추는 일을 막으려면 불확실성을 줄여야 한다. 제품의 시험 사용 가능성이 클수록 소비자들의 구매 가능성 역시 커진다.
보강 증거	누군가를 설득하고자 할 때 더 많은 증거가 필요한 경우가 있다. 다양한 출처에서 모은 보강 증거는 해석의 문제를 극복하게 해준다.

고객을 설득하고자 할 때, 조직을 변화시키고자 할 때, 업계가 움직이는 방식을 깨고자 할 때, 변화를 가로막는 장벽이 무엇인지부터 파악하라. 그리고 그런 장벽을 낮출 방법을 찾아보라.

변화를 가로막는 다섯 가지의 장벽들을 점검해볼 수 있는 체크리스트를 정리한다.

리액턴스 효과 줄이기	• 어떻게 길을 인도할 수 있을까? 청소년 금연을 위해 이뤄진 '진실 캠페인'처럼 당신이 원하는 길로 어떻게 사람들을 이끌까? • 메뉴를 제시할 수 있는가? 아이에게 브로콜리를 먼저 먹을지, 치킨을 먼저 먹을지 물어보는 식으로 제한된 선택 대상들을 제시할 수 있는가? • 태국의 〈스모킹 키드〉 금연 캠페인처럼 생각과 실제 행동의 차이가 있는 경우 이를 어떻게 강조해줄 수 있을까? • 이쪽의 요구를 곧바로 제시하지 말고, 상호이해의 분위기부터 형성했는가? 상대방이 변화를 거부하는 진짜 이유를 찾았는가? 그레그 베치처럼 먼저 상대방과 신뢰를 형성하고, 그를 토대로 변화를 이끌어냈는가?
소유 효과 낮추기	• 상대방이 무엇 때문에 변화를 거부하고 현상 유지를 선택하고 있는가? • 현상 유지를 선택함으로써 상대방이 치러야 하는 비용 가운데 상대방이 모르고 있는 부분은 없는가? • 재정자문가 글로리아 배럿처럼 변화하지 않아 발생하는 손해를 어떻게 인식시킬 수 있는가? • 탐험가 에르난 코르테스와 IT 책임자 샘 마이클스처럼 실현 가능한 다른 선택지를 없애버렸는가? • 브렉시트 찬성 활동을 주도했던 도미닉 커밍스처럼 새로운 것을 잃어버린 것을 되찾을 기회로 소개할 수 있는가?
거리감 좁히기	• 상대방의 기각 영역에 들어가는 확증편향을 어떻게 피할 것인가? • 작은 것부터 요청할 수 있는가? 트럭 운전사의 체중 감량을 유도할 때 의사인 다이앤 프리스트가 청량음료 섭취를 줄이라고 주문했듯 변화를 소분해 점점 더 요구할 수 있는가? • 변화의 가능성을 지닌 중도층은 누구인가? 이들이 다른 이들의 변화를 옹호해줄 수 있는가? • 상대방과 공감대를 형성할 수 있는 주제는 무엇인가? '심도 있는 청취'처럼 상대방과 공통된 경험과 감정을 찾아 대화의 판을 바꿀 수 있는가?

불확실성의 해소	• 어떻게 해야 불확실성을 줄이고 사람들을 변화로 이끌 수 있을 까? 어떻게 해야 시험 사용 가능성을 높일 수 있을까? • 드롭박스의 경우처럼 프리미엄 방식을 적용할 수 있는가? • 자포스처럼 고객들의 초기 비용 부담을 줄일 수 있는가? 시승, 대 여, 샘플 제공 같은 방식으로 시험 사용 가능성을 높일 수 있는 가? • 사람들이 찾아오기를 기다리는 게 아니라 먼저 다가갈 수 있는 가? 낮은 인지도를 극복하려 했던 아큐라처럼 접근할 수 있을까? • 취소를 허용함으로써 사람들의 최종 결정을 도울 수 있는가? 2주 간 시험 분양 기간을 운용하는 동물보호소나 반품 정책을 매우 느슨하게 운용하는 판매점들처럼 행동할 수 있는가?
보강 증거의 제시	• 설득해야 하는 상대방이 약한 의견을 가지고 있는가, 아니면 강한 의견을 가지고 있는가? 구입 가격, 리스크, 전환비용, 논 란의 여지는 얼마나 강한가? • 어떻게 하면 더 많은 증거를 제시할 수 있을까? 개입치료사들 처럼 사람들이 다양한 출처에서 비슷한 이야기를 듣게 할 수 있는가? • 동질적이면서도 다양한 목소리로 증거를 더 제시 가능한가? • 짧은 시간 동안 집중적으로 증거를 제시할 수 있는가? 짧은 기 간 동안 여러 사람에게 같은 소리를 듣게 할 수 있는가? • 넓은 범위의 변화를 이끌고자 할 때 소방호스를 쓰겠는가? 스 프링클러를 쓰겠는가? 자원을 집중 투입하겠는가? 분산 투입 하겠는가?

책을 마무리짓는 시점이니 마지막으로 가장 중요한 말을 하겠다. 누구나 변화의 촉매가 될 수 있다.

언변이 빼어날 필요도 없다. 파워포인트 작성 능력이 뛰어날 필요 도 없다. 대기업에서 일을 하거나 상당한 광고 예산을 동원할 필요도 없다. 특정 분야에서 특출난 전문지식을 가질 필요도 없다. 사람들을 이끌 만한 카리스마를 갖출 필요도 없다.

제이체크 노워크는 자신의 계획에 대한 경영진의 동의를 이끌어 내느라 애를 먹었다. 그가 몸담은 금융계는 특히나 변화에 느린 편이다. 그는 고객 경험을 개선하고자 했는데, 이는 은행에서 중요하게 여기지 않는 부분이었다. 그러나 그는 자신의 계획을 은행 임원들과 동료들이 몸소 경험하게 했다. 직접 그 가치를 확인하자 반대의 벽이 허물어졌다. 결국 사람들은 제이체크의 제안을 수용하게 되었다.

척 울프는 세계적으로 손꼽히는 대기업과 맞붙었다. 그들의 홍보비 예산은 척 울프의 예산보다 천 배 이상 많았다. 게다가 척 울프가 맡은 청소년 금연 캠페인은 수십 년 동안 수많은 단체들이 시도했으나 번번이 실패했던 일이었다. 그러나 척 울프는 직접적으로 금연을 요구하는 대신 청소년들에게 그들이 알아야 하는 사실만을 제시해 금연 캠페인에 성공했다. 그는 청소년들을 수동적인 구경꾼이 아니라 적극적인 참여자로 만들었고 청소년들이 캠페인을 주도한다고 믿게 이끌었다. 이렇게 함으로써 청소년들의 리액턴스 효과는 줄어들었고 청소년들은 청소년 금연 캠페인의 확산자가 되었다.

닉 스윈먼은 자신의 스타트업을 본 궤도에 올릴 방법을 찾고 있었다. 그가 창업한 슈사이트닷컴의 현금이 바닥날 상황이었기에 소비자들을 변화시켜야만 했다. 그것도 빠르게. 하지만 소비자들의 습관을 바꾸기 위해 화려한 광고와 홍보를 동원하지 않았다. 대신 소비자들의 변화를 가로막고 있던 장벽을 낮췄다. 제품의 배송료(와 반송료)를 무료로 제공했고, 온라인 구매에 대한 소비자들의 부담을 크게 낮춰주었다. 시험 사용으로 장벽이 낮아지자 자포스의 이용과 관련된 리스크와 불확실성이 줄어들었고, 자포스는 10억 달러 이상의 가치를 지닌 기업으로 성장할 수 있었다. 오늘날 우리가 익숙하게 이용하는 온라인 쇼핑은 이런 과정을 거쳐 성장했다.

이와는 다른 상황에서 평범한 누구라도 변화의 촉매가 될 수 있다. 사람들이 진짜로 원하는 것이 뭔지를 파악하고, 장벽을 없애고, 변화를 이끌어낼 수 있다.

우리 모두는 바꾸고 싶은 대상이 있다. 정치인들은 유권자들을 변화시키고 싶어한다. 마케팅 담당자들은 고객 기반을 더욱 강화하고 싶어한다. 직원들은 임원들의 관점을 변화시키고 싶어한다. 조직의 리더들은 조직을 혁신하고 싶어한다. 부부들은 배우자의 생각을 변화시키고 싶어한다. 부모들은 자녀들의 행동을 변화시키고 싶어한다. 스타트업들은 업계의 흐름을 변화시키고 싶어한다. 비영리 단체들은 세상을 바꾸고 싶어한다.

이 책을 통해 우리는 변화에 대한 최신 연구들을 살펴봤다. 언제, 어떻게, 왜 사람들이 신념을 바꾸고, 행동을 개선하고, 전과는 다른 시각을 수용하는지를 알아보았다.

변화를 가로막는 장벽을 낮추는 다섯 가지의 원리들을 익혀 변화의 촉매가 되어라. 당신도 그렇게 될 수 있다. 당신도 변화를 현실로 만들어낼 수 있다.

감사의 말

그레그 베치, 데이브 플라이셔, 척 울프, 막스 도로디언, 필 라듀스, 스테판 버퍼드, 프레드 모슬러, 앤디 아널드, 네디 라자루스, 데이비드 브록먼, 나피즈 아민, 제이체크 노워크, 킴벌리 컬몬, 서배스천 벅, 마이클 와이저, 마이클 폰, 프리양카 포드, 에드워드 세르보, 브렌던 보슈, 힐러리 로, 카롤리나 에르난데스, 디에고 마르티네스, 마이클 함멜버거, 실비아 브랜스컴, 캐서린 데보라, 샌드라 해모르스키, 매트 샤피로, 필 킴, 뎁 레비, 지아웰 리, 하비바를 비롯해 시간을 내어 자신의 경험담을 들려준 모든 분들에게 감사를 전한다.

이 책을 쓰게 된 최초의 아이디어를 제안해준 리처드 로러에게 감사를 전한다. 이 책의 원고를 정리해준 존 콕스, 출간과정을 전부 관리해준 앨리스 라플란테, 여러 가지로 도와준 존 카프에게도 감사한다. 자신의 분야에 관한 전문 지식을 알려준 니콜 보이켄스, 크리스틴 린퀴스트, 커트 그레이, 질리언 뎀프시, 알렉스 밀러, 마이크와 제시 크리스티언, 알렉산더 버거, 루이스 스탠거, 패트릭 제프스, 저스틴 에트킨, 케리 모어웨지, 율리아나 슈레더, 네드 라자루스, 가베 애덤스에게도 감사드린다. 나의 지식 부족으로 때로는 엉뚱한 질문을 던졌지만 이분들은 인내심 있고 사려 깊게 답해주었다.

이 책을 위해 함께 자료를 모아준 조지 페리지, 자웨이 리, 샐리 신, 테오 다미아니, 윌리엄 머레이, 캐서린 왕에게도 감사를 전한다. 원고를 재미있게 읽어준 캐럴라인과 릴리에게도, 재스퍼를 잘 돌봐준 브리타니 헐에게도, 집필중 멋진 휴식 시간을 보내게 해준 트래비스와 UNC 점심 농구팀에도 감사한다. (이 책으로 내가 왜 항상 늦었는지 설명되면 좋겠다.)

오랜 시간 많은 도움을 받았던 닙시 허슬에게도 감사한다. 고인의 명복을 빈다. 나를 이끌어주었던 바비 프랜시스에게도 감사를 전한다. 바쁜 와중에도 초안을 읽고 조언을 아끼지 않았던 메건 코스텔로, 샴바비 크리쉬나무르티, 제이미 조셉, 린지 피스트, 재커리 보븐, 제이슨 피터슨, 질 리, 알렉스 카프레타, 조시 마치, 애스턴 해밀턴, 아만다 모리슨, 마거릿 사던, 팔론 도밍거스, 앤서니 베쉐이, 줄리아 문에게 감사하다. 아이디어가 어떻게 적용될 수 있는지 계속 격려해준 덕분에 이 책의 내용을 다듬을 수 있었다. 짐 레빈에게도 감사를 전한다. 그가 없었다면 이 책은 완성되지 못했을 것이다. 나를 이끌어줘서 항상 고맙다. (언젠가는 나도 그처럼 모든 것에 달관한 사람이

되면 좋겠다.) 마지막으로 항상 나를 물적 심적 도덕적으로 지지해주
시는 부모님에게도 감사를 표한다.

THE
CATALYST

부록

적극적 청취

—

상대방이 진짜로 원하는 것이 무엇인지를 파악하려면, 상대방이 변화하지 않는 이유를 알려면 상대방부터 이해해야 한다. 적극적 청취는 이에 효과적인 방법이다. 듣는 것도 중요하지만 들으면서 적절한 질문도 던질 수 있어야 한다. 또한 상대방에게 당신이 듣고 있다는 사실도 인식시켜줘야 한다. 당신이 상대에게 집중하고 있고 상대의 이야기를 잘 따라가고 있다고 알려줘야 한다. 적극적 청취를 위한 몇 가지 방법을 소개하겠다.

상대방의 이야기를 듣고 있다고 표현한다

—

상대방의 이야기를 잘 듣고 있다고 보여주기 위해서는 보디랭귀지도 활용해야 하고, 추임새도 넣어줘야 한다. 고개를 끄덕이고, 상

체를 상대방 쪽으로 기울이고, 상대방과 눈을 맞추며 "그렇죠" "네
네" "그랬군요"라고 하면서 적절히 호응해야 한다. 이런 짧은 응답은
대수롭지 않게 보여도 함께 대화하고 있다고 느끼게 해준다. 이러한
보디랭귀지나 짧은 대꾸 같은 피드백이 없다면 상대는 대화에 자신감
이나 흥미를 잃을 수 있고, 더 나아가 대화의 의미를 잃을 수도 있다.[1]

질문하면서 대화를 이어나간다

적절한 질문은 대화를 지속하고, 대화자 사이에 신뢰를 형성한다.
자기소개부터 스피드데이트까지 다양한 상황에서 이뤄지는 대화
를 살펴보면 더 많이 질문하는 사람이 더 호감을 산다.[2] 질문을 던짐
으로써 유용한 정보를 얻어 함께 대화하는 사람들을 더 잘 이해하게
된다.

그러나 질문을 한다고 모두 좋은 것은 아니다. ("왜 쓰레기 안 버렸
어?" 같은) 이유를 캐묻는 질문을 하면 상대방은 추궁당한다고 느끼
기 때문에 방어적인 태도를 취할 수 있다. ("혹시 집에 총기가 있습니
까?" 같은) '예' '아니오'처럼 단답형으로 대답하게 만드는 질문도 대
화를 계속 이어나가는 데는 비효과적이다.

반면 ("그 일에 대해 더 말씀해주실 수 있나요?" "와, 어떻게 그렇게 된
거죠?" 같은) 열린 답변을 할 수 있는 질문은 듣고 있다는 사실을 알

려줄 뿐 아니라 나중에 유용하게 활용될 만한 정보를 얻게 해준다.

고요함의 힘을 이용한다

고요함에는 상대방을 누르는 압박감이 있다. 이에 사람들은 고요함을 이기지 못하고 입을 열게 된다. 위기 대응 협상가들은 인질범과 대화할 때 상대방에게 말을 거는 것이 오히려 위험하다고 판단되면 추가 정보를 얻기 위해 말을 멈춘다. 질문을 계속 던지며 대화를 이어가기보다 고요함의 힘을 이용해 상대방이 침묵을 깨게 만든다.

고요함은 사람들의 주의를 이끌어내기도 한다. 뭔가 중요한 메시지를 전달하기 전이나 후에 말을 잠시 멈추면 사람들은 말하는 사람에게 더욱 집중한다. 오바마 대통령은 이를 잘 활용했다. 그는 자신의 선거 구호인 "예스, 위 캔Yes, we can"을 말할 때 종종 "예스… 위 캔"이라고 끊어서 말했다. 2008년에 행했던 한 선거 연설에서 다음과 같이 수차례 끊어서 발언함으로써 메시지의 효과를 극대화했다. "우리 미국이… 모든 것이 가능한 나라라는 사실을… 의심하는 사람이 아직 있다면… 우리 건국의 아버지들의 꿈이… 우리 시대까지 이어지고 있다는 사실에… 의구심을 품은 사람이 아직도 있다면… 우리 민주주의의 힘에… 의문을 제기하는 사람이… 아직도 있다면… 우리가 모인 이 밤이… 그들에게 답이 될 겁니다." 전략적인 고요함은 메시지의 힘을 더욱 강화하고, 사람들의 주의를 집중시킨다.

상대방의 말을 따라 한다

상대방의 발언 가운데 마지막 몇 단어를 따라 하면 상대방의 발언을 집중해서 듣고 있음과 상대방의 발언에 동조한다는 점을 효과적으로 표현할 수 있다. 이렇게 표현하면 상대방이 더 많은 정보와 감정을 표출할 수도 있다. "우리 협력사는 언제나 하루이틀 늦게 제품을 가져와"라는 말을 들었다면 "항상 하루이틀 늦는다고요?"라고 반응할 수 있다. 이를 통해 상대방과 의미 있는 대화를 이어나갈 수 있다.

이때 상대가 사용한 단어를 정확히 똑같이 반복하기보다는 한두 단어를 바꾸면 더 효과적이다. 이런 식으로 표현을 조금 달리 하면 상대방의 이야기를 집중해서 듣고 있다는 점뿐만 아니라 상대방의 이야기를 전부 이해하고 있음을 전할 수 있다.

상대방과 공감한다

사람들의 마음을 움직이려면 정보만큼이나 감정도 중요하다. 정보와 숫자도 물론 필요하지만, 공감하는 데 실패하면 상대방의 마음을 움직이기 어렵다. 상대방의 감정을 파악하고, 상대방에게 공감한다는 점을 표현하라. "화가 나신 것 같아요"라든가 "많이 당황하셨겠어요" 같은 표현은 상대의 말을 잘 듣고 있다는 점과 상대방에게 공감하고 있다는 점을 전한다. 상대방의 감정을 정확하게 파악하기 어려울 때도 있지만 상대방에게 공감한다고 표현을 함으로써 상대방의 원하는 바를 제대로 파악할 수 있다.

프리미엄 비즈니스 모델의 활용

—

새로운 사용자들을 유인하고 그들을 유료 사용자들로 전환하는 과정에서 프리미엄 비즈니스 모델은 강력한 도구가 될 수 있다. 하지만 이 모델은 무료 서비스를 어느 정도에서 제공하느냐에 따라 성공할지 실패할지가 좌우된다.

만약 드롭박스가 무료 저장 공간을 아주 조금만 제공하고, "더 많은 저장 공간을 이용하려면 요금을 내십시오"라고 팝업 메시지를 띄웠다고 생각해보라. 거의 모든 사용자가 꽤 불만스러워할 것이다. 이제 막 서비스를 써봤는데 돈을 내라고 한다면, 드롭박스 서비스를 제대로 이용해보지도 않았는데 돈을 내라고 한다면, 프리미엄 비즈니스 모델에 이끌려온 사용자들 중 대부분은 다른 서비스로 옮겨갈 것이다.

반대로 무료 서비스를 너무 많이 제공해도 문제가 생길 수 있다. 원래 뉴욕타임스는 자사 웹사이트에서 계정 하나당 한 달에 스무 개까지 무료 기사를 읽게 해줬다. 그런데 무료로 읽을 수 있는 기사를 많이 제공하자 유료로 전환하는 구독자의 비율이 너무 적었다. 대부분의 구독자들은 한 달에 스무 개의 기사만 봐도 충분히 만족스러워했다. 굳이 유료 구독자로 업그레이드할 필요성을 못 느꼈다.

프리미엄 비즈니스 모델은 유료 서비스로 업그레이드해야겠다고 판단할 만큼 긍정적인 경험이 쌓이게 무료 서비스를 충분히 제공하되, 무료 서비스만으로도 충분하다고 여길 정도로 지나치게 많이 제공하지는 않는 게 핵심이다.

실제로 뉴욕타임스는 자사 웹사이트 사용자들을 분석해 무료 제공 기사를 계정 하나당 한 달에 열 개로 조정했다. 한 달에 기사 열 개면 일반 구독자들에게는 충분히 많으나 기사를 많이 읽는 구독자들에게는 유료 서비스로 업그레이드를 해야 할 정도였다.

프리미엄 비즈니스 모델을 활용할 때는 일단 얼마나 많은 사람들이 신규 회원으로 가입하는지를, 그리고 얼마나 많은 무료 사용자들이 유료 서비스로 전환하는지를 파악해야 한다. 신규 회원 증가가 정체된다면 기존의 무료 서비스가 충분히 매력적이지 않다는 의미이므로 무료 서비스의 수준을 높여야 한다. 신규 회원은 빠르게 증가하지만 유료 서비스로 업그레이드하는 사용자들의 비율이 너무 적다면 무료 서비스를 지나치게 관대하게 제공하거나, 유료 서비스가 무료 서비스와 차별점이 없다고 해석 가능하다.

프리미엄 비즈니스 모델을 활용할 때 무료 서비스에 대해 어떤 측면에서 제한을 둘지 결정하는 일도 중요하다.

뉴욕타임스는 무료로 읽을 수 있는 기사의 숫자를, 드롭박스는 무료로 사용할 수 있는 저장 공간의 크기를 제한한다. 체육관이나 강의 프로그램의 경우 30일 무료 체험이나 첫 강 무료 수강처럼 기간을 제한한다. 판도라나 캔디 크러시 같은 경우 (광고를 봐야 하거나 게임의 특정 레벨에 접근할 수 없는 식으로) 무료 사용자의 기능에 제한을 둔다.

다만 제한적으로 무료 서비스를 제공하더라도 사용자들의 불확실성을 없애줘야 한다. 돈을 낼 만한 가치가 있다고 확신을 주려면 얼마나 경험하게 해야 할까?

만약 사용자들이 특정한 가치에 대해 바로 인식하지 못한다면 일부 기능을 제한하는 게 최선이다. 그게 아니라 서비스의 전체 서비스에 접근해야 최상의 경험을 한다면 사용 기간이나 기능에 제한을 두는 식으로 접근해야 한다.

역장 분석

—

변화를 가로막는 장벽 혹은 주차 브레이크는 다양한 형태로 나타난다. 그리고 이를 해결하려면 일단 그 실체부터 파악해야 한다.

사용자들의 시간과 돈을 아껴준다는 새로운 여행앱이 출시되었다고 가정해보자. 일반적으로 이 앱을 개발한 회사는 앱의 장점을 앞세워 홍보할 것이다. 여행 계획을 세우는 시간을 절반은 줄여주고, 호텔비와 항공료를 25퍼센트 더 절약할 수 있도록 해준다는 식으로 말이다.

그러나 이와 같은 장점이 사실이라 하더라도 사용자들은 이 앱으로 쉽게 넘어오지 않는다. 어떤 사용자들은 여행 준비를 하거나 여행비를 쓰는 방식에 문제가 있다고 인식하지 못한다. 어떤 사용자들은 앱의 설명을 이해하지 못하거나('어떤 식으로 돈을 절약하게 해준다는 거지?') 진짜라고 믿지 못할 수도('앱이 실제로 뭘 해준다는 거지?') 있다. 앱 사용에 있어서 부가적인 제한이 가해진다거나 사용하기 어려울 거라고 생각하는 사람들이 많을 수도 있다.

의사가 환자의 병을 제대로 진단하기 전에 효과적인 약을 처방할 수 없듯이, 문제의 실체를 파악하기 전에 올바른 해법을 찾아낼 수 없다. 앱이 어떻게 돈을 절약해준다는 건지 사용자들이 이해하지 못해서 이 새로운 여행앱에 끌리지 않는다면 이를 쉽게 설명해주는 자료를 만들어야 한다. 사용자들이 앱을 사용할 때 부가적으로 제한이 가해진다거나 사용이 어렵지 않을까 하고 짐작한다면 다른 식으로 접근해야 한다. 이때는 이 앱이 돈을 절약하게 해준다고 주장해봐야 소용이 없다. 치통 때문에 고생하는 사람에게 손목에 부목을 대는 일이나 다름없다.

모든 잠재 고객에게 동일한 내용이 담긴 이메일을 보내는 식의 홍보는 어떨까? 분명히 이는 손쉬운 방식이다. 실제로 회사에서 직원들에게 공지 사항을 전달할 때 모든 부서 직원들에게 동일한 내용이 담긴 이메일을 보낸다. 빠르면서도 효과적으로 공지를 전달할 수 있기 때문이다.

그러나 모든 잠재 고객에게 똑같은 이메일을 보내는 마케팅 방식은 그리 효과적이지 않다. 전달도 잘 이뤄지지 않고, 이메일 수신자들의 불만을 사기가 쉽다.

사람들을 움직이려면 변화를 가로막는 진짜 원인부터 알아야 한다. 사람들이 가진 진짜 문제가 뭔지 혹은 사람들의 행동을 가로막는 장벽이 뭔지 알아야 한다.

어떤 상황에 작용하는 영향력 혹은 요인들을 파악하는 전문적인 기법으로 역장 분석이 있다. 사람들이 가진 진짜 문제나 사람들의 행동을 막는 장벽을 파악하는 데도 이를 활용할 수 있다.

역장 분석의 첫번째 단계는 변화의 지향점을 정의하기다. 목표의 발견, 이상향, 최종 지향점 등으로 거래선과의 장기 계약 체결, 새로운 계획에 대한 경영진의 재가, 부모에 대한 배우자의 불평 중단을 예로 들 수 있다.

그다음으로 현상태에 작용하는 변화 촉진 요인들을 파악한다. 어떤 요인들은 내적이라 사람이나 조직 내부에서 찾을 수 있다. 예를 들어 거래선이 우리와의 협업을 좋아한다거나, 새로운 프로젝트가 경영진의 비전에 부합한다는 사실이 여기 속한다. 한편 외적 변화 촉진 요인이 사람이나 조직 바깥에 위치하기도 한다. 거래선이 속한 회사에서 장기 계약을 선호한다거나, 새로운 계획이 성공하는 경우 이를 전체 조직에서 활용할 수 있다는 점 등을 들 수 있다.

그리고 가장 중요한 마지막 단계는 현상태에 작용하는 변화 억제 요인 파악하기다. 변화를 막는 장벽이나 허들을 찾는 것이다. 변화 촉진 요인과 마찬가지로 변화 억제 요인 역시 내적인 것과 외적인 것으로 나뉜다. 변화 억제 요인을 예로 들면 거래선의 경우 한두 해 후의 업황을 확신하지 못한다는 점을 들 수 있다. 새로운 계획의 경우 인력 충원의 문제를 들 수 있다.*

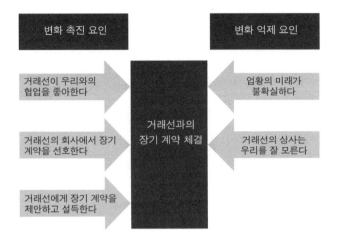

변화의 장벽을 파악하려면 미래가 아니라 과거와 현재를 봐야 한다. 본문에서도 언급했지만, 앞으로 어떻게 해야 변화할 수 있는가가 아니라 왜 아직까지 변화하지 못했는지를 생각해야 한다. 왜 지향하는 변화가 지금까지 일어나지 않았는가? 무엇이 변화를 가로막고 있는가? 지금까지 무엇이 목표 달성을 방해했는가?

장벽을 파악하려면 계속해서 질문을 던져야 한다. 누가 변화를 반대하는가? 변화가 유발하는 비용이나 리스크는 얼마나 되는가? 거래선은 무엇을 걱정하는가? 경영진은 왜 이번 계획을 승인하지 않

★ 각각의 요인에 가중치를 부여할 수도 있다. 변화 촉진 요인이나 변화 억제 요인이 약한지 강한지 판단하는 것이다. 더 강한 영향력을 발휘하는 요인에 대해서는 그에 합당한 더 큰 수치를 매기고 더 약한 영향력을 발휘하는 요인에 대해서는 더 작은 수치를 매겨야 한다.

는가? 경영진은 무엇을 우려하는가?

여러분이 십대 자녀의 식습관을 건강하게 바꾸겠다는 목표를 세웠다고 가정해보자. 튀김류를 적게 먹고 채소를 더 많이 먹으라고 잔소리를 해봐야 별 효과가 없다. 이때 역장 분석을 통해 목표 달성을 가로막는 장벽들을 파악하고, 효과적인 해법을 찾을 수 있다.

여기서 변화의 지향점은 분명하다. 자녀에게 건강한 식습관을 심어주기다. 변화 촉진 요인으로는 부모의 지속적인 언급(외적 요인), 살을 빼고자 하는 본인의 의지(내적 요인), 학교 축구부에 들어가서 더 빠르게 달려야 한다는 본인의 목표(내적 요인) 등을 들 수 있다.

이런 긍정적인 변화 촉진 요인이 있음에도 왜 아직까지 아이는 식습관을 바꾸지 않을까? 건강에 좋다는 음식은 맛이 없다고 생각해서일 수도 있다(내적 요인). 방과후 활동 때문에 시간이 부족하여 간편하게 정크푸드를 먹을 수도 있다(외적 요인). 아니면 한창 독립적으로 행동할 시기라서 부모 말이라면 뭐든 반대로 행동할 수도 있다.

자녀에게는 이러한 변화 억제 요인이 있다. 부모의 잔소리가 영향이 없대도 리액턴스 효과를 고려하면 이상하지 않다. 긍정적인 변화에 대해 외부의 강한 압력이 있어도 장벽은 사라지지 않고 오히려 더 높아진다.

이와 같은 식으로 역장 분석을 하면 지향하는 변화를 촉진할 효과적인 방법을 쉽게 찾을 수 있다. 이렇게 하면 대체 경로를 찾기가 용이해지기 때문이다. 변화를 강하게 요구하는 게 아니라 변화를 가로막는 장벽을 치우거나 낮추는 것이다. 음식의 맛 때문에 자녀의 변화가 가로막혀 있다면 콜리플라워를 활용해 만든 맥앤드치즈를 맛보라고 권하는 일부터 시작할 수 있다. 방과후 활동 때문에 시간이 부족해서 정크푸드를 먹는다면 냉장고에 꼬마 당근을 소분 포장해 놓고 그걸 가져가라고 할 수 있다.

변화 억제 요인을 분석하면 변화를 가로막는 진짜 원인이 뭔지 파악할 수 있다. 주차 브레이크를 확인할 수도 있다. 그렇다면 변화하는 쪽으로 바뀔 수 있다.

주

—

프롤로그

1. Ireland, Carol A., and Gregory M. Vecchi(2009), "The Behavioral Influence Stairway Model(BISM): A Framework for Managing Terrorist Crisis Situations?" *Behavioral Sciences of Terrorism and Political Aggression* 1, no. 3, 203-18. Vecchi, Gregory M., Vincent B. Van Hasselt, and Stephen J. Romano(2005), "Crisis (Hostage) Negotiation: Current Strategies and Issues in High-Risk Conflict Resolution," *Aggression and Violent Behavior* 10, no. 5, 533-51. Noesner, Gary W., and Mike Webster(1997), "Crisis Intervention: Using Active Listening Skills in Negotiations," *FBI Law Enforcement Bulletin* 66, 13.
2. 익명성을 위해 일부 인물들의 이름은 가명을 사용하였다.

1장. 리액턴스 효과

1. Fellows, J. L., A. Trosclair, E. K. Adams, and C. C. Rivera(2002), "Annual Smoking-Attributable Mortality, Years of Potential Life Lost, and Economic Cost-United States 1995-1999," Centers for Disease Control and Prevention(accessed August 17, 2019).
2. Centers for Disease Control and Prevention(July 9, 2010), "Cigarette Use

Among High School Students–United States, 1991-2009," *Morbidity and Mortality Weekly Report* 1, no. 26, 797-801.

3. Hanson, Glen, Peter Venturelli, and Annette Fleckenstein(2011), *Drugs and Society*(Burlington, MA: Jones&Bartlett).

4. 타이드팟 챌린지에 '참가한' 몇몇 사람들은 아이러니하게도 그 장난을 이용하기도 했다. 유튜버들은 조회수를 늘리기 위해서 타이드팟 챌린지에 참가하거나 그 내용을 소개했다. 뉴욕 브루클린의 한 피자집에서는 타이드팟처럼 만든 치즈를 피자 토핑으로 올려 타이드팟 피자를 팔기도 했다. 그러나 장난으로 그런다는 걸 깨닫지 못한 몇몇 어린 시청자들은 정말로 타이드팟을 먹고 병원에 실려가기도 했다.

5. 지난 수십 년간 진행된 리액턴스 효과에 관한 연구에 따르면 사람들은 자신에게 자유와 선택권이 있다는 걸 확인하기 위해서 경고나 권유나 설득과 반대로 행동한다. 몇 가지 연구를 소개하면 다음과 같다. Bensley, Lillian Southwick, and Rui Wu(1991), "The Role of Psychological Reactance in Drinking Following Alcohol Prevention Messages," *Journal of Applied Social Psychology* 21, no. 13, 1111-24. Wolf, Sharon, and David A. Montgomery(1977), "Effects of Inadmissible Evidence and Level of Judicial Admonishment to Disregard on the Judgments of Mock Jurors," *Journal of Applied Social Psychology* 7, no. 3, 205-19. Wong, Norman C. H., Kylie J. Harrison, and Lindsey Harvell-Bowman(2015), "When the Death Makes You Smoke: A Terror Management Perspective on the Effectiveness of Cigarette On-Pack Warnings," Studies in Media and Communication(accessed August 17, 2019), https://www.researchgate.net/publication/282519431_Reactance_and_Public_Health_Messages_The_Unintended_Dangers_of_Anti-tobacco_PSAs.

6. Rodin, Judith, and Ellen J. Langer(1977), "Long-Term Effects of a Control-Relevant Intervention with the Institutionalized Aged," *Journal of Personality and Social Psychology* 35, no. 12, 897. Langer, Ellen J., and Judith Rodin, "The Effects of Choice and Enhanced Personal Responsibility for the Aged: A Field Experiment in an Institutional Setting," *Journal of Personality and Social Psychology* 34, no. 2, 191. 이 연구는 샘플 사이즈가 작고, 결과에 대한 해석 역시 조심스럽게 행해져야 하지만, 이와 비슷한 결과 그리고 맥락이 다른 많은 연구에서도 반복적으로 나타난다.

7. Botti, Simona, Kristina Orfali, and Sheena S. Iyengar(2009), "Tragic Choices: Autonomy and Emotional Responses to Medical Decisions," *Journal of Consumer Research* 36, no. 3, 337-52.

8. 미국의 심리학자 잭 브렘이 1960년에 발표한 연구는 리액턴스 효과를 다룬 초기 자료다. 위첼과 브렘의 1970년 연구를 통해서는 설득력 있는 메시지를 받았을 때의 부메랑 효과에 대해 살필 수 있다. Brehm, Jack W.(1966), *A Theory of Psychological Reactance*(Oxford, UK: Academic Press). Worchel, Stephen, and Jack W. Brehm(1970), "Effect of Threats to Attitudinal Freedom as a Function of Agreement with the Communicator," *Journal of Personality and Social Psychology*, 14, no. 1, 18.

9. 다양한 영역에서 행해진 다수의 연구들에 따르면 리액턴스 효과 때문에 사람들은 외부의 요청이나 설득에 응하지 않는다. 아이들은 광고 메시지를 설득의 형식으로 전하는 광고를 더 덜 신뢰했고, 그런 광고로 선전되는 제품의 선호도도 낮았다(로버트슨과 로시터의 1974년 연구를 참고하라). (예를 들어 "함께 노력해서 상태를 호전시켜보자" 같은 식으로) 의사가 환자에게 협력적인 태도로 말할 때보다 (환자에게 자신의 말을 따르지 않으면 상태가 나빠질 거라는 식으로) 권위적으로 말할 때 환자들은 의사의 처방을 따르지 않거나 약 복용을 더 자주 건너뛰었다(포가티와 영스의 2000년 연구를 참고하라). 그리고 사람들에게 무언가를 권유하거나 추천하면 그 반대로 행동하고 싶어하는 것으로 나타났다. (피츠사이먼스와 레만의 2004년 연구 참고하라.) Robertson, Thomas S., and John R. Rossiter(1974), "Children and Commercial Persuasion: An Attribution Theory Analysis," *Journal of Consumer Research* 1, no. 1, 13-20. Fogarty, Jeanne S., and George A. Youngs Jr.(2000), "Psychological Reactance as a Factor in Patient Noncompliance with Medication Taking: A Field Experiment," *Journal of Applied Social Psychology* 30, no. 11, 2365-91. Fitzsimons, Gavan J., and Donald R. Lehmann(2004), "Reactance to Recommendations: When Unsolicited Advice Yields Contrary Responses," *Marketing Science* 23, no. 1, 82-94.

10. Fransen, Marieke L., Edith G. Smit, and Peeter W. J. Verlegh(2015), "Strategies and Motives for Resistance to Persuasion: An Integrative Framework," *Frontiers in Psychology* 6, 1201.

11. Givel, Michael S., and Stanton A. Glantz(1999), "Tobacco Industry Political

Power and Influence in Florida from 1979 to 1999," working paper, University of California, San Francisco: Center for Tobacco Control Research and Education.

12. '진실 캠페인'은 금연에 관한 프레임을 전환했기 때문에 성공을 거뒀다. 청소년 흡연은 원래 저항의 행동으로 인식되고 있었다. ('건강을 위해 흡연하지 말라고? 나는 그런 말은 듣지 않아.') 하지만 '진실 캠페인'으로 청소년 흡연은 순응의 행동으로 프레임이 전환되었다. 청소년 흡연을 힘있는 담배 회사들의 홍보에 순진하게 넘어가는 행동으로 프레임을 바꾼 것이다. 리액턴스 효과라고 더 강하게 밀어붙이거나 리액턴스 효과의 존재를 애써 모른 척하기보다는 오히려 그 힘을 유리한 방향으로 이용했다. '청소년들이여, 무언가에 저항하고 싶은가? 그렇다면 너희가 저항할 대상은 담배 회사들이다. 너희들의 행동을 조종하려는 건 우리가 아니라 담배 회사들이야.' 이렇게 담배 회사들이 진행하는 마케팅의 실체와 그들의 진짜 힘을 청소년들에게 알려줌으로써 담배 회사들의 흡연 유도 광고의 영향력을 차단하고 청소년들이 담배를 끊게 이끌었다.

13. 샌드라 보인턴의 그림 동화책 『잘 자, 푸키야』를 보면 어린아이에게 어떻게 제한된 범위의 선택지를 제시하는지 그 전형적인 방식이 나온다. 푸키의 엄마는 푸키에게 잠옷 두 벌을 제시하면서 이렇게 말한다. "오늘밤에는 자동차 그림이 들어간 잠옷이 마음에 드니? 아니면 별 그림이 들어간 게 더 좋니?" 푸키는 골똘히 생각하고는 별 그림이 들어간 잠옷 상의와 자동차 그림이 들어간 하의를 고르고는 "별과 자동차 둘 다요" 하고 대답한다.

14. 이는 입사 예정자들 사이에서 파레토 효율을 추구하는 데도 도움이 된다. 회사로서는 수용 가능한 범위의 후생을 제공하고, 입사 예정자로서는 자신이 생각하는 최선의 후생을 선택할 수 있게 된다.

15. 리액턴스 효과가 작용한다는 사실을 인정만 해도 도움이 될 수 있다. 길거리에서 행인들에게 파킹미터에 쓸 돈을 빌려달라고 요청하는 실험을 진행하면 절반 정도의 행인들만 돈을 빌려준다. 그러나 행인들에게 ("그리고 싶지 않을 거라는 건 알지만, 파킹미터에 쓸 돈을 좀 빌려주실 수 있나요?"라고 말하는 식으로) 요청에 대한 리액턴스 효과를 인정하면서 말을 꺼낸다면 거의 모든 이들이 돈을 빌려준다. 리액턴스 효과를 인정하는 발언이 상대의 자유의지를 인정하는 효과를 만들기 때문이다. 이러한 발언은 강제로 행동을 유도하는 게 아니라 자유롭게 선택을 한다는 걸 강조하는 식으로 전해진다. 리액턴스 효과가 작용한다는 걸 인정하고 그러한 뜻을 전하면, 사람들은 좀더 변화할 것이다.

16. 한 재정자문가가 매우 완고한 고객을 상대하고 있었다. 은퇴를 대비하여 충분한 수준의 돈을 저축하거나 투자하지 않는 고객이었다. 재정자문가는 그 고객에게 더 많이 저축하라고 조언했으나, 고객은 이를 듣지 않았다. 재정자문가는 복리의 효과를 알려주는 자료들을 보내고, 더 일찍 더 많이 저축하고 투자하는 게 어느 정도나 차이가 나는지를 알려주었으나, 그 고객을 설득하는 데 번번이 실패했다. 결국 그 고객과 허심탄회하게 대화를 나누며 이렇게 물었다. "언젠가는 은퇴를 하셔야 하지 않나요?" "물론이죠." 이런 대답을 들은 재정자문가는 다시 물었다. "몇 세 정도에 은퇴하실 것 같으세요?" "65세 정도요." "그렇다면 은퇴 후에는 어떻게 살고 싶으세요?" 그 고객은 골프도 치고, 여행도 다니고, 그러면서도 약간의 여유자금을 가지고 소비를 할 수 있었으면 좋겠다고 말했다. 이런 대답을 듣고는 또 질문을 했다. "그렇게 사시려면 은퇴할 때 돈이 어느 정도 필요할까요?" 그 고객은 잘 모르겠다고 답을 했고, 재정자문가는 은퇴 시점에 150만 달러가 있어야 한다고 근거를 들어 설명했다. 일단 이런 결론에 이르자 고객에게 54세까지는 50만 달러를, 60세까지는 100만 달러를 은행 잔고로 가지고 있어야 한다고 이야기했다. 그러려면 앞으로 2년 내에 10만 달러의 돈을 저축해야 한다고 했다. 이 이야기를 듣자 고객의 표정은 상당히 어두워졌다. 하지만 그는 곧바로 월간 저축액을 두 배로 늘렸다. 재정자문가와의 대화를 통해 자신의 지향점과 현상태의 차이점을 인식하게 되었기 때문이다.

17. Dickerson, Chris Ann, Ruth Thibodeau, Elliot Aronson, and Dayna Miller (1992), "Using Cognitive Dissonance to Encourage Water Conservation," *Journal of Applied Social Psychology* 22, no. 11, 841-54.

18. 와이저 부부의 이야기를 더 보고 싶다면 Watterson, Kathryn(2012), *Not by the Sword: How a Cantor and His Family Transformed a Klansman*(Lincoln, NE: University of Nebraska Press)을 참고하라.

2장. 소유 효과

1. Hartman, R. S., M. J. Doane, and C.-K. Woo(1991), "Consumer Rationality and the Status Quo," *Quarterly Journal of Economics* 106, no. 1, 141-62.

2. Samuelson, W., and R. Zeckhauser(1988), "Status Quo Bias in Decision Making," *Journal of Risk and Uncertainty* 1, no. 1, 7-59. Kahneman, Daniel, Jack L. Knetsch, and Richard H. Thaler(1991), "Anomalies: The Endow-

ment Effect, Loss Aversion, and Status Quo Bias," *Journal of Economic Perspectives* 5, no. 1, 193-206.

3. Katzenbach, Jon R., Ilona Steffen, and Caroline Kronley(2012), "Cultural Change That Sticks," *Harvard Business Review*, July-August.

4. Morewedge, Carey K., and Colleen E. Giblin(2015), "Explanations of the Endowment Effect: An Integrative Review," *Trends in Cognitive Sciences* 19, no. 6, 339-48.

5. Strahilevitz, Michal A., and George Loewenstein(1998), "The Effect of Ownership History on the Valuation of Objects," *Journal of Consumer Research* 25, no. 3, 276-89. Reb, Jochen, and Terry Connolly(2007), "Possession, Feelings of Ownership, and the Endowment Effect," *Judgment and Decision Making* 2, no. 2, 107.

6. 같은 물건이라도 판매자가 구매자보다 물건의 가치를 더 높게 평가한다는 사실만으로는 소유 효과를 설명하기 불충분한 부분이 있다. 그래서 소유 효과를 설명하는 어떤 실험에서는 머그잔 판매자 그룹과 머그잔 구매자 그룹에 더해 세번째 그룹을 등장시켰다. 이 세번째 그룹은 머그잔을 이미 소유한 상태에서 똑같은 머그잔을 하나 더 살 때 얼마를 지불하겠느냐는 질문을 받았다. 그러자 이 세번째 그룹은 머그잔을 구매하는 입장이었음에도 판매자 그룹과 비슷한 수준의 가격을 매겼다. 사람들은 자신이 소유한 물건의 가치를(혹은 소유한 것과 비슷한 물건의 가치를) 더 높게 평가한다는 점이 다시금 확인됐다.

7. Britton, Diana(2015), "The Loss Aversion Coefficient," WealthManagement. com, February 10, http://www.wealthmanagement.com/equities/loss-aversion-coefficient. 손실 회피 편향에 관한 연구에 있어 이 계수는 여러 논문에서 다양하게 나타난다. 노벰스키와 카너먼(2005)은 이 계수를 2로 제시했고, 압델라우이, 블라이히로트, 라리돈(2008)은 이 계수를 1.43에서 4.99로 제시했다. Gachter, Simon, Eric J. Johnson, and Andreas Herrmann(2007), "Individual-Level Loss Aversion in Riskless and Risky Choices," IZA working paper 2961, for a review.

8. Harvard Business School Case #2069, "Mountain Man Brewing Company: Bringing the Brand to Light."

9. 여러 연구들에 따르면 (수술을 진행할지 말지 같은) 까다로운 결정에 직면하는 경우, 역설적이게도 사람들은 더 심각한 상황일 때 내적 갈등을 적게 겪고, 덜

힘들어한다("그렇게 심각한 상황은 아닙니다"라는 말을 들을 때보다 "지금 매우 심각한 상황입니다"라는 말을 들을 때 덜 힘들어한다). 이런 경우 무엇을 해야 할지가 명확하기 때문이다. 매우 심각한 상황이라면 수술을 받을지 말지로 고민할 필요가 없고, 수술의 결과를 믿는 수밖에 없다.

10. Gilbert, D. T., M. D. Lieberman, C. K. Morewedge, and T. D. Wilson, (2004), "The Peculiar Longevity of Things Not So Bad," *Psychological Science* 15, 14-19.

11. Collins, J. C. (2001), *Good to Great: Why Some Companies Make the Leap . . . and Others Don't* (New York: HarperBusiness).

12. 코르테스가 배를 전부 불태웠다는 사람도 있지만, 배를 그냥 돌려보냈다는 사람들도 있다.

13. 이 금액이 매우 과장되었다고 주장하는 사람들도 있다. 우선 영국에서 EU로 매주 2억 3400만 파운드가 나가고, 그 돈 가운데 상당액은 영국으로 되돌아와 영국의 농업 보조, 학술 보조, 복지 등에 지출된다는 것이다. 그러나 영국으로 반환되는 금액을 고려해도 여전히 매주 1억 6천만 파운드가 영국에서 EU로 순유출된다.

3장. 거리감

1. Fleischer, David(2018), "How to fight prejudice through policy conversations," TEDxMidAtlantic, https://www.ted.com/talks/david_fleischer_how_to_fight_prejudice_through_policy_conversations.

2. Bail, Christopher, Lisa Argyle, Taylor Brown, John Bumpus, Haohan Chen, M. B. Hunzaker, Jaemin Lee, Marcus Mann, Friedolin Merhout, and Alexander Volfovsky(2018), "Exposure to Opposing Views on Social Media Can Increase Political Polarization," *Proceedings of the National Academy of Sciences* 115, no. 37, 9216-21.

3. Nyhan, Brendan, Jason Reifler, Sean Richey, and Gary L. Freed(2014), "Effective Messages in Vaccine Promotion: A Randomized Trial," *Pediatrics* 133, no. 4(April).

4. 증거가 잘못된 인식을 깨지 못하는 사례는 여기저기서 찾을 수 있다. 이라크에 대량살상무기가 없었다는 증거가 나오자 어떤 사람들은 이라크에 대량살

상무기가 있었다고 더욱 굳게 믿게 되었다. 보수 정당을 지지하는 사람들에게 낮은 세율이 정부 수입을 더 늘려주지는 않는다는 증거를 제시해줘봐야 그들은 기존의 믿음을 바꾸지 않는다. 사람들은 자신이 지지하는 정치인에 관한 부정적인 정보가 공개되더라도 지지를 철회하기는커녕 더욱 강하게 지지한다. Redlawsk, David P.(2002), "Hot Cognition or Cool Consideration? Testing the Effects of Motivated Reasoning on Political Decision Making," *Journal of Politics* 64, no. 4, 1021-44.

5. Hovland, Carl I., O. J. Harvey, and Muzafer Sherif(1957), "Assimilation and Contrast Effects in Reactions to Communication and Attitude Change," *Journal of Abnormal and Social Psychology* 55, no. 2, 244-52.

6. 이 실험 이후 진행된 수많은 연구들도 같은 맥락의 결론을 도출했다. 학생들은 어떤 주제에 관한 타인의 의견이 자신의 수용 영역 내에 있을 때 더 잘 설득됐고, 타인의 의견이 수용 영역 바깥에 있을 때는 그러한 의견에 강한 거부감을 보이며 기존 입장을 더욱 강화했다. Atkins, A. L., Kay K. Deaux, and James Bieri(1967), "Latitude of Acceptance and Attitude Change: Empirical Evidence for a Reformulation," *Journal of Personality and Social Psychology* 6, no. 1(May), 47-54. 정치적 견해도 마찬가지다. 정치적 성향이 비슷한 사람들끼리는 서로의 견해를 수용하지만, 정치적 성향이 전혀 다른 사람끼리는 견해를 교환하면 기존 입장을 더욱 강하게 고수하게 된다. Sherif, C. W., M. Sherif, and R. E. Nebergall(1965), *Attitude and Attitude Change: The Social Judgment-Involvement Approach* (Philadelphia:W. B. Saunders).

7. Hastorf, Albert H., and Hadley Cantril(1954), "They Saw a Game: A Case Study," *Journal of Abnormal and Social Psychology* 49, no. 1, 129.

8. 이에 관한 좀더 최신 연구로 이를 참고하라. Kahan, Hoffman, Braman, Peterman, and Rachlinski[2012]. "'They Saw a Protest': Cognitive Illiberalism and the Speech-Conduct Distinction," *Stanford Law Review*, Vol. 64. 사람들에게 시위 현장 영상을 보여주고 경찰이 시위자들의 권리를 침해하고 있는지, 시위자들이 행인들의 통행을 방해하고 있는지를 물어보면 정치적 견해에 따라 대답이 달라진다. 우선 임신중절 반대자에게 임신중절 시술이 행해지고 있는 병원 앞에서 시위자들이 임신중절 반대 시위를 한다고 설명을 해주면 시위자들이 올바른 방식으로 시위를 하고 있다고 대답한다. 미군의 현재 운용방식을 지지하는 사람들에게 똑같은 영상을 보여주면서 미군 모병센터 앞에서 현재와

같은 군대 운용방식을 반대하는 사람들의 시위라고 설명을 해주면 미군을 지지하는 사람들은 시위자들이 행인들의 통행을 방해하며 부적절한 방식으로 시위를 하고 있다고 대답한다.

9. Lord, Charles G., Lee Ross, and Mark R. Lepper(1979), "Biased Assimilation and Attitude Polarization: The Effects of Prior Theories on Subsequently Considered Evidence," *Journal of Personality and Social Psychology* 37, no. 11(November), 2098-109.

10. Nickerson, Raymond S.(1998), "Confirmation Bias: A Ubiquitous Phenomenon in Many Guises," *Review of General Psychology* 2, no. 2, 175. Brock, T. C., and J. L. Balloun(1967), "Behavioral Receptivity to Dissonant Information," *Journal of Personality and Social Psychology* 6, no. 4, 413-28.

11. Sherif, Sherif, and Nebergall(1965), *Attitude and Attitude Change: The Social Judgment-Involvement Approach.*

12. Kalla, Joshua L., and David E. Broockman(2017), "The Minimal Persuasive Effects of Campaign Contact in General Elections: Evidence from 49 Field Experiments," *American Political Science Review*(September 28). 광고나 다른 설득 수단이 사람들의 정치적 성향을 완전하게 바꾼다는 증거는 없지만, 이러한 수단이 사람들의 투표 의지에는 영향을 미치고, 결국 선거 결과에도 영향을 미친다.

13. Eagly, Alice H., and Kathleen Telaak(1972), "Width of the Latitude of Acceptance as a Determinant of Attitude Change," *Journal of Personality and Social Psychology* 23, no. 3, 388.

14. Rogers, Todd, and David Nickerson(2013), "Can Inaccurate Beliefs About Incumbents Be Changed? And Can Reframing Change Votes?," working paper, Harvard University.

15. Freedman, Jonathan L., and Scott C. Fraser(1966), "Compliance Without Pressure: The Foot-in-the-Door Technique," *Journal of Personality and Social Psychology* 4, no. 2, 195.

16. 우리집 개도 이런 접근법을 활용한다. 기본적으로 우리 부부는 개가 소파에 올라오지 못하게 한다. 그래서 강아지였을 때부터 소파에 뛰어서 올라오면 소파에서 내려놓고는 올라오면 안 된다고 가르쳤다. 그래서인지 요즘에 우리집 개는 소파에 올라오고 싶을 때면 일단 앞발 하나를 소파에 올린다. 이때 우리 부

부가 제지하지 않으면 앞발 하나를 더 소파에 올린다. 그런 다음에는 뒷발 하나를, 그래도 제지하지 않으면 나머지 뒷발도 소파에 올린다. 그런 식으로 소파에 올라와 자리를 잡는다.

17. Greene, Bob(2004), *Get with the Program*(New York: Simon&Schuster).

18. Broockman, David E., and Joshua L. Kalla(2016), "Durably Reducing Transphobia: A Field Experiment on Door-to-door Canvassing," *Science* 352, no. 6282(April), 220-24.

19. Fleischer, David(2018), "How to fight prejudice through policy conversations," TEDxMidAtlantic, https://www.ted.com/talks/david_fleischer_how_to_fight_prejudice_through_policy_conversations.

20. 심도 있는 청취가 성공하려면 상대방을 대화에 적극적으로 참여시켜야 한다. 수동적인 청취자로서가 아니라, 유권자가 대화의 대부분을 이끌어야 한다. 버지니아의 경우는 구스타보에게 단순히 의견을 묻는 데서 그치지 않았다. 왜 그런 의견을 갖게 되었는지 설명해달라고 요청했다. 부정적인 태도로 그런 게 아니라 상대방에 대해 더 알고 싶다는 우호적인 태도로 말이다. "예, 예, 편견이란 나쁜 겁니다. 알아요." 이런 식으로 말하면 안 된다. 민감하고 복잡한 주제를 다루면서 상대방과 대화를 계속 이어가려면 상대방을 배려하며 세심하게 접근해야 한다.

21. 경험이나 감정을 공유하지 않고서는 다른 사람의 생각, 감정, 태도 등을 정확하게 파악하지 못한다. Eyal, T., M. Steffel, and N. Epley(2018), "Perspective mistaking: Accurately understanding the mind of another requires getting perspective, not taking perspective," *Journal of Personality and Social Psychology* 114, 547-71.

4장. 불확실성

1. Gneezy, Uri, John A. List, and George Wu(2006), "The Uncertainty Effect: When a Risky Prospect Is Valued Less Than Its Worst Possible Outcome," *Quarterly Journal of Economics* 121, no. 4, 1283-309.

2. 일상 대화에서 "리스크가 있다"와 "불확실하다"는 말은 의미를 구분하지 않고 혼용되지만, 이 둘은 기술적으로 조금 의미가 다르다. 학자들은 결과를 예측할 수는 없지만, 어떤 결과가 발생할 확률을 알 때는 "리스크가 있다"고 표현한다. 예를 들어 동전 던지기를 할 때 동전의 어느 한 면이 나올 확률은 50퍼센트다. 앞

면이 나올지 뒷면이 나올지는 모르지만, 어느 한쪽 면이 나올 확률이 50퍼센트라는 사실은 알고 있다. 반면, 결과를 예측할 수도 없고 어떤 결과가 발생할 확률도 모를 때는 "불확실하다"고 표현한다. 내가 좋아하는 색은 어떤 색일까? 여러분으로서는 이 답을 예측할 수도 없고, 어떤 색상이 답이 될 확률도 알 수 없다.

3. 앞서 돈을 잃을 수도 있고 딸 수도 있는 내기를 언급했지만, 이번 내기는 전혀 다르다. 기프트카드의 액수만 달라질 뿐, 어떤 결과가 나오더라도 내기에 참가한 사람은 기프트카드를 딴다. 다만 얼마짜리 기프트카드를 따게 되는지가 결정되지 않았을 뿐이다.

4. 불확실성이 유발하는 비용에 대해서는 많은 연구가 행해졌다. (Andreoni and Sprenger[2011]; Gneezy et al.[2006]; Newman and Mochon[2012]; Simonsohn[2009]; Wang et al.[2013]; Yang et al.[2013]), 최근 연구(Mislavsky and Simonsohn[2018])에서는 기존에 제시된 불확실성의 비용 가운데 설명되지 않은 거래 특성과 불확실성으로 인한 비용이 합쳐진 것들이 있다고 지적된다. 다시 말해 기존에 제시된 불확실성의 비용이 실제보다 클 수도 있다. Andreoni, James, and Charles Sprenger(2011), "Uncertainty Equivalents: Testing the Limits of the Independence Axiom," working paper, National Bureau of Economic Research, No. w17342. Newman, George E., and Daniel Mochon(2012), "Why Are Lotteries Valued Less? Multiple Tests of a Direct Risk-Aversion Mechanism," *Judgment and Decision Making* 7, no. 1, 19. Simonsohn, Uri(2009), "Direct Risk Aversion: Evidence from Risky Prospects Valued Below Their Worst Outcome," *Psychological Science* 20, no. 6, 686-92. Wang, Y., T. Feng, and L. R. Keller(2013), "A Further Exploration of the Uncertainty Effect," *Journal of Risk and Uncertainty* 47, no. 3, 291-310. Yang, Y., J. Vosgerau, and G. Loewenstein(2013), "Framing Influences Willingness to Pay but Not Willingness to Accept," *Journal of Marketing Research* 50, no. 6, 725-38. Mislavsky, Robert, and Uri Simonsohn(2017), "When Risk Is Weird: Unexplained Transaction Features Lower Valuations," *Management Science* 64, no.11.

5. Tversky, Amos, and Eldar Shafir(1992), "The Disjunction Effect in Choice Under Uncertainty," *Psychological Science* 3, no. 5, 305-10.

6. 성공 혹은 실패의 확률과 불확실성이 동일하게 이어지지는 않는다. 새로운 제품이 기존 제품보다 더 나을 확률이 50퍼센트라 하여도 사람들이 느끼는 불확실

성은 50퍼센트보다 더 높을 수도 더 낮을 수도 있다. 정치인을 뽑는 선거를 생
각해보라. 실제 당선 가능성과는 별개로 지지자들은 자신들이 지지하는 정치인
이 당선될 거라고 더 강하게 확신한다. 새로운 제품이나 서비스가 시장에 나왔
을 때 그것이 기존의 것보다 더 나을 확률이 크지만, 불확실성세로 인해 사람들
은 그 확률을 곧이 곧대로 받아들이지 않고 새로운 제품이나 서비스로 좀처럼
옮겨가지 않는다. 성공의 확률을 높인다는 점만으로는 사람들의 마음을 바꾸기
에 부족하다. 기존의 것보다 더 나은 제품이나 서비스를 만드는 것은 기본이고,
여기에 더해 사람들에게 확신을 줄 수 있어야 마음을 움직일 수 있다. 성공의 확
률만 제시해서는 변화시킬 수 없다.

7. Ducharme, L. J., H. K. Knudsen, P. M. Roman, and J. A. Johnson(2007), "In-
    novation Adoption in Substance Abuse Treatment: Exposure, Trialability,
    and the Clinical Trials Network," *Journal of Substance Abuse Treatment* 32,
    no. 4, 321-29. Mohamad Hsbollah, H., Kamil, and M. Idris(2009), "E-Learn-
    ing Adoption: The Role of Relative Advantages, Trialability and Academic
    Specialisation," *Campus-Wide Information Systems* 26, no. 1, 54-70.

8. 시험 사용 가능성을 높이는 일도 중요하지만, 반복되는 구매 행위가 유발하는
    번거로운 장벽을 없애는 일도 중요하다. 종이타월의 구매를 생각해보라. 사람
    들은 종이타월이 떨어질 때마다 구매 결정을 내린다. 이번에도 똑같은 브랜드
    를 구매할까(종이타월 브랜드를 기억하고 있다면 말이다), 아니면 다른 브랜드
    를 구매할까? 넷플릭스, 체육관, 통신 서비스 등은 기본적으로 구독방식이다. 사
    용자가 따로 변경 요청을 하지 않는 한 매달 기존과 똑같은 서비스가 제공되고,
    똑같은 요금이 청구된다. 반복되는 구매 행위를 할 때마다 브랜드나 서비스 내
    용을 판단하고 결정할 필요가 없다. 이러한 구독 모델은 반복되는 구매 행위가
    유발하는 번거로운 장벽을 제거해 소비자들이 기존과 똑같은 구매 행위를 지
    속하도록 유도한다.

9. 프리미엄 비즈니스 모델이 성공하려면 기본적으로 상품이 좋아야 한다. 상품의
    품질에 문제가 있는 경우 사람들은 잠시 사용하다가 다른 상품으로 옮겨간다.

10. '50달러 이상 주문시 무료 배송'처럼 무료 배송에 특정 조건을 거는 업체들도
    있다. 조건 없는 무료 배송 정책보다는 고객 유인 효과가 적지만, 이 역시 상당
    한 효과가 있다. UPS에서 2017년에 발표한 보고서 「UPS를 이용하는 온라인 쇼
    핑객들의 경향: 고객 경험 연구」에 따르면 온라인 쇼핑객 중 절반이 무료 배송
    조건에 맞춰 주문 액수를 채운다고 한다. 그리고 많은 경우 제품 한 개의 판매가

가 무료 배송 조건을 넘어선다고 한다.

11. Alina Tugend(2008), "'Two for One'... 'Free Delivery'... Hooked Yet?" *New York Times*(July 5).

12. 초기 비용 부담을 줄여주는 방식은 거의 모든 분야에서 활용될 수 있다. 미디어 콘텐츠의 스트리밍 서비스 업체들은 30일간 무료 사용 기간을 제공하거나 처음 15분은 무료로 볼 수 있게 해준다. 이는 매우 효과적인 사용자 유인방식으로 일단 사람들은 영화든 축구 경기든 무언가를 시청하면 끝까지 보려고 하기에 결국 사용 요금을 결제하게 된다. 호텔 투숙객들이 호텔 레스토랑을 이용하게 유인하고 싶은가? 투숙객들에게 25달러짜리 호텔 레스토랑 쿠폰을 제공하면 효과적이다. 이 쿠폰은 투숙객들의 비용 부담을 줄여줄 뿐만 아니라, 쿠폰을 사용하지 않으면 손해라고 느끼게 해준다. 호텔 투숙객들의 호텔 레스토랑 이용 가능성을 크게 높이는 것이다.

13. 초기 비용 부담을 줄이면 비용을 지불하는 시기와 효용을 누리는 시기의 차이를 줄일 수 있다. 일반적으로 전환 비용은 변화의 초기에 발생한다. 하지만 변화로 인한 효용은 한참 후 발생하는데다가, 발생 여부가 확실하지도 않다. 확실한 것은 비용을 지불해야 한다는 사실뿐이다. 새로운 소프트웨어로 교체하면 소프트웨어 구입비가 발생하고, 따로 시간을 내어 사용법을 배워야 한다. 그렇지만 새로운 소프트웨어로 어느 정도의 효용이 발생할지는 불확실하다. 새로운 것이 그전에 사용하던 것보다 더 나을까? 그건 모르는 일이다. 따라서 교체에 대한 판단을 내리기가 어렵다. 이때 초기 비용 부담을 줄여주면 효용이 발생하기 전에 비용을 지불해야 하는 상황을 피할 수 있고, 교체 판단의 부담을 크게 줄일 수 있다.

14. 구매 결정 전에 사용을 해봤는지 아닌지가 중요한 제품들이 있다. 제품이 자신에게 맞는지, 자신이 원하는 것인지 직접 사용해보기 전에는 알 수 없는 제품들 말이다. 프린터 카트리지나 책의 경우 온라인 검색을 통해 제품의 스펙과 구매자 리뷰를 확인해봄으로써 적합한 제품을 선택할 수 있다. 그러나 신발이나 침대 매트리스의 경우는 시험 사용해보기 전에는 확신할 수 없다.

15. 고객들을 찾아가는 방식은 다양한 분야에서 활용될 수 있다. 어떤 이발소는 고객들이 찾아오기를 기다리지 않고 RV차량을 개조하여 인근 빌딩 주차장으로 찾아간다. 바쁜 회사원들이 잠깐 시간을 내어 쉽게 이발할 수 있도록 하는 것이다. 실리콘밸리에는 찾아가는 세차 서비스도 있다. 세차하러 갈 시간이 없는 사람들을 위해 그들이 회사 주차장에 차를 세워두면 세차를 해준다. 고객들은 이

와 같은 서비스를 이용하기 위해 시간과 비용을 쓸 필요가 없다. 세무 업무나 재무 상담을 비롯한 다양한 서비스 분야에서 이를 활용할 수 있다.

16. Peterson, J. Andrew, and V. Kumar(2010), "Can Product Returns Make You Money?" *MIT Sloan Review*(Spring).

17. 배송료를 물리는 방식도 어느 정도 장점이 있다. 판매자 입장에서는 배송료를 아낄 수 있을 뿐만 아니라, 배송료를 유료로 하면 반품 비율이 줄어든다. 번거로운 반품과정에 더해 배송료까지 지불해야 한다면 소비자로서는 가급적 반품을 하지 않으려고 한다. 다만 이런 장점만 따져보고 배송료를 유료로 하는 정책은 근시안적이다. 소비자들은 소비자로서의 판단을 하기 때문이다. 배송료가 유료라면 소비자들은 주문한 제품이 마음에 들지 않는 경우 번거로운 반품과정에 더해 반품 배송료까지 내야 한다는 사실을 염두에 둔다. 이러한 상황에서 소비자는 아예 주문하지 않는 편이 가장 편하다. 배송료를 유료로 하면 소비자들은 자신이 잘 아는 확실한 제품만 주문하거나, 배송료를 무료로 하는 다른 쇼핑몰에서 주문하게 된다.

18. 반품이나 취소를 쉽게 허용해주면 상품에 대한 소비자들의 애착이 떨어질 수도 있다. 사람들은 자신의 소유물에 대해 본능적으로 애착을 갖게 되는데, 여러 연구에 따르면 언제든지 반품할 수 있는 상품이라면 이러한 애착 본능이 발현되지 않는다. 마음에 들지 않으면 그냥 판매자에게 보내면 되기 때문에 애착을 가질 필요를 못 느끼는 것이다. 소비자들이 불안감을 갖는 영역이 상품의 품질이나 효과성 쪽이라면 반품이나 취소를 쉽게 허용하는 방식이 매출 증대에 도움이 된다. 신발이 자신에게 잘 맞는지, 드롭박스의 기능이 자신에게 유용한지 직접 확인해보고 구매 결정을 내리도록 해주기 때문이다. 그러나 소비자들이 불안감을 갖는 영역이 개인적인 취향 쪽이라면('라임그린 색상의 스웨터가 내 취향일까?') 반품이나 취소를 쉽게 허용하는 방식은 역효과를 만들기 쉽다.

19. Janakiraman, Narayan, Holly A. Syrdal, and Ryan Freling(2016), "The Effect of Return Policy Leniency on Consumer Purchase and Return Decisions: A Meta-Analytic Review," *Journal of Retailing* 92, no. 2, 226-35.

5장 보강 증거

1. Pechmann, Cornelia, and David W. Stewart(1988), "Advertising Repetition: A Critical Review of Wearin and Wearout," *Current Issues and Research in*

Advertising 11, nos. 1-2, 285-329.

2. 필의 부모는 자신들의 역할에 충실했다. 필이 치료센터에서 도망쳐 집으로 돌아왔을 때 그의 부모는 필에게 치료센터로 되돌아가라고 강하게 말을 했다. 그로부터 며칠 후 필이 다시 치료센터를 나와 전화를 했을 때도 필의 부모는 그에게 "스스로 이겨내야 해"라고 하면서 그를 치료센터로 데리고 갔다. 부모에게 이끌려 치료센터로 돌아온 필에게 치료센터 직원들은 자신들도 필의 치료를 돕겠지만, 이번이 마지막이라고 말을 했다. (그때까지 필은 여섯 번이나 치료를 거부한 상태였다.) 그 당시 필은 너무나도 화가 났지만, 결국 마약 중독을 극복할 수 있었다.

3. Johnson, Vernon(1986), *Intervention: How to Help Someone Who Doesn't Want Help*(Center City, MN: Hazelden Foundation), 41.

4. 중독자에게 강압적으로 변화를 요구할 때보다 중독자 스스로 달라져야 한다고 인식하게 할 때 개입치료가 훨씬 더 효과적이다. 유능한 협상가들이 상대방에게 곧바로 요구사항을 말하지 않는 것처럼, 유능한 개입치료사들은 중독자에게 당장 치료를 받으라고 말하지 않는다. 우선 그들은 중독자에게 주변 사람들의 이야기를 들어보라고 한다. 중독자가 자신의 삶이 실제로 어떤 모습인지를 인식하도록 만들기 위해서다. 가까운 주변 사람들의 시선을 통해 자신의 현실을 마주하도록 만든다. 개입치료사들은 자신의 현재 모습에 대한 인식이 변화의 필요성에 대한 인식으로 이어지도록 유도하고, 그를 기반으로 자신이 지금 무엇을 해야 하는지 스스로 정하도록 만든다. 이 과정에서 저항을 하거나 치료를 거부하기도 하지만, 자신에게 문제가 있다는 사실을 더욱 분명하게 인식할수록 중독치료에 성공할 가능성은 더욱 높아진다.

5. Davis, Gerald F., and Henrich R. Greve(1997), "Corporate Elite Networks and Governance Changes in the 1980s," *American Journal of Sociology* 103, no. 1, 1-37. And Venkatesh, Viswanath(2006), "Where to Go from Here? Thoughts on Future Directions for Research on Individual-Level Technology Adoption with a Focus on Decision Making," *Decision Sciences* 37, no. 4, 497-518.

6. 정보 전달자들이 다양하게 나타날수록 사람들은 해당 정보를 더 많이 신뢰한다. 어떤 책에 대한 긍정적인 평가를 담고 있는 다섯 가지의 후기를 들려주면서, 한 그룹에게는 동일한 목소리로, 다른 한 그룹에게는 다섯 가지의 목소리로 들려준 실험을 진행한 적이 있다. 동일한 내용이었음에도 다양한 목소리로 들었던 후자

가 전자보다 책에 대해 더 좋은 생각을 갖게 되었고, 구매의사도 더 강했다. Lee, Kwan Min(2004), "The Multiple Source Effect and Synthesized Speech," *Human Communication Research* 30, no. 2(April 1), 182-207.

7. Platow, Michael J., S. Alexander Haslam, Amanda Both, Ivanne Chew, Michelle Cuddon, Nahal Goharpey, Jacqui Maurer, Simone Rosini, Anna Tsekouras, and Diana M. Grace(2005), "'It's Not Funny if They're Laughing': Self-Categorization, Social Influence, and Responses to Canned Laughter," *Journal of Experimental Social Psychology* 41, no 5, 542-50.

8. 노부모가 머물 양로원을 알아볼 때도 사람들은 이미 거주중인 다른 노인들의 의견을 신경쓴다.

9. Traag, Vincent A.(2016), "Complex Contagion of Campaign Donations," *PloS One* 11, no. 4, e0153539.

10. Aral, Sinan, and Christos Nicolaides(2017), "Exercise Contagion in a Global Social Network," *Nature Communications* 8(article no. 14753).

11. Berger, Jonah, and Raghu Iyengar (2018), "How the Quantity and Timing of Social Influence Impact Behavior Change," Wharton Working Paper.

12. 증거를 집중적으로 제시하면 역효과를 유발할 수도 있다는 점을 유의해야 한다. 증거의 집중적인 제시가 지나치게 작위적으로 인식되거나, 상대방에게 생각할 시간을 주지 않을 정도로 지나치게 집중적으로 이뤄지면 오히려 거부감을 유발한다.

13. https://www.theatlantic.com/health/archive/2014/09/the-world-war-ii-campaign-to-bring-organ-meats-to-the-dinner-table/380737/.

14. Wansink, Brian(2002), "Changing Eating Habits on the Home Front: Lost Lessons from World War II Research," *Journal of Public Policy & Marketing* 21, no. 1, 90-99. Lewin, Kurt(1943), "Forces Behind Food Habits and Methods of Change," *Bulletin of the National Research Council* 108, no. 1043, 35-65. Romm, Cari(2014), "The World War II Campaign to Bring Organ Meats to the Dinner Table," *Atlantic*(September 25).

15. Lewin, Kurt(1951), *Field Theory in Social Science: Selected Theoretical Papers*, Dorwin Cartwright, ed.(New York: Harper & Brothers).

16. Wansink, Brian(2002), "Changing Eating Habits on the Home Front: Lost Lessons from World War II Research," *Journal of Public Policy and Market-*

ing 21(1), 90-99.

. Lewin, Kurt(1947), "Group Decision and Social Change," *Readings in So-cial Psychology* 3, no. 1, 197-211.

에필로그

1. Schroeder, J., and J. L. Risen(2016), "Befriending the Enemy: Outgroup Friendship Longitudinally Predicts Intergroup Attitudes in a Co-existence Program for Israelis and Palestinians," *Group Processes and Intergroup Relations* 19, 72-93.
2. Ross, Karen, and Ned Lazarus(2015), "Tracing the Long-Term Impacts of a Generation of Israeli-Palestinian Youth Encounters," *International Journal of Conflict Engagement and Resolution* 3, no. 2.

부록: 적극적 청취

1. Gardiner, James C.(1971), "A Synthesis of Experimental Studies of Speech Communication Feedback," *Journal of Communication* 21, no. 1(March), 17-35.
2. Huang, Karen, Michael Yeomans, Alison Wood Brooks, Julia Minson, and Francesca Gino(2017), "It Doesn't Hurt to Ask: Question-Asking Increases Liking," *Journal of Personality and Social Psychology* 113, no. 3, 430-52.

옮긴이 **김원호**
서강대학교 공과대학에서 화학공학을 전공했고, 고려대학교 경영대학원에서 마케팅 전공으
로 석사학위를 받았다. 삼성물산 상사부문 프로젝트 사업부에서 근무했으며, 현재는 번역가
로 활동하고 있다.『스킨 인 더 게임』『식스 해빗』『에센셜리즘』『멤버십 이코노미』『끝에서 시
작하라』『불황을 넘어서』등을 비롯하여 70권이 넘는 외서를 번역했다.

캐털리스트: 사람의 마음을 움직이는 기술

1판 1쇄 2020년 11월 23일
1판 2쇄 2021년 1월 14일

지은이 조나 버거 | 옮긴이 김원호 | 펴낸이 염현숙

책임편집 임혜지 | 편집 이희연
디자인 고은이 이주영 | 저작권 한문숙 김지영 이영은
마케팅 정민호 양서연 박지영 안남영
홍보 김희숙 김상만 이소정 이미희 함유지 김현지 박지원
제작 강신은 김동욱 임현식 | 제작처 상지사

펴낸곳 (주)문학동네
출판등록 1993년 10월 22일 제406-2003-000045호
주소 10881 경기도 파주시 회동길 210
전자우편 editor@munhak.com | 대표전화 031)955-8888 | 팩스 031)955-8855
문의전화 031)955-2655(마케팅), 031)955-2672(편집)
문학동네카페 http://cafe.naver.com/mhdn
문학동네트위터 @munhakdongne
북클럽문학동네 http://bookclubmunhak.com

ISBN 978-89-546-7569-7 03320

잘못된 책은 구입하신 서점에서 교환해드립니다.
기타 교환 문의 031) 955-2661, 3580

www.munhak.com